TAXNET
세무/회계 전문 재경비즈니스 포털 서비스

연결회계가
처음인 당신을 위한
친절하고 재미있는 입문서!

친절한 연결회계

회계사 김범석 지음
회계사 임원빈 감수

연결회계를 설명하기 위한 친절한 시도,

세 가지를 다 놓치지 않았다!

Fun! Why! Practice!

조세통람

제 3 판 머리말

"이 책 한 권이면 연결회계 기초 완전 정복!"

'친절한 연결회계'라는 제목으로 연결회계 기초와 관련된 책을 집필한 지 4년 가까이 흘렀고, 개정판이 출판된 지도 어느덧 2년이 흘렀다. 그 사이 다양한 사회경제적 이슈들과 함께 글로벌 경제도 그 흐름이 많이 바뀌었으며 회계에 대한 관심 또한 주식투자에서 재무 내실화로 그 흐름 또한 바뀌었다.

이에 발맞춰 이번 3판에서는 '여섯 번째 이야기. 알아두면 좋은 실전 연결회계 실무'와 관련된 주제들을 대폭 보완하였다. 기본적인 연결회계 이론 및 실전은 앞선 첫 번째에서 다섯 번째 이야기에서 어느 정도 길잡이를 할 수도 있겠지만, 연결결산 실무에서는 정말 생각지도 못한 다양한 사례들이 발생하기도 하며, 이 또한 연결결산 실무를 진행하는 데에 있어 큰 어려움이 아닐 수 없다. 이에 내부거래 상계 과정에서 발생하는 환산 이슈, 중간지배회사가 있는 경우 최종지배회사의 연결결산 방법, PPA에 대한 배경 설명 및 지분법회계와 연결회계 비교를 통한 공통점과 차이점 등을 추가하여 실무상 발생할 수 있는 궁금증을 해소하는 데 도움이 되도록 내용을 보완하였다.

특히, 연결회계 강의를 하다 보면 종종 지분법회계에 대한 강의를 별도로 해달라는 요청을 받기도 하는데, 그때마다 필자는 궁극적으로 지분법회계와 연결회계의 원리가 다르지 않으니 연결회계부터 공부하고 지분법회계는 연결회계와의 차이점만 알면 충분하다고 안내하곤 했다. 이번 3판을 통해 필자가 그 동안 이야기했던 연결회계와 지분법회계의 공통점과 차이점에 대한 자세한 설명을 통해 필자의 주장을 조금은 더 구체화하였다.

연결회계라는 조금은 독자층이 얇을 수밖에 없는 '친절한 연결회계'라는 책이 3판까지 소개될 수 있었던 이유는 오로지 독자들의 뜨거운 관심과 반응 덕분이지 않을까 하는 생각에 감사할 따름이다. 더불어 제목과 같이 연결회계 입문자들에게 연결회계를 친절하게 소개하는 책으로 계속 사랑받기를 욕심내 본다. 마지막으로 '친절한 연결회계' 3판 집필을 위해 물심양면으로 도와준 아내와 아들 태윤이, 그리고 조세통람의 편집자분들께 감사를 드린다.

2024년 5월 '회계나무 연구소'에서

김범석 연구소장

“이 책 한 권이면 연결회계 기초 완전 정복!”

제 2 판 머리말

'친절한 연결회계'라는 제목으로 연결회계 기초를 집필한 지 2년 가까이 흘렀다. 그 사이 코로나19와 관련된 대응방식과 인식에도 많은 변화가 생겼으며, 회계에 대해서도 회계 기초에 대한 관심에서 주식 투자를 위한 재무제표에 대한 관심으로 그 흐름이 변하기도 하였다.

필자 또한 책을 집필한 이후에 연결회계 실무자들에게 조금이라도 더 도움이 되고자 온라인 강의를 개설해서 독자들과의 못다 한 이야기를 풀어나가고자 하였고, 종종 대면으로 만나기도 하였다. 그러던 중에 '친절한 연결회계'에 추가하고 싶은 이야기와 수정하고 싶은 내용들이 있었는데, 마침 출판사의 요청으로 개정판을 집필하기로 하였다.

이번 개정판의 특징은 독자들이 연결재무제표를 작성하는 실무에 더욱 쉽게 다가갈 수 있도록 일부 그림을 친절하게(?) 수정하였다. 또한, 연결회계 기초와 더불어 연결재무제표 작성에 대한 실무서를 지향한다는 점에서 '여섯 번째 이야기. 알아두면 좋은 실전 연결회계 실무'를 추가하였다. '알아두면 좋은 실전 연결회계 실무'는 연결회계 이론에서는 잘 다루지는 않지만 실무적으로 고민되는 주제를 다루어 보았다. 연결회계시스템을 도입하면 연결회계에 대한 걱정이

정말 사라질 수 있는 지, 실무적으로 연결회계가 어려운 이유가 무엇인지 등, 실무를 하다 보면 한 번쯤 고민해볼 만 하지만, 누구도 쉽게 이야기해주지 않는 이야기들을 필자의 경험을 바탕으로 소개해보았다. 해당 주제들은 월간조세에서 연재한 칼럼들을 재구성하였는데, 독자들의 실무적인 궁금함을 풀어주는 데 도움이 되기를 바라는 마음에 새롭게 기획해 보았다.

지난 책에 보여준 독자들의 뜨거운 호응 – 많지 않은 연결회계 독자층에 비하면 상당한 호응이라고 스스로 평가해 보지만 – 에 조금이라도 보답이 되었으면 좋겠다는 마음에 이번 개정판을 내기로 결심했는데 그 마음이 독자들에게 잘 전달될 수 있을 지 두려움 마음이 앞서기도 한다.

이번 개정판을 통해서 연결회계 입문자들이 연결회계를 이해하는 초석이 되기를 다시 한 번 바라며, 이번에도 '친절한 연결회계' 개정판 집필을 위해 물심양면으로 도와 준 아내와 아들 태윤이, 그리고 조세통람의 편집자분들께 감사를 드린다.

2022년 4월 '회계나무 연구소'에서
김범석 연구소장

제 1 판 머리말

"이 책 한 권이면 연결회계 기초 완전 정복!"

한국채택국제회계기준인 K-IFRS가 도입된 이후 가장 큰 변화 중 하나는 '연결재무제표의 주재무제표화'이다. 즉, 모든 재무정보는 지배회사의 재무정보뿐만 아니라 종속회사의 재무정보가 포함된 '연결재무제표를 기준으로 의사소통하라'는 의미이다. 매년 발행되는 감사보고서 제목에 '연결재무제표에 대한 감사보고서'라고 기술되는 이유도 그 때문이다. 이러한 트렌드 때문인지 기업에서도 '연결회계'에 대한 스트레스가 이만저만이 아니며, 회계감사나 회계컨설팅이 수행되는 현장에서 기업 임원들이 연결재무수치를 강조하는 경우를 자주 볼 수 있다.

최근 논란이 된 '삼바(삼성바이오로직스) 사태'는 자의 반 타의 반으로 온 국민이 연결회계라는 개념을 접하는 계기가 된 것 같다. 하지만 실제 기업 임원들이나 실무진에게 연결재무정보기준으로 기업의 성과를 설명이라도 할라치면 손사래를 치는 경우를 종종 보게 되는데, 연결재무정보가 중요하다는 것은 알지만 일상생활에서 잘 접하지 않다 보니 그 개념이 무척 낯설기 때문이다.

한편으로 생각해 보면 필자도 회계사 공부를 하던 무렵에는 '연결회계' 개념이 너무 어려워서 풀이 과정을 겨우 외워 시험을 봤던 기억이 난다. 그러다가 회계법인에 입사하여 연결회계 감사나 연결회계 시스템 구축 같은 프로젝트에 투입되면서 강제적으로(?)

연결회계를 자주 접하게 되었다. 하지만 기업실무에서는 필자처럼 연결회계를 접할 기회가 많지 않을 것으로 보인다. 특히 연결재무제표를 1년에 한 번 작성하는 회사의 경우, 담당자조차 그 개념이 가물가물한 것은 어찌 보면 당연한 일이다.

그러던 중에 연결회계 강의를 하면서 기업 실무자들인 수강생들에게서 실제 연결회계 초보자를 위한 안내서가 부족하다는 이야기를 자주 듣게 되었다. 서점에 회계 고수들을 위한 연결회계이론서들은 다수 있지만 기초에 관한 책은 흔하지 않다는 것이다. 평소에 자주 활용하는 '네이버 검색'에서도 연결회계에 대한 검색 결과는 인색하기까지 하다. 필자가 연결회계를 위한 안내서를 쓴 이유가 바로 여기에 있다. 연결회계를 본격적으로 이해하기 위해 워밍업이 필요한 독자들을 위한 안내서를 쓰고자 하였다. 이 책 한 권으로 모든 연결회계를 다 섭렵할 수는 없겠지만 연결회계에 본격적으로 들어가기 전에 잘 활용되었으면 하는 바람이다.

마지막으로 연결회계 입문서를 집필하기 위해 물심양면으로 도와준 아내와 아들 태윤이 그리고 ㈜조세통람 임직원 여러분께 감사를 드린다.

2020년 7월

회계사 **김범석**

이 책의 특징

회계책은 Fun(뻔) 하다

첫 번째 1

회계 공부에 실패하는 이유 중 하나는 '어렵기' 때문이다. 특히나 고급회계로 분류되는 연결회계는 더 어렵기 마련이다. 이 책은 연결회계를 처음 접하는 입문자들이 회계에 재미와 친근함을 느낄 수 있도록 집중하여 저술하였다. 또한 각 주제마다 독자들의 흥미를 유발하기 위해 실무에서 발생하는 사례로 이야기를 풀어나갔다.

Why?에 집중하다

두 번째 2

이 책은 기존 연결회계 책들과는 다르게 연결결산 단계별로 연결조정이 발생하는 이유를 설명하고 이해시키는데 집중하였다. 이 책은 왜 이런 연결조정이 발생하는지를 이해시켜 독자들이 향후 실무에서 발생할 다양한 사례를 헤쳐나갈 수 있게 도움을 주는 길잡이가 되도록 하였다.

실무!
놓치지 않을 거예요

세 번째 3

이 책은 이론서에서는 자세하게 설명하지 않지만 실무에서 자주 발생하는 이슈들을 자세하게 다루고 있다. 특히나 내부거래대사 및 내부거래 조정 방법, 비지배지분의 배부 등에 대해서는 별도 주제로 선정하여 자세히 다루고 있으므로 실무에서 유용하게 활용될 수 있다.

모든 것을 다 담지는 않았다

네 번째 4

이 책은 연결회계 입문자들을 위한 안내서이다. 따라서 이 책에 연결회계의 모든 내용을 다 담기보다는 독자들이 연결회계를 어려워하지 않도록 구성하는 데 집중하였다. 이 책을 통해 연결회계 내용을 충분히 이해한 후에 지분법이나 다양한 연결회계 이슈들을 다루고 있는 전문 서적에 도전해보기를 바란다.

이 책의 차례

CONTENTS

네 번째 이야기 연결회계, 하나하나 따져봅시다!

다섯 번째 이야기 연결회계, 조금 더 따져봅시다!

CONTENTS

여섯 번째 이야기

알아두면 좋은 실전 연결회계 실무

연결회계의 탄생

01 | 연결회계를 고민하는 당신의 회사는 잘나가는 회사! [기업의 발전단계와 연결회계]

02 | 연결재무제표를 통해 숨어 있는 1인치를 찾아보자. [연결재무제표의 의의]

01

연결회계를 고민하는 당신의 회사는 잘나가는 회사!

기업의 발전단계와 연결회계

여기는 찰스종합회사의 경영전략회의 현장!

찰스종합회사는 해외영업을 더욱더 확대하기로 결정하고, 어떤 방식으로 확대하는 게 좋을지를 논의하기 위해 기획부서장, 영업부서장, 법무부서장 및 회계부서장이 모여서 회의를 진행하고 있다. 해외영업을 확대하기 위한 다양한 의견들이 개진되었고, 각 부서장이 내세우는 주장이 저마다 합리적이라 쉽게 의견이 좁혀지지 않고 있다.

기획부서장인 태윤이는 찰스종합회사와 유사한 해외법인을 합병해서 해외지역에 빠르게 진입하자고 주장하였고, 영업부서장은 현재 해외영업부문을 확장하는 방식으로[1)] 진행하는 것이 보다 안정적이지 않겠냐고 주장하고 있다. 반면에 법무부서장은 해외에 신설법인을 설립하자는 의견을 내세우고 있다. 한편 회계부서장은 이런저런 이야기를 경청할 뿐 아무런 대답이 없었다.

회의 중 쉬는 시간에 회계부서장과 사이가 좋은 태윤이는 '회의 중에 왜 아무런 의견을 제시하지 않는지' 넌지시 물어봤다. 이에 회계부서장은 자신이

1) 실제 기업이 성장하는 과정에서 어떤 방식으로 확장할지에 대해서는 경영전략적인 측면에서 다양한 방식이 존재한다. 그리고 기업이 처한 환경 및 추구하는 전략에 따라 장단점 또한 다를 것이다. 다만, 이 책은 '연결회계'의 이해를 위해 기획되었으므로 경영전략적인 관점을 별도로 기술하지 않는 점을 오해하지 않길 바란다.

생각해 보아도 해외법인을 설립하는 게 좋을 것 같기는 한데, 만약 해외법인이 설립되면 안 그래도 부족한 회계인력에 더 부담을 줄 것 같아 걱정이 된다는 눈치였다.

이에 태윤이는 조금 이해가 안 된다는 생각이 들었다. 해외법인이 설립되면 당연히 해외법인 회계 팀이 구성되어 별도로 회계업무를 담당할 테니 말이다. 이에 회계부서장은 해외법인이 설립되면 '연결회계' 적용대상이 되는데, '연결회계' 자체가 너무나 전문적인 영역이고 할 일이 많아서 찰스종합회사의 회계부서원들이 잘할 수 있을지 걱정이라는 것이다.

연결회계?

아니, 엄연히 본사와 해외법인은 다른 회사인데 연결회계를 해야 한다니 무슨 이야기일까? 그리고 연결회계를 한다고 해도 그냥 재무제표를 합치면 될 것 같은데, 회계부서장이 엄살이 좀 심한 건 아닌가 하는 생각이 든다.

도대체 연결회계가 뭐라고 이리 호들갑인지 여전히 이해가 안 된다.

"기업이 성장을 고민할 때 어떻게 확장을 할까?"

기업은 성장하는 과정에서 영업확장을 위해 다양한 방법을 고민한다. 회사 내에서 ① 사업 부문을 확장하는 '영업확장' 방법을 택할 수도 있지만, 다른 회사의 ② 주식을 취득하여 자기 회사에 편입시키거나 다른 회사의 ③ 주식을 취득한 후에도 그 회사를 그대로 존속시키고 경영권만 가져오는 방법을 선택할 수 있다.

다른 회사의 주식을 인수하여 자기회사에 편입시키거나 경영권만을 가져오는 방식을 회계용어로 '사업결합'이라고 하는데, 다른 회사의 주식을 인수하여 자기회사에 편입시키는 방법은 직접적으로 다른 회사를 소유하는 방식으로 '합병'이라고 한다. 이에 반하여 다른 회사의 주식을 인수하지만 그 회사를 존속[2] 시키고 경영권만을 가져오는 방식은 간접적으로 다른 회사를 소유하는 방식으로 '주식인수'라고 한다.

기업의 성장과 확장 방식

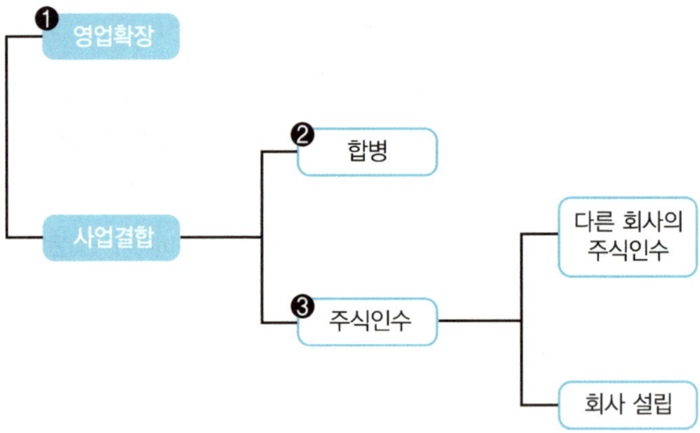

2) 자회사를 설립하는 경우에도 자회사 설립 시 자본을 투입하고 주식을 발행하므로 넓은 의미로 보면 자회사의 주식을 취득하는 하나의 방법으로 볼 수 있다.

“합병과 주식인수는 어떻게 다를까?”

‘합병’이라는 방식은 찰스종합회사(A)가 다른 회사(B)의 주식을 인수하여 찰스종합회사(A)에 편입시키고 다른 회사(B)는 소멸시키는 방식이다. ‘합병’을 통해 다른 회사(B)는 찰스종합회사(A)에 포함되므로 찰스종합회사(A)와 다른 회사(B)는 법률적으로나 경제적으로나 하나의 회사가 된다는 의미이다.

이에 반하여 ‘주식인수[3)]’는 ‘합병’과는 그 결과가 다르다. 찰스종합회사(A)가 다른 회사(B)의 주식을 인수하지만 다른 회사(B)를 소멸시키지 않기 때문에 다른 회사(B)는 법률적으로 그대로 존재하게 된다. 다만, 찰스종합회사(A)가 다른 회사(B)의 주식을 가지고 있으므로 실질적, 즉 경제적으로는 찰스종합회사(A)와 다른 회사(B)는 하나의 회사로 간주할 수 있다. 찰스종합회사(A)에서 주식이라는 의결권을 통해 다른 회사(B)의 의사결정권을 가지고 있기 때문이다.

또한 회사를 설립하는 경우도 유사하다. 다른 회사(B)를 설립하는 경우에도 찰스종합회사(A)가 자본을 투자하여 주식을 발행하게 되는데, 이런 경우 찰스종합회사(A)가 다른 회사의 주식을 가지고 있지만 다른 회사(B) 또한 별도의 회사로 그대로 존속하게 된다. 다만, 찰스종합회사(A)가 다른 회사(B)의 의사결정권을 가지고 있기 때문에 실질적, 즉 경제적으로는 찰스종합회사(A)와 다른 회사(B)는 또한 하나의 회사라고 볼 수 있다. 이러한 경우에 회계적인 용어로는 ‘경제적 실체가 하나(경제적 단일체)’라고 표현한다.

---

3) ‘합병’의 방식 또한 다른 회사의 주식을 인수하는 방식으로 진행된다. 단순한 ‘주식인수’는 주식인수 이후에도 다른 회사가 존속하지만, ‘합병’을 통한 주식인수는 ‘합병’ 후에는 다른 회사 및 주식이 소멸한다는 점에서 차이가 있다.

| 합병 vs. 주식인수 |

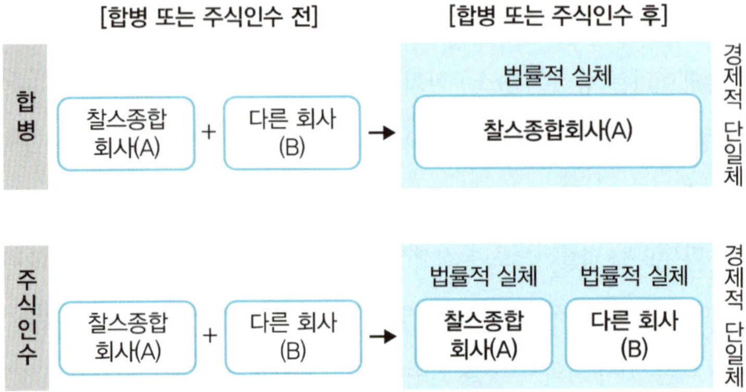

경우에 따라서는 '주식인수'가 '합병'보다는 조금 더 경제적인 방법이 될 수 있다. '주식을 인수'한 경우에는 '합병'처럼 주식을 100% 취득할 필요가 없기 때문이다. 만일 찰스종합회사(A)가 다른 회사(B)의 주식을 50% 초과하여 취득했다면 어떨까?

50%를 초과하여 취득했다는 의미는 다른 회사(B)에 대한 의사결정권[4]이 찰스종합회사(A)에 있기 때문에 실질적, 즉 경제적으로는 다른 회사(B)는 찰스종합회사(A)에 종속될 수밖에 없다는 의미이다. 또한 회사를 설립하는 경우에도 100% 자기자본을 가지고 설립할 필요가 없다. 찰스종합회사(A)가 해외에 법인을 설립할 때에 다른 투자자와 함께 진행할 수도 있기 때문이다. 찰스종합회사(A)가 다른 회사(B)를 실질적으로 소유 또는 지배하기 위해서는 50%를 초과하는 주식을 소유하기만 하면 된다.

4) 연결회계의 대상여부를 판단하는 요건은 '실질지배력'이다. '실질지배력'이 있다는 의미는 '의사결정권'을 장악하고 있다는 의미와 다르지 않은데, 주식을 50% 미만 취득할지라도 '실질지배력'을 가지고 있을 수 있다. 이러한 이야기는 연결회계를 이야기하는 과정에서 차차 진행하기로 하자.

“ 연결회계의 핵심은 ‘경제적 단일체’ 관점에서 출발한다. ”

‘합병’의 경우에는 법률적으로 보나 경제적으로 보나 ‘합병’ 후에는 ‘찰스종합회사(A)’밖에 남지 않는다. 따라서 ‘합병’이 완료되면 법률적 실체와 경제적 실체는 ‘찰스종합회사(A)’ 하나만 존재하게 된다. 이에 반하여 ‘주식을 인수’하는 경우에는 법률적 실체는 ‘찰스종합회사(A)’와 ‘다른 회사(B)’가 각각 존재한다. 다만, 실질적, 즉 경제적인 관점에서 바라보면 ‘합병’이나 ‘주식을 인수’하는 경우 모두 똑같이 ‘찰스종합회사(A)’가 의결권을 가지고 회사를 운영하고 있다는 점에서 하나의 회사로 볼 수 있다.

회계에서는 경제적인 관점을 법률적인 관점보다 중요시한다. 따라서 ‘주식을 인수’하는 경우에도 ‘합병’이 된 것과 같이 하나의 회사로 보고, 즉 하나의 경제적 실체로 간주하고 향후 발생하는 거래에 대하여 회계처리하도록 규정하고 있다. 그러므로 ‘찰스종합회사(A)’와 ‘다른 회사(B)’가 법률적 실체가 각각 다르더라도 경제적으로는 하나의 실체로 간주하여 재무정보를 작성하고 공시해야 하는데 바로 이러한 개념이 ‘연결회계’의 출발점이다.

“그럼 연결회계는 누가 작성할까?”

연결회계처리를 한다는 의미는 연결회계기준에 따라 '연결재무제표'를 작성한다는 의미이다. 그렇다면 과연 '연결재무제표'는 누가 작성해야 하는 것일까?

'연결재무제표'는 다른 회사의 주식을 취득하여 의사결정권을 가진 회사가 작성해야 하는데, 사례에서 회계부서장이 업무량에 대해 고민하는 이유도 바로 여기에 있다. 즉, 찰스종합회사(A)가 다른 회사(B)의 주식을 취득하여 영업을 확장한 경우에는 찰스종합회사(A) 자체의 개별재무제표[5] 뿐만 아니라 다른 회사(B)의 재무제표를 포함한 연결재무제표를 작성할 의무가 있다는 의미이다. 그리고 다른 회사(B)는 그 회사 자체의 개별재무제표를 작성할 의무가 별도로 존재한다.

| 연결회계기준 적용 시 재무제표 유형별 작성 주체 |

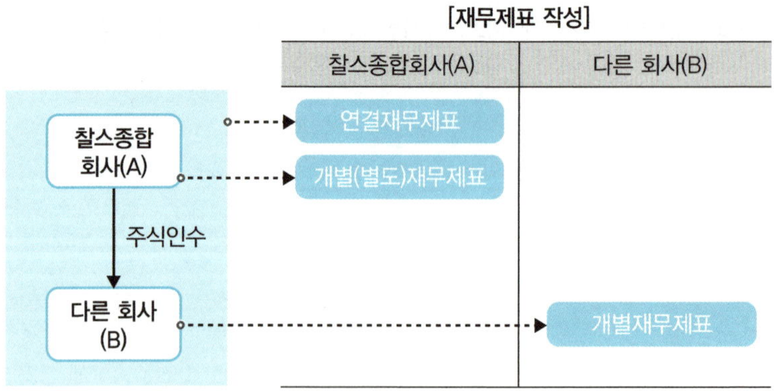

5) 이를 회계용어로 '별도재무제표'라고 하는데, 찰스종합회사가 '연결재무제표'를 기준으로 감사보고서를 작성하는 경우에도 '개별재무제표'에 대한 감사보고서를 별도로 작성해야 하며, 여전히 개별재무제표에 대한 공시의무도 존재한다.

연결회계 용어

- **사업결합** : 취득자가 하나 또는 그 이상의 사업에 대한 지배력을 획득하는 거래나 사건
- **지배력** : 특정기업이 경제적 효익을 얻기 위하여 다른 기업의 영업정책 및 재무정책을 결정할 수 있는 능력
- **연결재무제표** : 지배회사와 그 종속회사의 자산, 부채, 자본, 수익, 비용, 현금흐름을 하나의 경제적 실체로 표시하는 연결실체의 재무제표로 지배회사가 작성
- **개별재무제표** : 개별회사의 재무성과를 보여주기 위한 재무제표
- **별도재무제표** : 지배회사가 종속회사의 재무제표를 포함하여 작성하는 연결재무제표와 달리 지배회사 자체의 재무성과를 보여주기 위한 재무제표로, 연결재무제표와 구분하기 위한 명칭임

요약정리

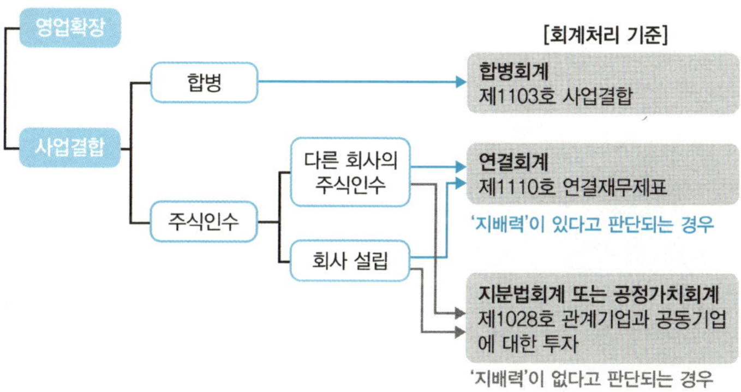

- 회사(A)가 다른 회사(B)의 주식을 인수하여 다른 회사(B)가 회사(A)에 흡수되어 청산되는 경우를 '합병'이라고 한다. '합병'이 발생할 경우에는 합병 당시에 K-IFRS '제1103호 사업결합'에 따른 '합병' 회계처리를 수행한 뒤 기존처럼 회사(A)의 입장에서 회계처리한다.

- 회사(A)가 다른 회사(B)의 주식을 인수하였지만 여전히 회사(A)와 다른 회사(B)가 각각 존재하고, 회사(A)가 다른 회사(B)에 대하여 지배력이 있다고 판단되는 경우에는 K-IFRS '제1110호 연결재무제표'에 따라 '연결회계'와 관련된 회계처리를 회사(A)가 수행한다.
- '연결회계'처리를 하는 경우 회사(A)는 기존처럼 개별[6] 회계처리에 따라 개별재무제표 또는 별도재무제표를 작성하고 다른 회사(B)를 포함한 연결재무제표를 추가로 작성해야 한다. 다른 회사(B)는 기존처럼 개별재무제표를 작성하면 된다.
- 다만, 회사(A)가 다른 회사(B)의 주식을 인수했지만 지배력이 없다고 판단되는 경우에는 K-IFRS '제1028호 관계기업과 공동기업에 대한 투자'에 따라 '지분법회계[7] 또는 공정가치회계'와 관련된 회계처리를 해야 한다.

6) 연결회계에서는 이를 '별도'라고 부른다.
7) '지분법회계'는 '연결회계'와 대부분이 유사한 개념으로 종속회사의 순자산 변동분만을 표현한다는 점에서 '한 줄 연결'이라고도 부른다.

02

연결재무제표를 통해 숨어 있는 1인치를 찾아보자.

연결재무제표의 의의

찰스종합회사의 기획부서장인 태윤이는 화장품 회사를 운영하고 있는 친구를 오래간만에 만나서 즐거운 저녁시간을 보내고 있었다. 여러 이야기가 오고 가는 중에, 친구네 회사는 얼마 전 판매경로를 확장하기 위해 조그마한 유통회사의 주식을 인수해서 대주주가 되었다고 한다.

유통회사를 통해 제품의 판매경로를 확대하니 친구네 회사인 화장품 회사의 자체 매출이 쑥쑥 늘어나서 기분이 좋다고 했다. 더욱더 좋은 것은 친구네 회사가 유통회사의 대주주이기 때문에 유통회사의 재무제표까지 합산하여 화장품 회사의 재무제표를 작성한다고 한다. 이렇다 보니 기존에 친구네 회사에서 판매한 매출뿐만 아니라 주식을 인수한 유통회사의 매출도 포함되어 (연결) 매출[8)]이 엄청 늘어났다는 이야기였다.

| 친구네 회사의 (연결) 매출 현황 |

[**친구네 회사의 (연결) 매출**=①+②+③=₩700]

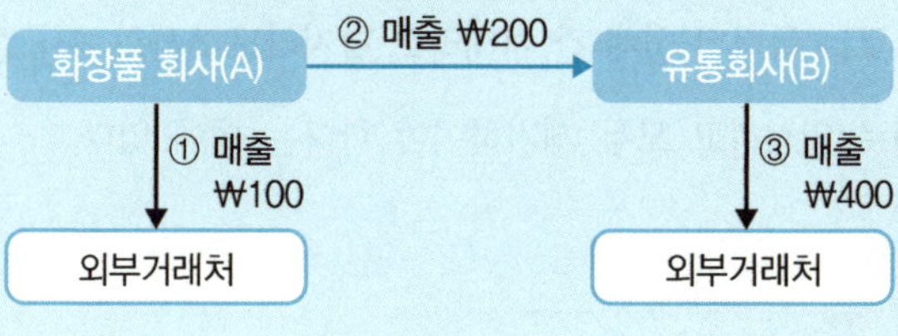

이야기를 듣던 태윤이는 친구네 화장품 회사(A)가 인식한 매출 중에 유통회사(B)에 판매한 매출이 조금 애매하다는 생각이 들었다. 친구네 화장품 회사(A)는 언제라도 필요할 때면 유통회사(B)에 매입을 요청할 수 있고, 유통회사(B)의 대주주는 친구네 화장품 회사(A)이기 때문에 유통회사(B)는 이를 거부할 수 없으니 말이다. 소위 말하는 '밀어내기 매출' 같기도 하다. 그렇다고 유통회사(B) 또한 별도의 회사로 두 회사 간의 거래에서 세금계산서도 이미 발행되었는데 친구네 화장품 회사(A)의 매출이 아니라고 하기도 이상할 것 같다는 생각이 들기도 한다.

이런 경우, 소위 말하는 관계사 간에 '밀어내기 매출'이 발생하는 경우에 회계에서는 어떻게 처리하도록 하고 있을까?

"연결회계의 핵심은 내부거래의 제거이다."

연결회계란 법률적 실체보다 확대된 경제적 실체를 대상으로 회계정보를 제공하는 것을 목적으로 하는 재무정보를 의미한다. 즉, 친구네 화장품 회사(A)가 유통회사(B)의 주식을 인수하여 지배력을 취득한 경우에 친구네 화장품 회사(A)와 유통회사(B)는 법률적으로는 독립된 실체이지만 경제적으로는 하나의 회사인 것처럼 인식하고 회계처리한 재무정보를 제공한다는 의미이다.

연결회계의 핵심은 A사와 B사가 경제적으로는 하나의 회사이기 때문에 법률적으로는 독립된 실체 간 거래라고 할지라도 A사와 B사 간의 거래를 내부거래로 인식하고 모두 제거하여야 한다는 데에 있다.

---

8) 독자들이 오해할 것 같아 노파심에 미리 이야기하지만 해당 연결회계처리는 잘못된 것이다.

| 내부거래 vs. 외부거래 |

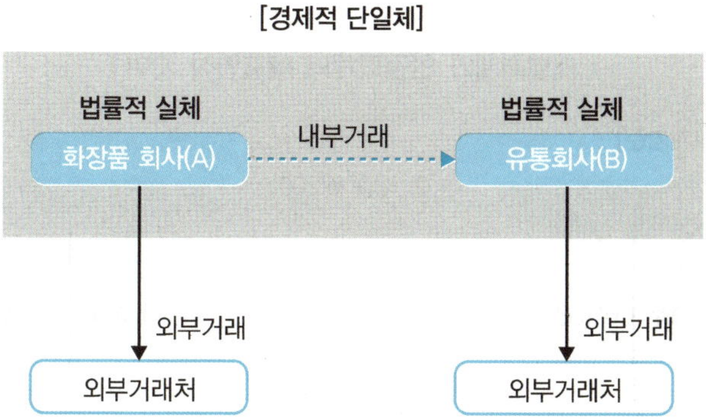

그림에서 보듯이 친구네 화장품 회사(A)와 유통회사(B)가 각각 외부거래처에 판매한 매출은 '외부거래'로 분류된다. 반면에 친구네 화장품 회사(A)와 유통회사(B) 간의 거래는 '내부거래'로 인식한다. '내부거래'도 회사 간 거래이고 세금계산서 등이 발행되었을 것이기 때문에 '외부거래'와 마찬가지로 법률적 또는 세무상 거래로 인식되는 데에는 전혀 문제가 없다. 하지만 경제적인 관점, 즉 회계적인 관점에서는 '하나의 경제적 실체(경제적 단일체)'이기 때문에 '내부거래'로 인식해야 한다.

'내부거래'로 인식한다는 의미는 다르게 표현하면 '거래'로 인식하지 않는다는 의미와 같다. 즉, 해당 거래가 발생해도 회계처리를 하지 않는다는 의미와 동일하다. '내부거래'는 단순히 한 회사 내에서의 사업장 이동이라고 보기 때문이다. 즉, 한 회사 내에 있는 물류창고(A)에서 직영매장(B)으로 화장품이 이동된다고 해서 물류창고(A)에서 '매출'이 발생하고 직영매장(B)에서 '매입'이 발생한다고 회계처리하지 않는 것과 동일한 의미라고 보면 된다.

“ 연결회계에서는 내부거래를 어떻게 제거할까? ”

| 개별회계와 연결회계의 매출인식 차이 |

[개별회계기준]

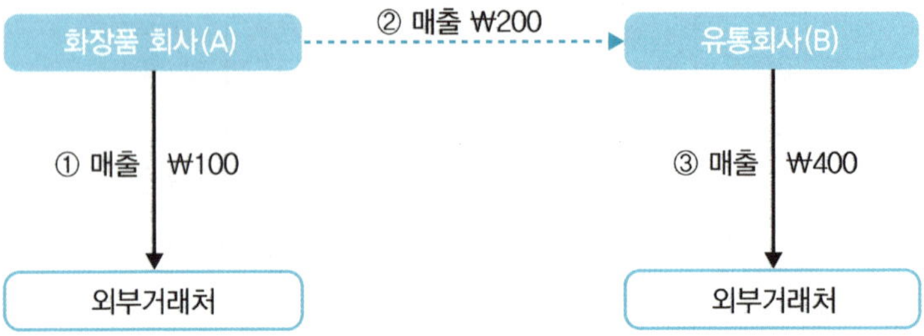

친구네 회사(A)	친구네가 인수한 회사(B)	Total
①+②=₩300	③=₩400	①+②+③=₩700

[연결회계기준]

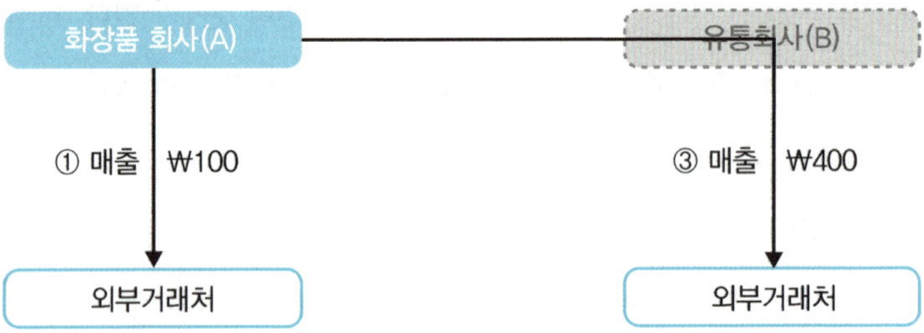

친구네 회사(A)	친구네가 인수한 회사(B)	Total
①+③=₩500	–	①+③=₩500

사례에서 개별회계기준으로는 친구네 화장품 회사(A)는 외부거래처에 판매한 매출 ₩100(①)과 유통회사(B)에 판매한 매출 ₩200(②)을 인식하여 총 ₩300(①+②)의 매출을 인식한다. 또한, 유통회사(B)가 외부거래처에 판매한 매출 ₩400(③)을 인식한다. 따라서 친구네 화장품 회사(A)와 유통회사(B)의 매출은 총 ₩700(①+②+③)으로 인식된다.

하지만 연결회계기준으로는 친구네 화장품 회사(A)와 유통회사(B) 간의 매출은 '내부거래'이므로 인정되지 않는다. 따라서 친구네 화장품 회사(A)와 유통회사(B)가 판매한 외부거래처와의 매출 ₩100(①) 및 ₩400(③)만 인식하므로 연결매출은 총 ₩500(①+③)이 된다. 다른 의미로 보면 친구네 화장품 회사(A)가 유통회사(B)를 통해 직접 외부거래처에 판매한 매출로 이해할 수 있다.

'개별회계'만 바라본다면 여러 관계사를 보유하고 있는 그룹사의 경우 관계사 간 내부거래를 통해 얼마든지 재무정보를 조정할 수 있다. 하지만 '연결회계'를 적용하면 그룹사와 관계사 또는 관계사 간 내부거래는 인정되지 않으므로 그룹사와 관계사를 하나의 경제적 실체라는 관점에서 재무정보를 볼 수 있다는 장점이 있다.

“ 조금 더 진도를 나가보자! ”

이번에는 친구네 화장품 회사(A)와 유통회사(B) 간에 내부거래가 발생할 경우에 손익계산서(P/L : Profit and Loss Statement) 및 재무상태표(B/S : Blance Sheet)가 어떻게 바뀌는지 살펴보자.

사례를 살펴보기 전에 연결회계 용어 중에 '지배회사' 및 '종속회사'의 의미를 짚어볼 필요가 있다. 친구네 화장품 회사(A)가 유통회사(B)를 인수하여 유통회사(B)의 영업정책 및 재무정책들을 마음대로 할 수 있는 의사결정권, 즉 지배력을 획득한 경우에 친구네 화장품 회사(A)를 '지배회사'라고 하며 친구네 화장품 회사(A)가 인수한 유통회사(B)를 '종속회사'라고 부른다. 즉, 친구네 화장품 회사(A)와 유통회사(B)는 '지배-종속관계'가 성립된다는 의미이다.

연결회계에 입문하면 기본적인 용어에 익숙해지는 것 또한 중요하므로 앞으로는 지배회사와 종속회사라고 기술하는 점을 이해해주기 바란다.

지배회사(A)가 종속회사(B)에 원가 ₩40짜리 제품을 ₩100에 팔고, 종속회사(B)는 외부거래처에 해당 제품을 ₩150에 팔았다고 하자. 이런 경우, 지배회사(A)는 매출 ₩100, 매출원가 ₩40이 발생하고 매출총이익 ₩60이 발생한다. 그리고 종속회사(B)에게 받을 매출채권 ₩100을 인식하게 된다.

종속회사(B)는 매출 ₩150을 인식하고 지배회사(A)로부터 ₩100에 제품을 구매했으므로 매출원가 ₩100을 인식하여 매출총이익 ₩50이 발생한다. 또한 외부거래처에게 받을 매출채권 ₩150과 지배회사(A)에게 지급할 매입채무 ₩100을 각각 인식하게 된다.

따라서 지배회사(A)와 종속회사(B)의 재무제표(F/S : Financial Statement)를 단순히 합친다면 총 매출이 ₩250이고 총 매출원가가 ₩140이며, 매출채권 및 매입채무는 각각 ₩250 및 ₩100으로 인식하게 된다.

| 지배회사와 종속회사 간 거래 : (내부거래 제거 전) 단순합산 |

개별 P/L (A)	
매출	₩100
매출원가	40
매출총이익	60

개별 P/L (B)	
매출	₩150
매출원가	100
매출총이익	50

개별 B/S (A)	
매출채권	₩100
매입채무	

개별 B/S (B)	
매출채권	₩150
매입채무	100

개별 P/L (A+B)	
매출	₩250
매출원가	140
매출총이익	110

개별 B/S (A+B)	
매출채권	₩250
매입채무	100

하지만 종속회사(B)는 지배회사(A)의 의사결정에 따라 영업정책 및 재무정책이 이루어지므로 지배회사(A)와 종속회사(B) 간의 거래는 '내부거래'라고 볼 수 있다. 따라서 해당 내부거래는 회계적 관점에서는 인정되지 않는다. 즉, 제거되어야 한다.

따라서 지배회사(A)와 종속회사(B)의 재무정보 중에 지배회사와 종속회사 간 매출 ₩100, 매출원가 ₩100 그리고 매출채권 ₩100 및 매입채무 ₩100을 내부거래이므로 제거해야 한다. 따라서 내부거래를 제거한 연결 후 재무정보를 살펴보면 연결매출 ₩150, 연결매출원가 ₩40으로 연결매출총이익은 ₩110이 되며, 연결매출채권은 외부거래처에게 받을 ₩150을 인식하고 연결매입채무는 ₩0이 된다.

| 지배회사와 종속회사 간 거래 : (내부거래 제거 후) 연결결산 결과 |

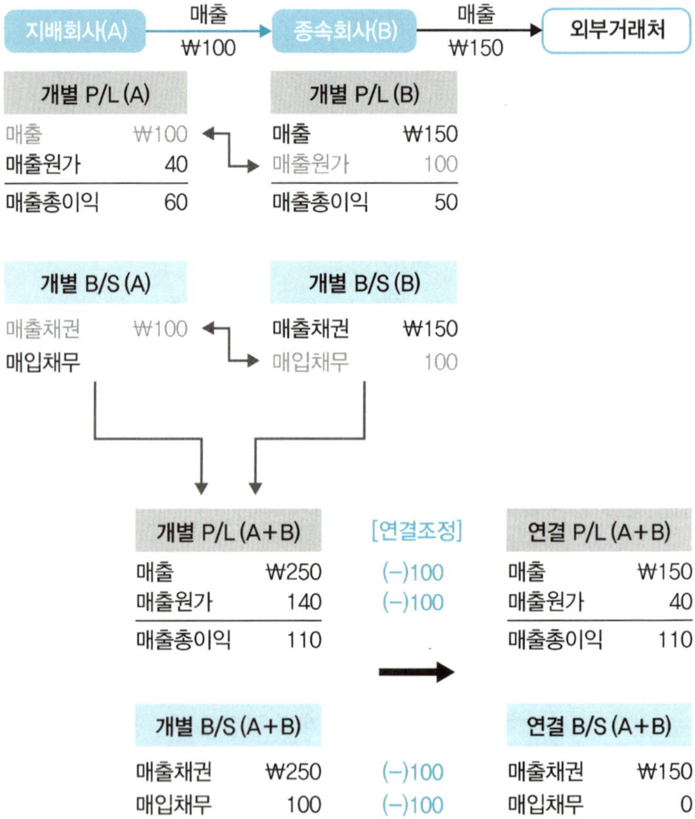

내부거래가 제거된 연결재무정보의 결과만 살펴보면 지배회사(A)가 종속회사(B)를 거치지 않고 외부거래처에 직접적으로 판매한 거래와 동일한 의미임을 알 수 있다. 즉, 내부거래를 제거하여 연결재무정보를 산출하는 방법과, 지배회사가 직접적으로 외부거래처에 ₩40짜리 제품을 ₩150에 판매한 재무정보가 정확히 일치한다.

지배회사와 종속회사 간 거래 : 연결결산 결과의 또 다른 의미

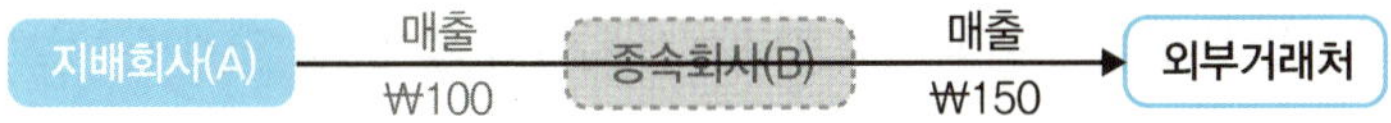

개별 P/L (A)	
매출	₩100
매출원가	40
매출총이익	60

개별 P/L (B)	
매출	₩150
매출원가	100
매출총이익	50

개별 B/S (A)	
매출채권	₩100
매입채무	

개별 B/S (B)	
매출채권	₩150
매입채무	100

연결 P/L (A+B)	
매출	₩150
매출원가	40
매출총이익	110

연결 B/S (A+B)	
매출채권	₩150
매입채무	

따라서 연결재무정보란 지배–종속관계에 있는 회사 간의 내부거래는 정상적인 거래가 아니므로 해당 내부거래를 제외하고 정상적인 거래만 재무정보로 표시하여 정보이해관계자의 의사결정에 도움을 주는 것에 그 취지가 있다고 볼 수 있다.

연결회계가 어떻게 작성되어야 하는지를 이해하는 데에는 이 정도의 개념만 이해하면 충분하다. 다만, 연결회계가 어려운 이유 중 하나는 지배회사(A)와 종속회사(B) 간 또는 종속회사와 종속회사 간에 다양한 유형의 내부거래가 발생하며, 경제적 실체 관점에서 하나의 회사처럼 연결재무정보를 산출하기 위해서는 내부거래 유형별로 내부거래를 조정하는 방식에 차이가 있기 때문이다. 따라서 연결회계를 실무관점에서 정확하게 이해하기 위해서는 내부거래 유형별 조정방식을 잘 이해해야 하며, 앞으로 이야기할 주요 내용들도 이러한 점을 중점적으로 설명할 예정이다.

연결회계 용어

- 내부거래 : 지배–종속관계에 있는 회사 간에 발생하는 거래로 거래 일방의 의사결정에 종속되어 발생하는 거래
- 외부거래 : 지배–종속관계에 있는 회사가 아닌 회사 또는 개인 간에 발생하는 거래로 거래 상대방 간의 독립적인 의사결정에 따라 발생하는 거래
- 지배회사 : 하나 이상의 다른 회사에 대하여 영업정책 및 재무정책을 결정할 수 있는 능력이 있는 회사, 즉 하나 이상의 다른 회사를 지배하고 있는 회사
- 종속회사 : 지배회사의 지배를 받는 회사
- 관계회사 : 회사 간에 영업정책 및 재무정책에 영향을 미칠 수 있는 상대 회사를 의미하며, 지배–종속관계가 아니더라도 관계회사에는 포함됨

요약 정리

- 연결회계의 핵심은 지배회사와 종속회사 또는 종속회사 간의 내부거래를 제거하는 것이다. 내부거래 제거를 통해 법률적으로는 독립된 각각의 회사가 인식한 내부거래를 제거하여 경제적으로는 하나의 회사로 간주하여 연결재무정보를 산출한다.

- 연결재무정보는

  ① 연결실체 전체에 대한 재무상태, 경영성과 및 현금흐름 등의 회계정보를 제공할 수 있으며,

  ② 연결회사 간의 내부거래 등을 통한 이익조작의 가능성을 방지할 수 있다.

  ③ 따라서 재무회계의 목적상 다양한 이해관계자들에게 기업에 대한 정확한 평가를 가능하게 해준다.

- 하지만 연결재무정보가 만능은 아니다.

  ① 연결재무정보만 가지고는 개별기업의 재무정보를 하나하나 살펴볼 수 없다[9].

  ② 또한 연결대상 기업 간에 업종이 다양한 복합기업의 경우에는 연결재무정보가 비교목적으로 유용하지 않다는 단점[10]이 존재한다.

9) K-IFRS(한국채택국제회계기준)는 이러한 한계를 보완하고자 연결재무제표에 지배회사의 별도재무제표를 공시하고 종속회사의 요약재무정보를 주석에 기재하도록 되어 있다.

10) 제조업과 금융업 등 다양한 업종을 동시에 소유하고 있는 경우 작성된 연결재무제표는 동종 제조업 또는 금융업 등과는 재무수치를 비교하기 어렵다.

연결
회계

연결회계는 언제 작성해야 할까?

01
'지배력'으로 '천상천하유아독존'하기

지배력의 의미

찰스종합회사의 기획부서장인 태윤이는 회계부서장이 다른 회사를 인수하는 것에 대해 왜 골치를 아파하는지 조금은 이해하게 되었다. 다른 회사를 인수하여 지배–종속관계가 성립되는 경우에는 회계규정에 따라 연결재무제표를 작성해야 하는데, 연결재무제표 작성 과정이 생각보다 어렵고 연결회계처리를 전문적으로 할 수 있는 인력을 확보하기도 어렵기 때문이다.

그렇다고 연결회계가 어렵다는 이유로 회사의 사업인수 전략을 다시 고려해볼 수도 없는 노릇이고, 현재 연결회계를 위해 전문인력을 채용하기도 난감한 상황이라 이래저래 고민이다. 그러다가 묘안이 생각났는지 태윤이는 부랴부랴 회계부서장에게 달려가 제안을 했다.

태윤이의 묘안은 우리가 인수하려는 회사의 지분율을 49%만 취득하여 지분율이 과반수를 넘지 않게 하면 되지 않겠냐는 것이었다. 대신에 실제 인수한 회사를 원활히 운영하기 위해 인수대상 회사의 임원 과반수를 우리 회사의 인력으로 임명하면 되지 않느냐고 했더니 회계부서장이 태윤이를 바라보면서 난감한 표정을 지었다.

회계부서장의 말에 따르면 연결회계, 즉 연결재무제표의 작성기준은 '지배력'으로 판단되는데 '지배력'은 지분율뿐만 아니라 다른 조건도 검토되어야 한다는 것이다. 그리고 검토 조건 중에 '실질지배력(De Factor Control)'이라는 조건이 있는데 '실질지배력'에 따르면 피투자회사의 임원 중 과반수가 투자회사의 임원으로 임명되는 것도 연결회계 적용대상이라고 한다.

실질지배력?

아니, 산 너머 산이라더니 실질지배력이라니?

명확히 지분율이 50% 이하이면 주주총회 등에서 의사결정권의 전권이 우리 회사에 있다고 볼 수 없지 않을까? 그냥 인수한 회사의 경영정책과 우리 회사의 경영 시너지를 위해 임원만 과반수로 임명하겠다는데 말이다. 그리고 '실질지배력'이라니, '실질'이라는 의미 자체가 귀에 걸면 귀걸이 코에 걸면 코걸이 아닌가 말이다.

회계에는 관심이 없지만 이 정도 되면 '지배력'이라는 의미가 궁금하다. 도대체 회계에서는 '지배력'을 어떻게 정의하고 있을까?

"주식을 얼마나 가지고 있느냐에 따라 회계처리가 다르다?"

투자회사가 피투자회사의 주식을 얼마나 가지고 있느냐에 따라 피투자회사에 영향을 미치는 정도가 달라질 것이라는 사실은 쉽게 유추할 수 있다. 대부분의 오너(Owner) 기업들이 회사를 좌지우지할 수 있는 이유 또한 최대주주[1]로서 기업의 의사결정에 막대한 영향력을 행사할 수 있기 때문이다.

1) 연결재무제표는 법적으로 독립된 회사들이 '지배-종속관계'에 있는 경우에 한하여 단일한 경제적 실체로 보고 재무제표를 작성하라는 데 그 의의가 있다. 우리나라의 경우에는 회사 간에는

즉, 소량의 주식을 가지고 있다면 투자회사가 피투자회사에 영향력을 행사할 수 없지만 피투자회사의 주식을 많이 소유할수록 피투자회사에 대한 영향력이 점점 커진다는 의미이다. 따라서 기업회계기준에서는 투자회사가 피투자회사에 영향을 미치는 정도에 따라 회계처리를 달리 적용하도록 규정하고 있는데, 간략하게 그림으로 표현하면 아래와 같다.

| 피투자회사에 대한 영향력과 회계처리 방식 |

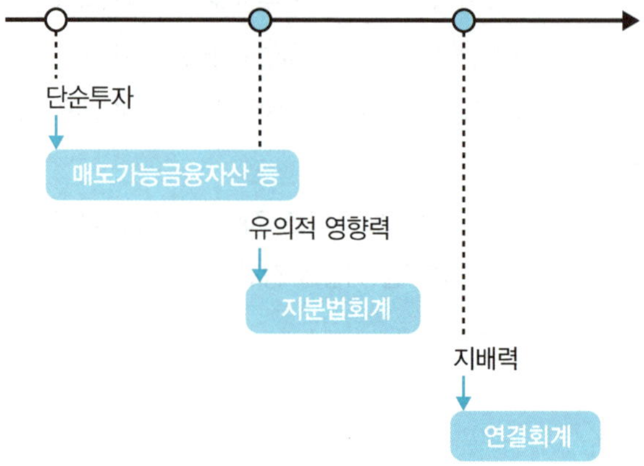

일반적으로 기업들은 다양한 목적으로 다른 회사의 주식을 소량 취득하곤 한다. 이런 경우 기업회계기준에서는 주식을 취득한 회사에 영향력을 거의 행사하기 어려우므로 '단순투자' 목적으로 간주하고 '매도가능금융자산' 또는 '단기매매증권' 등으로 분류하여 회계처리를 한다. '매도가능금융자산' 또는 '단기매매증권' 등으로 분류되는 경우에는 투자한 금액을 그대로

'지배-종속관계'에 포함되지 않지만 복잡한 지분구조에 따라 대기업집단에 소속되는 경우에 '지배-종속관계'와 상관없이 재무제표를 연결해서 작성하도록 규정하였는데 이를 '결합재무제표'라고 하였다. 다만, 해당 규정은 2013년도에 폐지되었다.

유지하다가 주가변동 등 피투자회사의 객관적인 수치 변동 시에만 그 가치 변동분을 인식하면 된다.

반면 주식을 취득한 회사에 의사결정권을 충분히 행사할 수 있고, 다른 주주가 반대할지라도 그대로 그 의사결정을 관철할 수 있는 힘이 있다면 '지배력'이 있다고 표현한다. 또한 '지배력'을 가지고 있는 경우에는 주식을 취득한 투자회사와 피투자회사는 '지배–종속관계'가 있다고 표현하고 연결회계를 적용한다. 일반적으로 피투자회사의 주식을 50% 초과하여 소유하고 있는 경우가 지배력을 가지고 있는 대표적 예라고 할 수 있다.

그 외에 '단순투자'와 '지배력' 사이에 또 다른 회계처리방식도 존재한다. 가령 주식을 취득한 회사에 의사결정권을 행사할 권한이 있지만 다른 주주들이 반대하는 경우 해당 의사결정을 관철할 만한 영향력이 없다면 어떨까? 즉, 의결권을 행사할 수는 있지만 최대주주가 아니기 때문에 의결을 관철할 수 없는 경우를 '유의적 영향력'이 있다고 표현한다. '유의적 영향력'이 있다는 의미는 회사가 다른 회사의 경영권에 간섭하여 투자회사의 이익에 기여하도록 영향력을 행사할 수 있으므로 단순투자와는 다르게 회계처리를 해야 한다고 보는 것이 회계기준의 입장이다.

따라서 '유의적 영향력'이 있는 경우에는 피투자회사의 손익을 포함한 자본변동의 책임이 투자회사에도 일정 부분 있으므로 이를 반영하는 '지분법회계'를 적용한다. 일반적으로 피투자회사의 주식을 20% 이상 그리고 50% 이하 소유하고 있다면 유의적 영향력이 있다고 표현한다.

한 가지 더 알아둘 점은 '연결회계'에서는 피투자회사를 '종속회사'라고 표현하지만 '지분법회계'에서는 '관계회사'라고 표현한다는 것이다.

회계기준에서 이야기하는 '유의적 영향력'과 '지배력'에 대한 표현은 앞으로도 자주 접하게 될 것이므로 알아둘 필요가 있다.

- 유의적 영향력 : 피투자회사의 재무정책과 영업정책에 관한 의사결정에 참여할 수 있는 능력을 의미하나, 재무정책 또는 영업정책에 대한 지배력이나 공동지배를 의미하는 것은 아니다.
- 지배력 : 피투자회사의 재무정책과 영업정책을 결정할 수 있는 능력으로, 지배-종속관계가 성립하기 위해서는 재무정책 또는 영업정책을 결정하는 과정에서 효익을 얻을 수 있어야 한다.

"지배력을 판단하는 기준, '지분율' 말고 다른 기준이 있다고요?"

연결회계대상 여부를 판단하는 지배력 기준이 어려운 이유는 단순히 '지분율'만을 가지고 판단하지 않는다는 데에 있다. 즉, 회계에서는 '지배력'이란 의미를 굉장히 넓은 의미로 사용하고 있다.

회계에서 말하는 '지배(Control)'의 사전적인 의미는 '특정 기업이 경제적 효익을 얻기 위해 다른 기업의 재무정책 및 영업정책을 결정할 수 있는 능력'을 말한다. 따라서 지배 여부를 판단할 때는 지분율을 포함하여 다양한 항목을 모두 고려한 후 종합적으로 판단하여야 한다.

우선 가장 쉽게 들 수 있는 예로, 회사가 직접 또는 간접적으로 종속회사의 의결권 있는 주식 또는 출자지분의 과반수를 보유하는 경우에는 명백한 반증이 없는 한 지배력이 있다고 간주할 수 있다. 즉, 주식 또는 출자지분이 50%를 초과하는 경우를 의미한다.

또한 의결권 있는 주식 또는 출자지분을 50% 이하로 보유하고 있어도 ① 다른 투자자와의 계약으로 과반수 이상의 의결권을 행사할 수 있는 권한이 있는 경우, ② 정관이나 계약에 따라 기업의 재무정책 및 영업정책을 결정할 수 있는 권한이 있는 경우, ③ 이사회나 이에 준하는 의사결정기구가 기업을 지배하는 경우에 그 구성원의 과반수를 임면할 권한이 있는 경우, 마지막으로 ④ 이사회나 이에 준하는 의사결정기구가 기업을 지배하는 경우에 그 의사결정기구의 과반수 이상의 의결권을 행사할 수 있는 권한이 있는 경우에도 지배력이 있다고 간주한다. 즉, 실질적으로 과반수 이상의 의결권을 행사할 수 있는 경우는 모두 지배력이 있다고 표현한다.

그 외에도 현재 행사할 수 있거나 전환할 수 있는 잠재적 의결권이 있는 경우에는 그 사실과 영향을 고려하여 판단해야 한다고 규정하고 있다. 따라서 실질적으로는 모든 정황을 고려하여 현재 행사할 수 있거나 전환할 수 있는 잠재적 의결권이 있는 경우에는 그 사실과 영향을 고려하여 판단하여야 한다는 의미이다.

이를 잘 살펴보면 앞에서 이야기한 '지배력'이 있다고 판단되는 사례는 단순히 예시일 뿐이라는 것을 알 수 있다. 즉, 연결회계에서는 계약 또는 법률에 의해 지배하는 것으로 볼 수 있는 경우가 아니더라도 실질상황에 근거하여 지배하는 능력이 있다고 판단되는 경우에는 지배력이 있다고 간주하는데 이를 '실질지배력(De Factor Control)'이라고 한다.

따라서 피투자회사의 주식을 취득한 경우에는 실질지배력이 있는지 제대로 판단[2)]하는 것이 중요하다. 실질지배력을 판단하기 위해서는 정관, 이사회의사록, 임원 명단 등을 꼼꼼히 살펴봐야 하는데 이는 외부감사인뿐만 아니라 실제 연결회계를 담당하는 책임자에게도 주의가 필요하다. 실제 경영진이 피투자회사의 주식을 취득할 때에도 내부정보를 직원들에게까지 쉬쉬하는 경우를 종종 봐왔기 때문이다.

연결회계 용어

- 유의적 영향력 : 피투자회사의 재무정책과 영업정책에 관한 의사결정에 참여할 수 있는 능력
- 실질지배력 : 계약에 의한 경영권 또는 지배력이 존재하지는 않지만 실질정황에 따라 지배력이 있다고 간주되는 경우
- 지분법회계 : 피투자회사의 손익을 포함한 자본변동의 책임이 투자회사에도 일부 있다고 보고 이를 '투자주식'에 반영하는 회계처리로 '연결회계'와 유사함

2) 실무적인 관점에서 조언을 하자면, 연결재무제표 작성대상 범위를 판단하는 작업은 외부감사인 또는 회계 전문가와 상의해서 진행하는 것을 권고한다. 실질지배력이라는 관점이 생각보다 그 범위가 포괄적이고 넓기 때문에 담당자 혼자서 판단하다가 실제 결산 시에 당혹스러운 경우가 발생하는 것을 본 적이 종종 있기 때문이다.

요약정리

- 다른 회사의 주식을 취득한 경우에는 피투자회사에 대한 영향력의 정도에 따라 회계처리하는 방식이 상이하다.
  - 주식의 취득 목적이 '단순투자'인 경우에는 '매도가능금융자산' 등으로 분류되며, 일반적인 개별회계기준에 따라 회계처리한다.
  - 주식을 취득한 결과 '유의적 영향력'이 있다고 판단되는 경우에는 '관계회사'로 분류되며, 지분법회계에 따라 회계처리한다. 일반적으로 다른 회사의 주식을 20% 이상 그리고 50% 이하로 취득한 경우에는 '유의적 영향력'이 있다고 간주한다.
  - 주식을 취득한 결과 '지배력'이 있다고 판단되는 경우에는 '종속회사'로 분류되며, 연결회계에 따라 회계처리한다. 일반적으로 다른 회사의 주식을 50% 초과하여 취득한 경우에는 '지배력'이 있다고 간주하지만 지분율은 '지배력'을 판단하는 기준 중 하나의 예일 뿐임에 유의해야 한다.
- '지배(Control)'란 특정기업이 경제적 효익을 얻기 위하여 다른 기업의 영업정책 및 재무정책을 결정할 수 있는 능력을 말한다.
- 지배에 대한 판단은 계약 또는 법률과는 상관없이 실질상황에 근거하여 지배하는 능력이 있다고 판단하며 이를 '실질지배력(De Factor Control)'이라고 한다.
- 지배력이 있다고 판단되는 예는 아래와 같다.
  - 주식 또는 출자지분의 과반수를 보유하는 경우
  - 50% 이하를 보유하고 있어도 아래 중 하나에 해당되는 경우
    ① 과반수 이상의 의결권을 행사할 수 있거나
    ② 기업의 재무정책 및 영업정책을 결정할 수 있는 권한이 있거나
    ③ 이사회 등의 구성원의 과반수를 임면할 권한이 있거나 또는
    ④ 이사회 등에 과반수 이상의 의결권을 행사할 수 있는 경우

02

우리에게는 두 가지 '지분율'이 있습니다.

지배력의 판단기준[3] – 단순지분율

중간감사 기간에 회계부서장이 씩씩대면서 휴게실에 앉아 있었다. 무슨 일인가 싶어서 기획부서장인 태윤이가 물어보니 외부감사인과 연결회계대상 범위에 대해 이견이 있다고 한다. 기말 결산이 얼마 남지 않았는데 생각지도 않던 관계회사(C)가 연결재무제표 작성대상에 포함되어야 한다고 외부감사인이 억지 주장을 편다는 것이다.

회계부서장이 아직도 억울한지 태윤이에게 아래 그림을 그려주면서 자기 이야기를 한번 들어보라고 하였다.

❙ 찰스종합회사의 관계회사 지분도 ❙

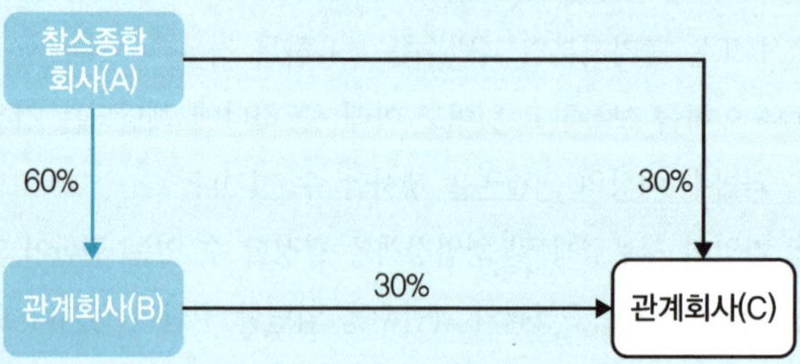

3) 해당 주제에서는 '지분율' 이외에 실질지배력에 영향을 미치는 다른 요인은 없다고 가정한다.

현재 관계회사(B와 C)에 대해서는 지분율을 제외하고는 지배력에 대해 어떠한 이슈도 없다고 하면서, 관계회사(B)의 경우에는 찰스종합회사(A)가 가지고 있는 지분율이 50%가 넘기 때문에 연결재무제표 작성대상에 포함된다는 것에는 이견이 없었다. 다만, 관계회사(C)의 경우에는 아무리 지분율을 검토해봐도 50%가 넘지 않는데 외부감사인이 연결대상에 포함되어야 한다고 주장해서 속이 터진다는 것이다. 기말 기준으로 결산을 완료하려면 이래저래 챙겨야 할 게 많은데 이제 관계회사(C)에 대한 연결결산도 준비해야 한다니 답답하다는 것이다.

이에 태윤이도 회계부서장에게 무엇인가 도움이 되어야 할 것 같아, 회계부서장이 그린 그림을 자세히 살펴보았다. 회계부서장 말대로 관계회사(B)의 경우에는 찰스종합회사(A)가 직접적으로 50%를 초과해서 주식을 가지고 있으니 연결대상이 맞아 보인다. 그리고 관계회사(C)의 경우에는 ① 찰스종합회사(A)가 직접적으로 30%를 가지고 있고, ② 관계회사(B)의 주식 60% 그리고 관계회사(B)를 통해 관계회사(C)의 주식을 30% 가지고 있으므로 결국 찰스종합회사(A)는 '60%×30%=18%'를 가지고 있다고 볼 수 있지 않을까? 따라서 찰스종합회사(A)는 관계회사(C)의 주식을 ① 직접적으로 30% 소유하고 있고, ② 간접적으로 18%를 가지고 있으므로 48%만 가지고 있다고 볼 수 있을 것 같다. 따라서 관계회사(C)에 대한 지분율이 50% 미만이므로 연결대상에 포함되지 않는다는 회계부서장의 주장에 태윤이도 수긍이 간다. 그래서 회계부서장에게 외부감사인이 '지배력'에 대한 다른 정황을 가지고 이야기하는 게 아니냐고 넌지시 물어봤더니, 외부감사인은 지분율을 가지고만 이야기한다고 가슴을 친다.

아무리 봐도 관계회사(C)에 대한 지분율은 48%로 과반수 미만인데, 외부감사인은 왜 관계회사(C)가 연결재무제표 작성대상에 포함되어야 한다고 주장하는 것일까?

“알다가도 모를 지분율 계산 방식”

독자들의 편의를 위해 다소 단순화하여 사례를 소개했지만 해당 사례와 유사한 질문을 독자들에게 자주 받는 편이다. 그리고 상기 사례의 경우 필자가 외부감사인의 의견이 맞는다고 하면 다들 눈이 휘둥그레진다. 그리고 마치 필자를 바라보며 믿을 수 없다는 듯한 표정을 짓는 경우를 자주 목격하게 된다.

일반적인 상식을 가진 사람들은 상기 사례에서처럼 지배회사(A)가 종속회사(B)를 통해 간접적으로 가지고 있는 관계회사(C)의 지분율을 계산하라고 하면 60%×30%=18%로 계산한다. 따라서 지배회사(A)가 관계회사(C)에 대해 직접 소유하고 있는 지분율 30%를 포함하여 총 지분율은 48%라고 이야기한다. 이러한 지분율 계산 방식을 회계에서는 ‘유효지분율’이라고 하며, 실제 연결재무제표 작성 시 연결결산 효과를 계산하는 데에는 지금 계산한 ‘유효지분율’이 적용된다.

다만, 회계기준에서는 연결대상 범위를 판단할 때만큼은 ‘유효지분율’이 아니라 ‘단순지분율’을 기준으로 하도록 되어 있다는 사실에 주의해야 한다. ‘단순지분율’이란 ‘A사→B사→C사’ 등의 복잡한 지분구조하에서 A사가 C사의 주식을 간접적으로 소유하고 있는 경우, ‘A사→B사’의 지배-종속관계가 성립되는 경우에 ‘A사와 B사가 하나의 연결실체’라는 관점에서 C사와의 지분율을 계산하는 방식을 의미한다. A사가 C사와 지배-종속관계가 있는지를 확인하기 위해서는 ‘단순지분율’ 방식으로 A사와 B사 간에 지배-종속관계가 있는지를 파악하고 난 후에, 연결실체 관점에서 C사를 소유하고 있는 지분율을 계산하여 판단하여야 한다.

| '단순지분율'에 따라 계산된 A사가 소유하고 있는 C사의 지분율 |

A → C

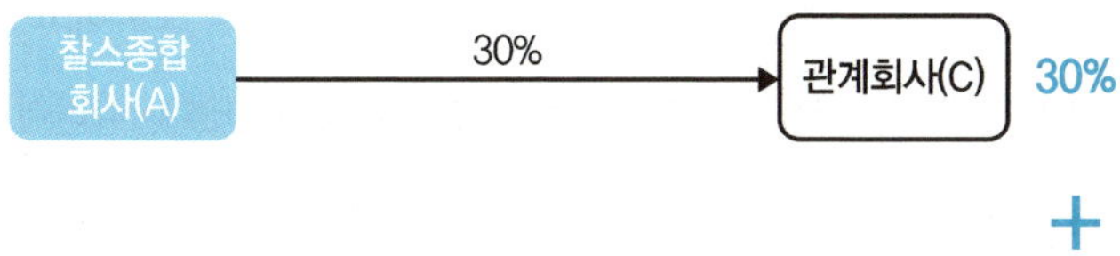

A → B → C

① A사와 B사의 지배-종속관계를 파악한다.

② A사와 B사가 지배-종속관계면, A-1(연결실체)을 기준으로 지배-종속관계를 파악한다.

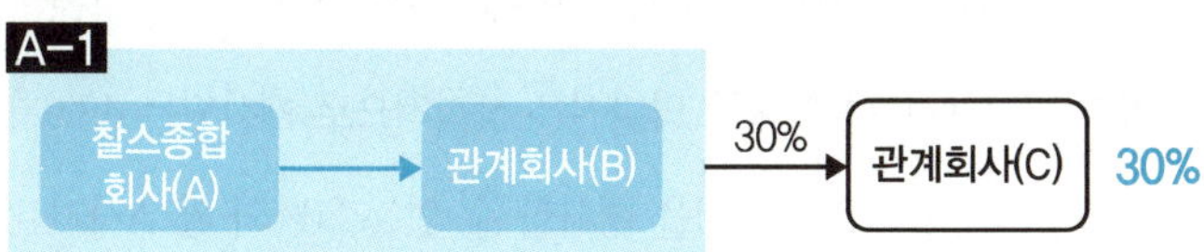

C사가 연결대상인지를 판단하기 위해 A사와 C사의 지분구조를 살펴보면, A사가 직접적으로 C사의 주식을 30% 소유하고 있다는 것을 알 수 있다. A사가 C사의 주식을 30% 소유하고 있다는 사실만으로는 지분율에 따른 지배-종속관계가 성립되지 않지만 B사를 통해 간접적으로 소유하고 있는 지분율이 있다는 점을 잊지 말아야 한다.

B사를 통해 A사의 C사에 대한 지분율을 파악하려면 우선 A사와 B사 사이에 지배-종속관계가 있는지를 확인하여야 한다. 그리고 A사와 B사가 지배-종속관계에 있다면 A사와 B사를 하나의 연결실체(A-1)로 간주하여 C사의

지분율을 얼마나 소유하고 있는지를 확인하면 30%라는 사실을 알 수 있다.

따라서 A사는 자체적으로 C사의 주식 30%를 소유하고 있고, 연결실체 관점에서 A사가 B사를 지배하고 있으므로 B사가 C사를 소유하고 있는 주식수 30%를 각각 합산한 60%를 가지고 있다고 볼 수 있다. 따라서 연결대상 범위를 판단하는 기준에 따르면 A사는 C사의 의결권을 가진 주식수를 과반수 넘게 소유하고 있기 때문에 C사를 연결대상에 포함해야 한다.

이러한 계산 방식은 의사결정이 진행되는 절차를 생각해보면 단순지분율이 지배력을 판단하는 데에 합리적이라는 사실을 알 수 있다. 우선 찰스종합회사인 A사는 관계회사인 C사의 재무정책 및 영업정책에 30%의 의결권을 직접적으로 행사할 수 있다. 또한 관계회사인 B사 또한 C사에 30%만큼의 직접적인 의결권을 행사할 수 있다. 그리고 찰스종합회사인 A사가 관계회사인 B사를 지배하고 있으므로 B사의 의사는 전적으로 A사에 달려 있음을 알 수 있다. 따라서 C사에 대한 의결권은 상식적으로 계산되는 48%가 아니라 ① A사가 직접적으로 의결권을 행사할 수 있는 30%와 ② A사가 지배하고 있는 B사를 통해 간접적으로 의결권을 행사할 수 있는 30%를 합친 60%이며, C사의 재무정책 또는 영업정책에 대한 방향성은 전부 A사에 따라 좌지우지된다고 볼 수 있다.

따라서 연결대상 범위를 판단할 때에는 '유효지분율'이 아닌 '단순지분율'이 적용됨을 잊지 말아야 한다. 다만, 앞에서 기술한 것처럼 향후 연결재무제표 작성 시 연결결산 효과를 계산하는 과정에서는 '단순지분율'이 아닌 '유효지분율'이 적용된다는 점도 유의해야 한다.

상기 사례를 기준으로 단순지분율 및 유효지분율을 계산한 결과는 다음과 같다.

| 단순지분율 vs. 유효지분율 계산 결과 요약 |

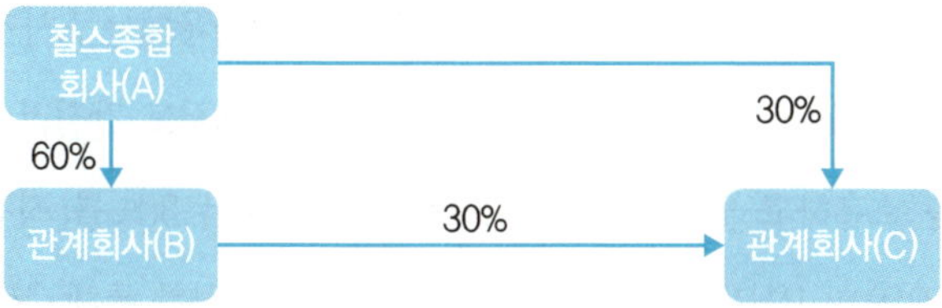

		[단순지분율]	[유효지분율]
B사	A→B	60%	60%
C사	A→C	30%	30%
	A→B→C	30%	60% X 30% = 18%
	합계	60%	48%

"진도를 조금 더 나가보자!"

단순지분율과 유효지분율을 명확히 이해하기 위해 조금 더 복잡한 지분관계를 가지고 설명해보고자 한다. 독자들도 각 관계회사별로 찰스종합회사의 관계회사에 대한 단순지분율 및 유효지분이 몇 %인지를 계산해보고, 찰스종합회사가 연결재무제표를 작성해야 할 대상 회사가 어디인지 생각해보자.

| 찰스종합회사의 관계회사 지분도 |

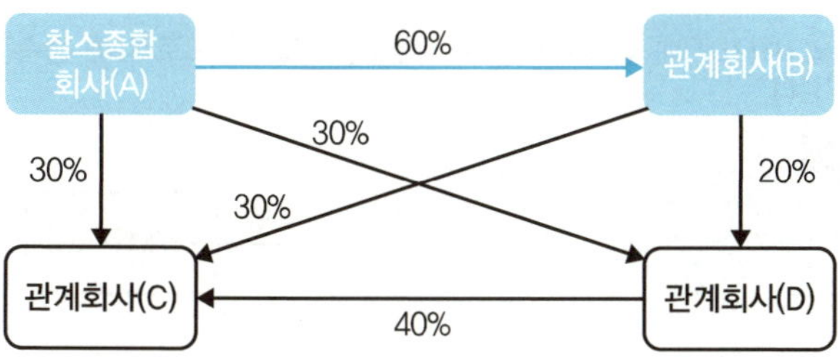

우선 A사가 B사의 지분 60%를 가지고 있으므로 A사가 B사를 지배하고 있다는 사실은 쉽게 파악할 수 있다. 다만, C사의 경우에는 A사가 C사의 지분 30%를 직접적으로 소유하고 있으며 B사를 통해서도 간접적으로 C사의 주식을 소유하고 있다. 그리고 A사는 D사의 지분 30%를 직접적으로 소유하고 있으며 B사를 통해 C사의 주식을, B사와 D사를 통해 C사의 주식을 간접적으로 주식을 소유하고 있다.

먼저 C사가 A사의 연결재무제표 작성대상에 포함되는지를 확인하기 위해 단순지분율을 계산해보자.

| A사가 소유한 C사의 단순지분율 |

A → C

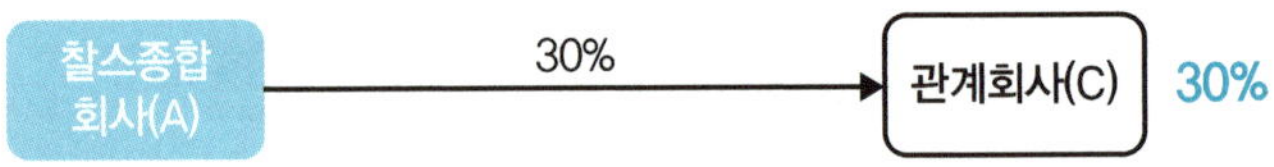

+

A → B → C

① A사와 B사의 지배–종속관계를 파악한다.

② A사와 B사가 지배–종속관계면, A–1(연결실체)을 기준으로 지배–종속관계를 파악한다.

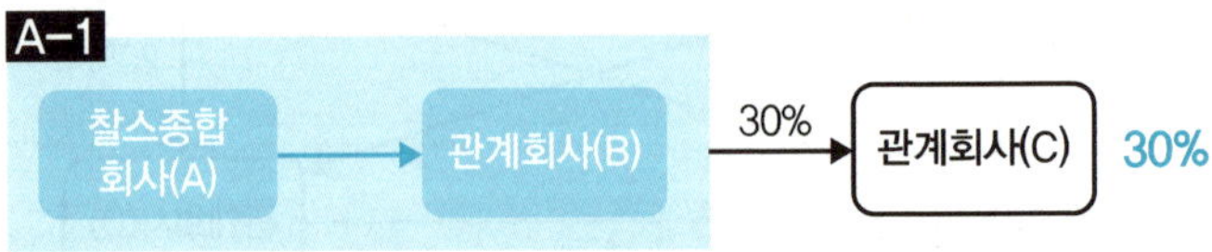

A → B → D → C

① A사와 B사의 지배-종속관계를 파악한다.

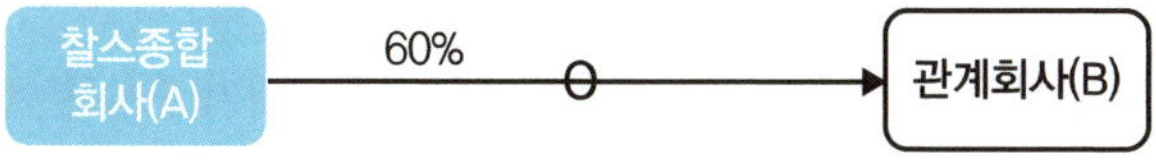

② A사와 B사가 지배-종속관계이면, A & B사를 기준으로 지배-종속관계를 파악한다.

③ A, B사 및 D사가 지배-종속관계가 아니므로, A-B사를 기준으로 지배-종속관계를 파악한다.

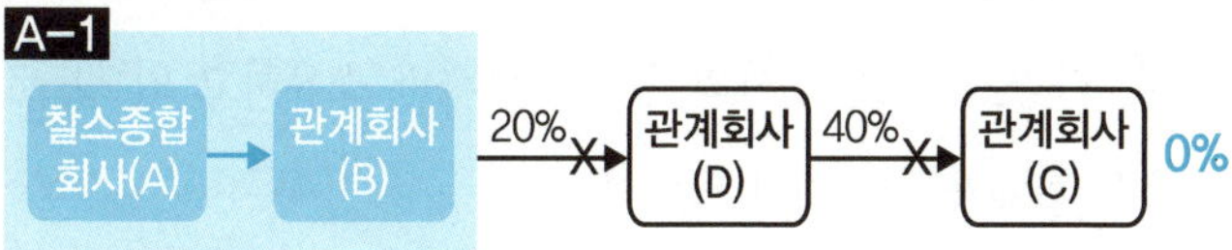

우선 A사는 C사의 주식 30%를 직접적으로 소유하고 있다.

또한 A사는 B사를 통해 C사를 간접적으로 소유하고 있는데 '단순지분율'은 다음과 같이 계산된다.

① A사는 B사의 주식을 50% 초과하여 소유하고 있으므로 A사와 B사는 하나의 연결실체 A-1로 간주한다.

② 그리고 연결실체 A-1은 B사를 통해 C사의 주식을 30% 소유하고 있다.

따라서 A사는 직접적으로 C사의 주식을 30% 소유하고 있고 B사를 통해 C사의 주식을 간접적으로 30% 소유하고 있으므로 총 지분율은 60%이다.

그러므로 C사는 A사의 연결재무제표 작성대상에 포함된다.

현재까지의 정보만으로도 C사는 A사의 연결대상에 포함되지만, D사를 통해 간접적으로 소유하고 있는 C사의 지분관계도 확인해볼 필요가 있다. 우선 A사가 B사의 지분 60%를 가지고 있으므로 A사가 B사를 지배하고 있다.

또한, A사는 B사를 통해 D사를 간접적으로 소유하고 있으며, D사 또한 C사의 지분을 소유하고 있으므로 A사가 B사 및 D사를 통한 C사의 '단순지분율'은 다음과 같이 계산된다.

① A사는 B사의 주식을 50% 초과하여 소유하고 있으므로 A사와 B사는 하나의 연결실체 A-1로 간주한다.

② 그리고 연결실체 A-1은 B사를 통해 D사의 주식을 20% 소유하고 있다. 다만, A-1은 D사의 주식을 20%만 소유하고 있으므로 지배-종속 관계가 성립하지 않는다.

③ A-1과 D사는 지배 - 종속관계가 성립하지 않기 때문에 A-1은 D사에 대한 의사결정권이 없으므로 D사는 A-1의 개입을 받지 않고 C사에 대한 40%의 의사결정권을 행사할 수 있다. 따라서 A사는 D사를 통해서 C사에 대한 의사결정권을 행사할 수 없으므로 단순지분율은 0%로 계산된다.

D사의 경우는 조금 더 간단하다. A사는 B사를 통해서도 간접적으로 D사의 주식을 소유하고 있기 때문이다. 따라서 A사와 D사의 지배-종속관계를 확인하기 위해서는 1) A사가 D사의 지분을 소유한 경우, 2) A사가 B사를 통해 지분을 소유한 경우의 단순지분율을 각각 산출하여 합산해야 한다.

1) A사가 D사에 대하여 직접 소유한 지분율은 30%이다. 하지만 30%의 지분율만 가지고는 D사를 지배했다고 볼 수 없다. 따라서 A사가 B사를 통해 소유하고 있는 D사의 지분율을 확인해야 한다.

▍A사가 소유한 D사의 단순지분율▍

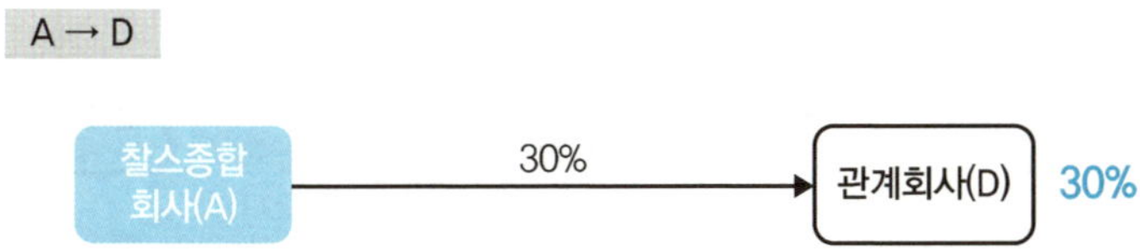

2) ① 우선 A사는 B사의 주식을 60% 소유하고 있으므로 A사와 B사는 하나의 연결실체인 A-1로 간주한다. 그리고 ② A-1(연결실체)은 A사를 통해 D사의 주식을 30% 소유하고 있으며, 또한 B사를 통해 D사의 주식을 20% 소유하고 있으므로 총 지분율은 50%이다. 하지만 1)과 2)에서 발생한 총 지분율 50%는 과반수를 넘지 않기 때문에 해당 구조만 보면 연결대상 범위에 포함된다고 볼 수 없다.

결국 단순지분율에 따르면 A사는 1) 직접적으로 D사의 주식을 30% 소유하고 있고, 2) B사를 통해서 D사의 주식을 간접적으로 20% 소유하고 있지만, 단순지분율에 따르면 A사는 D사의 주식을 총 50% 소유하고 있다고 볼 수 있다. 50% 지분율은 과반수에 해당하지 않으므로 D사는 A사의 연결재무제표 작성대상에 포함되지 않는다.

상기 사례를 정리해보면 다음과 같다.

단순지분율 vs. 유효지분율 계산 결과 요약

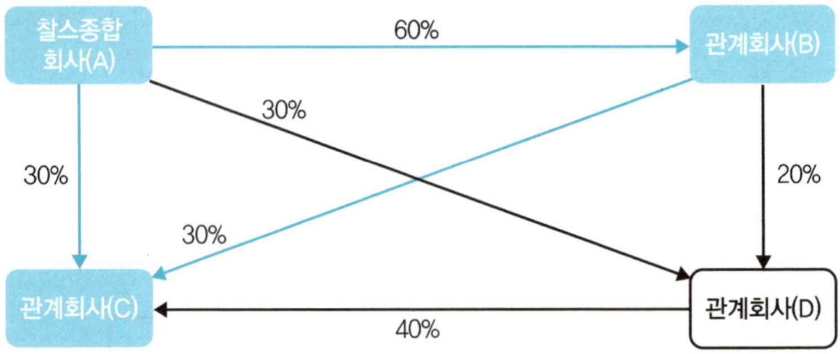

		[단순지분율]	[유효지분율]
B사	A → B	60%	60%
C사	A → C	30%	30%
	A → B → C	30%	60% X 30% = 18%
	A → D → C	해당사항 없음	30% X 40%
	A → B → D → C	해당사항 없음	60% X 20% X 40%
	합계	60%	64.8%
D사	A → D	30%	30%
	A → B → D	20%	60% X 20% = 12%
	합계	50%	42%

연결회계 용어

- **단순지분율** : 지분구조가 순차적인 경우 지분구조에 대하여 지배–종속관계를 파악하여 지배–종속관계가 성립하는 경우에 한하여 관계회사를 직접적으로 소유하고 있는 지분율을 산출하는 방식
- **유효지분율** : 지분구조가 순차적인 경우 각각의 지분율을 곱한 결과를 기준으로 산출하는 지분율 방식

요약정리

- 지배회사가 다른 회사를 통해 관계회사의 주식을 소유하고 있는 경우, 연결회계에서 지분율을 계산하는 방식에는 '단순지분율'과 '유효지분율'이 있다.
- 연결대상 범위를 판단할 때는 '단순지분율'이 활용되며, 일반적인 연결결산 효과를 계산할 때는 '유효지분율'이 활용된다.
  - 단순지분율이란 '지배관계'를 지분구조에 따라 순차적으로 확인하는 방식을 의미하며, 우선 지배회사와 다른 회사의 지배–종속관계가 성립하는지를 확인한 후에 지배–종속관계가 성립되는 경우에 한하여 다른 회사를 통해 소유하고 있는 관계회사의 지분율과 지배회사가 해당 관계회사를 직접적으로 소유하고 있는 지분율을 합쳐 지배–종속관계를 판단한다.
  - 유효지분율이란 지분구조가 순차적으로 발생하는 경우에 각각의 지분율을 곱한 결과를 기준으로 지배회사가 종속회사를 직간접적으로 소유하고 있는 지분율을 합쳐서 총 지분율을 산출한다.

03
해외법인이 있는 경우, 연결재무제표는 누가 작성할까?

연결재무제표 작성회사

연결회계 실무에 대한 문의를 받다 보면, 지배력에 대한 명확한 판단이 끝난 후에도 연결재무제표를 작성하는 대상인지 여부에 대한 문의가 많이 오곤 한다. 특히나 해외법인이 최종 모회사로 판명되는 경우에 중간지배회사인 국내회사가 연결재무제표를 작성해야 하는지 여부에 대한 궁금증이 많은 것 같다. 여기서는 지배력에 대해 명확히 판단한 후에 연결재무제표를 누가 작성해야 하는지에 대한 정리를 해보고자 한다.

“ 일반원칙 ”

연결재무제표는 지배-종속관계에 있는 경우, 지배회사가 작성하는 것이 일반적이다. 또한 지배-종속관계가 연속적으로 성립된다면 최상위지배회사가 연결재무제표를 작성한다.

| 연속적인 지배 : 종속관계 |

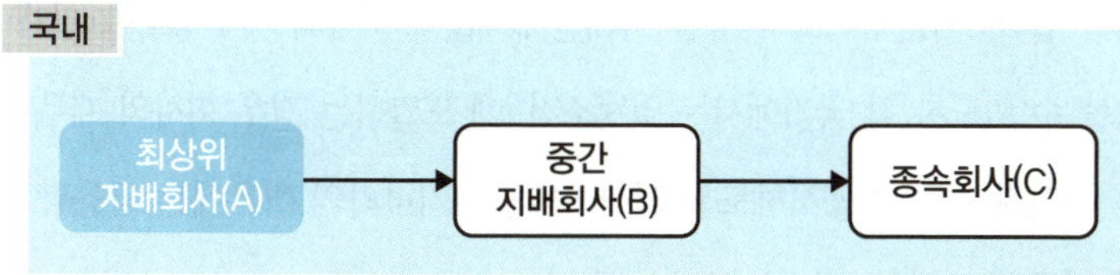

그림처럼 A사가 B사를 지배하고 B사가 C사를 지배하는 연속적인 지배-종속관계가 성립되면 최상위지배회사인 A사가 연결재무제표를 작성한다.

“ 최상위지배회사가 해외법인인 경우 ”

다만, 최상위지배회사가 해외법인인 경우에는 어떨까? 중간지배회사인 B사 회계담당자는 일반원칙에 따라 연결재무제표를 작성할 의무가 없다고 좋아할지도 모른다. 하지만 최상위지배회사가 해외법인인 경우에는 중간지배회사인 B사 또한 연결재무제표를 작성할 의무가 존재한다.

| 최상위지배회사가 해외법인인 경우 |

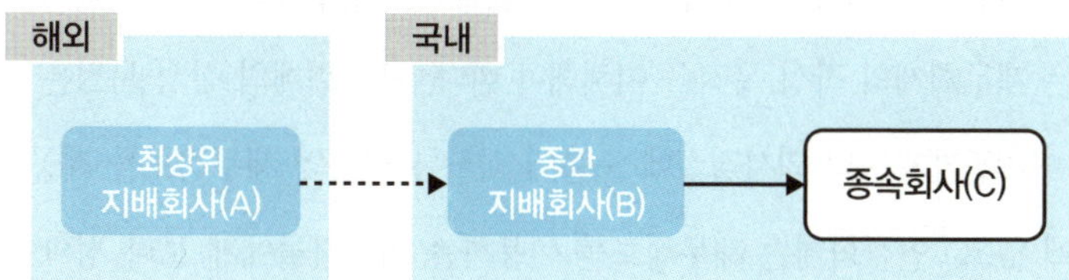

해당 사례는 회사의 재무정보를 공시하는 환경을 생각하면 보다 이해하기가 쉽다. 기본적으로 다양한 이해관계자들이 회사의 재무정보를 쉽게 찾아볼 수 있도록 각 국가에서는 일정조건[4)]에 도달하는 경우 회사의 재무제표를 공인된 기관에 공시하도록 되어 있다. 우리나라의 경우에는 금융감독원이 제공하고 있는 '전자공시시스템' 사이트(http://dart.fss.or.kr)에 각 회사의 재무제표를 등록하고 있다.

문제는 공시의무가 있는 회사는 각 나라의 국내법을 적용받는다는 데에 있다. 따라서 국내법을 적용받지 않는 해외법인이 연결재무제표를 작성하는 경우에는 우리나라에서 제공하는 '전자공시시스템'에서는 해외법인의 연결재무정보를 찾아볼 수 없다. 이러한 이유 때문에 최상위지배회사가 해외법인인 경우에는 국내에 소재한 차상위지배회사인 B사, 즉 중간지배회사가 연결재무제표를 작성하도록 되어 있다고 볼 수 있다.

"그 외에 중간지배회사에 작성의무가 있는 경우"

그렇다면 최상위지배회사가 해외법인인 경우를 제외하고는 중간지배회사가 연결재무제표를 작성하는 경우는 없을까? 이에 대한 해답을 찾기 위해서는 재무회계의 작성 목적을 이해해야 한다. 재무회계의 작성 목적은 다양한 이해관계자들의 의사결정에 도움이 되도록 회사의 재무정보를 제공하는 데에 있고, 연결회계는 재무정보를 이용하는 이용자들에게 보다 정확한 재

4) 우리나라에서는 소위 말하는 '외감법', 즉 '주식회사 등의 외부감사에 관한 법률'에 따라 외부감사를 받아야 하고 '자본시장과 금융투자업에 관한 법률'에 따라 감사결과를 '전자공시시스템'에 공시하도록 되어 있다.

무정보를 제공하기 위해 탄생하였다.

만일 최상위지배회사가 국내회사지만 중간지배회사가 주식시장에 상장된 경우를 생각해보자. 회사가 주식시장에 상장되었다면 해당 회사의 재무정보를 이용하는 사람들이 정말 많지 않을까? 그런데도 최상위지배회사가 연결재무제표를 작성한다는 이유 하나만으로 중간지배회사가 내부거래가 제거되지 않은 개별재무제표만 공시한다면 그 의무를 다했다고는 볼 수 없다. 때로는 성격 급한 투자자도 있을 테니 중간지배회사의 주석에 기재된 지분관계를 파악해서 최상위지배회사의 재무제표를 별도로 찾아볼 것이라고 기대하기도 어렵다.

따라서 회계기준에서는 해당 회사의 재무정보를 이용하는 이해관계자가 많은 경우에는 중간지배회사일지라도 연결재무제표를 작성하도록 의무화하고 있다. 이런 회사들의 유형으로는 증권선물거래소의 유가증권시장 및 코스닥시장 상장법인과 금융·보험업을 영위하는 중간지배회사 등이 해당된다. 즉, 주식시장에 상장하였거나 외부기관에 채권 등을 발행한 경우가 이에 해당한다. 주식에 상장하거나 채권을 발행하는 경우에는 회사의 재무정보를 활용하려는 이해관계자가 다수이기 때문이다. 따라서 이런 경우에는 최상위지배회사인 A사뿐만 아니라 중간지배회사인 B사에도 연결재무제표를 작성할 의무가 발생한다.

| 중간지배회사에 작성의무가 있는 경우 |

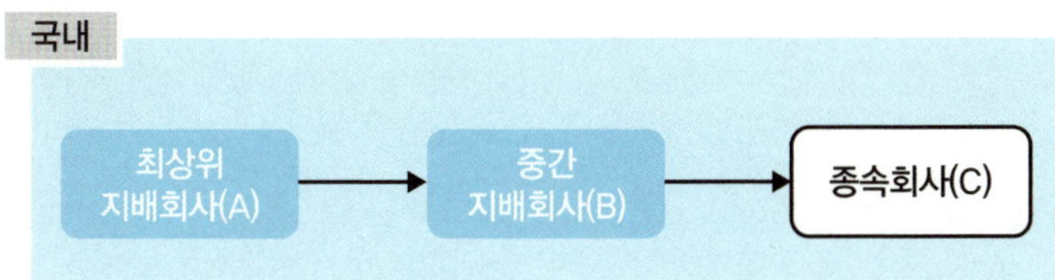

지배-종속관계가 순환하는 구조가 성립되는 경우

마지막으로 흔하지는 않겠지만 지배-종속관계가 아래 그림처럼 순환돼서 최상위지배회사를 판단할 수 없는 경우는 어떻게 해야 할까? 즉, 상호 간에 지분율도 동일하고 이사회 등 의결권도 동일하여 지배-종속관계가 순환하는 경우가 있을 수 있다는 의미이다.

| 지배-종속관계가 순환하는 경우 |

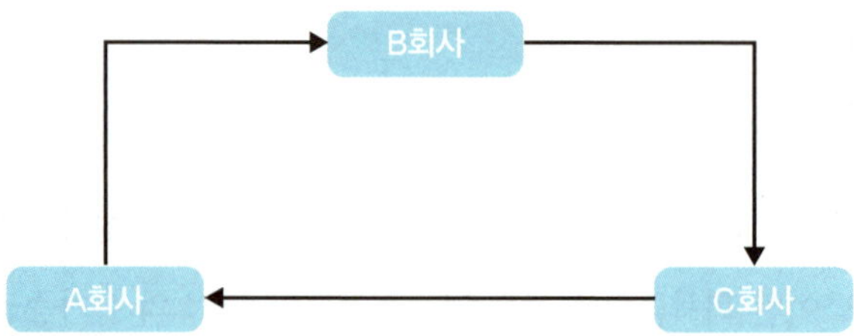

그림처럼 A회사, B회사 및 C회사의 지배-종속관계가 순환한다면 회계기준에서는 직전 사업연도 말 자산규모가 최대인 회사가 연결재무제표를 작성하도록 규정하고 있다. 하지만 실질지배력에 따라 지분율 이외에 다양한 실질상황에 근거하여 지배력을 판단하도록 되어 있기 때문에 K-IFRS가 도입된 이후로는 실무상에서 지배-종속관계가 순환되는 형태를 쉽게 찾아보기 어려운 게 현실이다.

“ 연결재무제표 작성이 면제 가능한 경우는 없을까? ”

지금까지의 회계기준을 살펴보면 웬만하면 연결재무제표를 작성하도록 규정되어 있다고 볼 수 있다. 하지만 실무적으로 기업규모가 대규모가 아닌 경우에는 실무진들이 연결재무제표를 작성하는 데에 대단한 부담감을 느끼는 게 현실이다.

따라서 한국채택국제회계기준인 K-IFRS에서는 아래의 요건을 모두 충족하는 경우에 한하여 연결재무제표 작성의무를 면제한다고 규정하고 있다. 다만, 아래 요건을 잘 살펴보면 해당 회사의 재무정보를 이용하는 이해관계자가 극히 제한적일 때, 즉 주주가 연결재무제표를 작성하지 않는 것에 반대하지 않는 경우(①), 주식시장에 공개되지 않거나 또는 회사채 등이 발생하지 않는 경우(②), 그리고 금융상품 등이 발생하지 않아 외부이해관계자가 없는 경우(③), 마지막으로 상위지배회사 중 한 회사가 연결재무제표를 작성하는 경우(④)에 한하여 연결재무제표 작성을 면제한다는 것을 알 수 있다.

• 연결재무제표 작성 면제 가능 기업 = ① & ② & ③ & ④ •

① 지배회사가 다른 회사의 100% 종속회사인 경우 또는 100% 종속회사가 아닌 경우에는 다른 소수주주가 반대하지 않는 경우
② 지배회사의 주식 또는 채무가 공개시장에서 거래되지 않는 경우
③ 지배회사가 금융상품을 공개하기 위한 절차를 진행 중이지 않는 경우
④ 최상위지배회사나 상위지배회사[5]가 IFRS에 따라 일반목적 연결재무제표를 작성하는 경우

5) 최상위지배회사 또는 상위지배회사가 해외법인이라도 연결재무제표 작성의무는 면제받을 수 있다.

연결회계 용어

- 최상위지배회사 : 관계회사 간 복수의 지배–종속관계가 형성되는 경우, 지배–종속관계에서 최종적인 지배력을 행사하는 회사
- 중간지배회사 : 관계회사 간 복수의 지배–종속관계가 형성되는 지분구조하에서 관계회사에 지배력을 행사하는 회사 중에 최상위지배회사를 제외한 모든 지배회사

요약정리

- 연결재무제표는 최상위지배회사가 작성하는 것을 원칙으로 한다. 다만, 아래의 경우에는 중간지배회사도 연결재무제표를 작성해야 한다.
  - 최상위지배회사가 외국법인인 경우 국내 차상위지배회사인 중간지배회사가 연결재무제표를 작성한다.
  - 증권선물거래소의 유가증권시장 및 코스닥시장 상장법인과 금융·보험업을 영위하는 중간지배회사인 경우에도 연결재무제표를 작성한다.
- 만일 지배–종속관계가 순환하는 경우에는 직전 사업연도 말 자산규모가 최대인 회사가 연결재무제표를 작성한다.
- 또한 회사의 재무정보를 이용하는 이해관계자가 많지 않고 주주가 100% 연결재무제표를 작성하지 않는다는 사실에 찬성하는 경우에 한하여 연결재무제표를 작성하지 않을 수 있다. 다만, 최상위지배회사 또는 상위지배회사가 연결재무제표를 작성하고 있는 경우에만 이러한 면제 규정을 허용한다.

연결회계,
어디서부터 시작할까?

01
어디까지가 내 재산이니?
연결회계이론

기획부서장인 태윤이는 거래처에 찰스종합회사의 재무성과를 보여줄 필요가 생겼다. 이왕이면 멋지게 보이는 게 좋을 것 같아 찰스종합회사의 연결재무제표를 활용하기로 하였다. 찰스종합회사는 주식을 60% 소유하고 있는 종속회사가 있어 재무제표의 규모가 더 커 보일 것 같기 때문이다.

거래처에 찰스종합회사의 연결재무제표를 넘겨주기 전에 태윤이는 한 가지 이상한 점을 발견했다. 분명 찰스종합회사와 종속회사의 개별재무제표상 자산총액이 각각 1,000억원이고 500억원이면, 찰스종합회사가 종속회사의 주식을 60%만 가지고 있기 때문에 찰스종합회사의 자산총액은 1,300억원이어야 할 것 같은데, 찰스종합회사와 종속회사의 자산총액 합이 1,500억원으로 표시되어 있었기 때문이다.

- 태윤이의 계산 결과 : 1,000억원+(500억원×60%)=1,300억원
- 연결재무제표의 표시 결과 : 1,000억원+500억원=1,500억원

뭔가 이상하다는 생각이 들어 회계부서장을 찾아가서 조심스레 찰스종합회사의 연결재무제표가 잘못 작성된 게 아니냐고 물어봤더니 연결재무제표는 원래 지배회사와 종속회사의 재무제표를 합쳐서 표기하는 것은 맞지만 종속회

사의 지분율과 상관없이 100%를 합쳐서 표기한다는 것이다.

아직도 뭔가 석연찮은 부분이 있어서 조금 더 물어볼까도 했지만 회계부서장이 너무나 당연하다는 듯이 이야기해서 수긍하는 것처럼 하고 자리를 빠져나왔다. 회계기준이 찰스종합회사의 연결재무제표를 잘 포장해주어서 고맙기는 하지만 태윤이는 마음속으로 수긍이 가지 않는다. 분명 연결재무제표를 공시하는 회사는 찰스종합회사이고, 찰스종합회사가 소유하고 있지 않은 종속회사 40% 지분을 연결재무제표상 자산으로 인식한다면 연결재무제표를 보는 사람들이 찰스종합회사의 자산이 너무 많다고 오해하지 않을까?

“ 연결회계기준도 다 역사가 있다? ”

많은 사람들이 회계기준은 명확하고 일관될 것이라고 생각하지만 회계기준 또한 다른 법률들과 마찬가지로 시대의 요구를 반영하면서 꾸준히 변하고 있다. 때에 따라서는 과거에는 옳다고 했던 논리들이 지금에 와서는 틀렸다고 주장하는 경우도 더러 존재한다.

연결관련 회계기준 또한 세월의 흐름에 따라 연결정보를 바라보는 관점이 달라지면서 오늘날의 연결회계기준으로 정립되었다. 과거 연결회계기준에서는 연결재무제표를 작성하는 회계주체를 어떻게 규정하느냐에 대한 다양한 논의들이 있었는데, 소유주이론(Proprietary theory), 지배기업이론(Parent company theory) 및 연결실체이론(Entity theory)이 대표적인 예이다. 그리고 오늘날의 연결회계기준은 연결실체이론에 따라 대부분의 규정이 정립되어 있다.

다만, 해당 이론들의 핵심논쟁은 지배회사가 소유하고 있지 않은 비지배지분, 즉 사례에서는 찰스종합회사가 소유하고 있지 않은 종속회사 40% 지분을 연결재무제표에 어떻게 표시하느냐가 관건이기 때문에 비지배지분이 없는 경우, 즉 지배회사가 종속회사의 지분을 100% 소유하고 있는 경우에는 연결회계이론에 따른 연결회계처리 방식에는 아무런 차이가 없음을 참고로 알려둔다.

"연결회계이론들 – 소유주이론, 지배기업이론 그리고 연결실체이론"

사례에서 태윤이가 생각하는 연결재무제표 작성 방식은 소유주이론에 따른 것이다. 소유주이론에 따르면 연결재무제표를 소유주의 것으로 확장하여 해석한다. 따라서 연결재무제표를 작성할 때 종속회사의 자산, 부채 및 자본은 지배회사의 지분율에 해당하는 부분만을 연결재무제표에 합산하는 방식으로 표현한다. 소유주이론에 따르면 찰스종합회사가 소유하고 있는 종속회사 지분 60%만큼만 연결재무제표[1]에 표시된다. 따라서 종속회사의 자산, 부채, 자본 및 수익과 비용은 연결재무제표에는 지배회사의 지분율만큼만 표시된다. 그러므로 태윤이가 생각하는 것처럼 찰스종합회사의 연결재무제표상 자산총액은 1,300억원으로 표시될 수 있다.

---

1) 보다 간결한 논지를 펴기 위해 찰스종합회사와 종속회사 간에는 내부거래가 없다고 간주하였으나 실제 연결재무제표를 작성하면 조금 더 복잡해진다는 사실을 이해하길 바란다.

| 소유주이론에 따라 작성된 연결재무제표 |

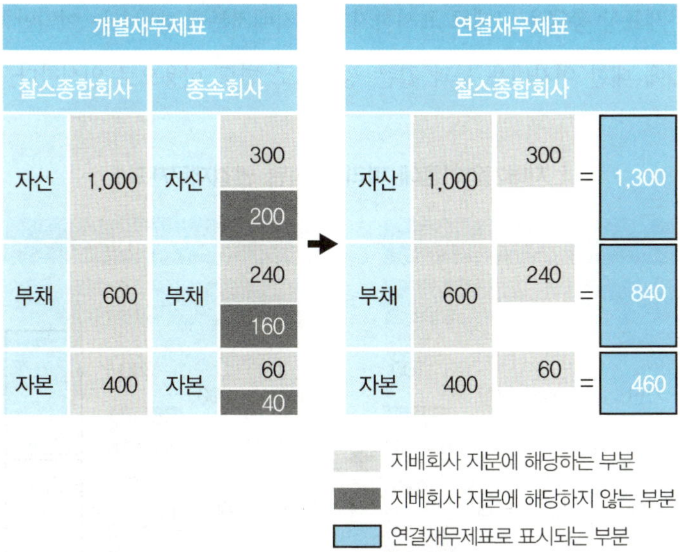

그에 반하여 지배기업이론은 지배회사가 종속회사의 모든 자산과 부채 등에 지배력을 행사할 수 있다고 간주한다. 즉, 사례에서 회계부서장이 이야기한 대로 종속회사의 지분율과 상관없이 찰스종합회사는 연결재무제표를 작성할 때 종속회사의 모든 자산과 부채를 찰스종합회사의 자산과 부채와 합산하여 공시한다는 의미이다. 따라서 태윤이가 생각하는 것과는 달리 찰스종합회사의 연결재무제표상 자산총액은 1,300억원이 아니라 1,500억원으로 표시되어야 한다.

다만, 지배기업이론에 따르면 비지배주주는 주주가 아니라 기타 이해관계자, 즉 연결재무제표상 채권자로 간주하여 비지배지분을 부채로 표시한다. 따라서 지배기업이론에 따른 연결재무제표는 찰스종합회사와 종속회사의 자산, 부채는 그대로 합산하고 종속회사의 자본 중 40%에 해당하는 비지배지분은 부채로 분류하여 표시한다. 또한 종속회사의 수익과 비용은 연결재무제표상 총액을 그대로 표시하지만 비지배지분에 해당하는 이익만큼은 부채에 대한 이자비용 등과 같은 성격으로 별도 비용으로 인식한다.

| 지배기업이론에 따라 작성된 연결재무제표 |

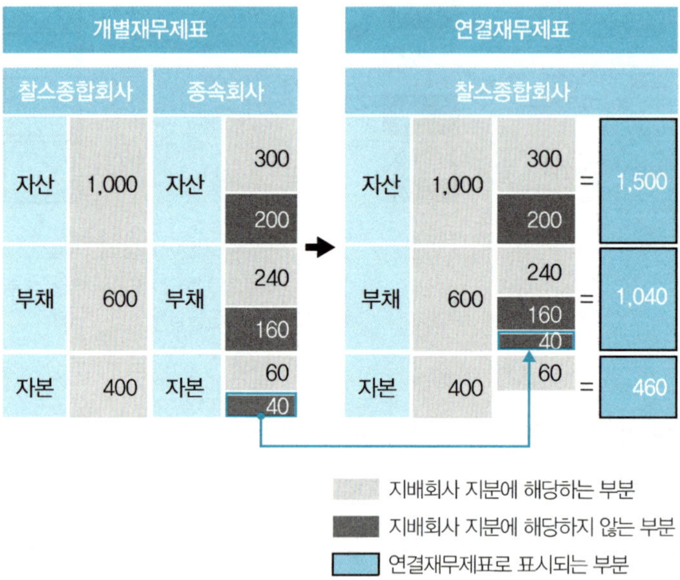

반면에 연결실체이론에 따르면 지배회사의 주주나 종속회사의 주주에게 부여된 법률적인 소유권보다는 단일 경제실체로서의 연결실체 그 자체를 강조한다. 즉, 지배회사가 아니라, 지배회사 및 종속회사를 하나의 경제적 단일체로 간주하여 그 연결실체가 독립적으로 연결재무제표를 작성한다는 관점이다. 그래서 연결재무제표는 연결자본이 지배회사의 지배지분과 비지배지분으로 구성된다고 간주하여 작성된다. 따라서 지배기업이론과 동일하게 찰스종합회사의 연결재무제표상 자산총액은 1,500억원으로 표시되어야 한다.

지배기업이론과 비교하여 찰스종합회사와 종속회사의 자산 및 부채를 전액 합산하는 방식은 동일하지만, 종속회사의 자본 중 40%에 해당하는 비지배지분도 연결재무제표상 자본으로 인식한다는 점에서 이를 부채로 인식하는 지배기업이론과는 차이가 있다. 또한 종속회사의 수익과 비용을 연결재무제표상 총액을 그대로 표시하여 연결당기순이익을 산출하며 연결당기순이익을 지배지분이익과 비지배지분이익으로 구분하여 표시한다.

| 연결실체이론에 따라 작성된 연결재무제표 |

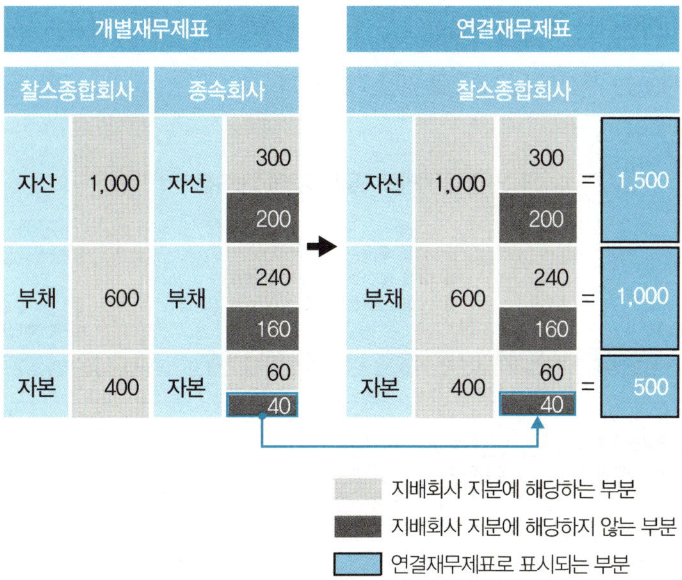

“그럼 지금의 연결회계기준은 어떨까?”

오늘날의 연결회계기준은 대부분 연결실체이론을 바탕으로 정립되어 있다. 따라서 연결재무상태표상 비지배지분은 자본으로 표시되며, 연결손익계산서상 비지배지분당기순이익은 연결당기순이익 또는 포괄이익의 한 부분으로 표시된다.

다만, 대부분의 연결회계기준은 연결실체이론을 따르지만 영업권을 인식하는 방식에 한해서는 실무상 한계 때문에 지배기업이론에 따른 계산 방식을 인정한다는 점에 유의하여야 한다. 이에 대해서는 추후 영업권을 상세하게 다루는 부분에서 다시 논의할 예정이다.

연결재무제표 공시 사례 : LG전자

연 결 재 무 상 태 표

제 18 기 : 2019년 12월 31일 현재

제 17 기 : 2018년 12월 31일 현재

LG전자 (단위: 백만원)

과 목	주석	제 18 기		제 17 기	
자 산					
유 동 자 산			19,753,485		19,362,854
현금및현금성자산	5,6,39	4,777,368		4,270,388	
금융기관예치금	5,6,39	65,971		80,516	
매출채권	5,7,39	6,360,288		6,371,594	
지배기업의 소유주지분			14,330,085		14,253,268
납입자본	23		3,992,348		3,992,348
자본금		904,169		904,169	
주식발행초과금		3,088,179		3,088,179	
이익잉여금	24		11,857,302		12,075,414
기타포괄손익누계액	25		(1,309,801)		(1,604,730)
기타자본구성요소	26		(209,764)		(209,764)
비지배지분			2,095,053		2,053,639
자 본 총 계			16,425,138		16,306,907
부 채 와 자 본 총 계			44,859,875		44,328,443

→ ‘연결실체이론’에 따라 비지배지분은 B/S상 자본의 한 항목으로 표시된다.

연 결 손 익 계 산 서

제 18 기 : 2019년 1월 1일부터 2019년 12월 31일까지

제 17 기 : 2018년 1월 1일부터 2018년 12월 31일까지

LG전자 (단위: 백만원)

과 목	주석	제 18 기	제 17 기
매출액	27	62,306,175	61,341,664
매출원가	28	46,970,606	46,260,620
매출총이익		15,335,569	15,081,044
판매비	28,29	7,621,228	7,431,183
관리비	28,29	1,361,419	1,341,955
연구개발비	28,29	2,483,406	2,324,022
서비스비	28,29	1,433,377	1,280,593
영업이익		2,436,139	2,703,291
법인세비용	19	348,690	535,761
당기순이익		179,948	1,472,814
당기순이익의 귀속:			
지배기업의 소유주지분		31,285	1,240,139
비지배지분		148,663	232,675
지배기업의 소유주지분에 대한 주당순이익(단위:원)	34		
기본주당순이익:			
보통주기본주당순이익		169	6,882
우선주기본주당순이익		219	6,932

→ '연결실체이론'에 따라 비지배지분당기순이익은 당기순이익의 한 항목으로 표시된다.

연결회계 용어

- 비지배지분 : 종속회사에 대한 지분 중 지배회사에 직접적으로나 간접적으로 귀속되지 않는 지분
- 연결회계이론 : 연결재무제표에 대한 회계주체를 누구로 보는가를 규정하는 이론

요약 정리

- 연결회계는 연결재무제표에 대한 회계주체를 누구로 보느냐에 따라 소유주이론, 지배기업이론 및 연결실체이론으로 구분된다.
- 각 이론들의 핵심 쟁점은 비지배지분이 존재할 경우 이를 어떻게 보는가에 따라 구분되며, 오늘날에는 영업권을 제외하고는 연결실체이론 위주로 연결회계기준이 정립되어 있다.
  - 소유주이론에 따르면 지배회사의 지분율에 해당하는 부분만 연결재무제표에 표시한다.
  - 지배기업이론에 따르면 지배회사는 종속회사의 모든 자산과 부채에 대하여 지배력을 행사할 수 있다고 간주하므로 지배회사의 지분율뿐만 아니라 비지배지분에 해당하는 부분, 즉 종속회사의 전체 재무제표를 연결재무제표에 표시한다. 이때 비지배지분에 해당하는 순자산은 부채라고 간주하여 부채의 한 항목으로 표시한다.
  - 연결실체이론 또한 비지배지분에 해당하는 부분도 포함하여 종속회사의 전체 재무제표를 연결재무제표에 표시한다. 다만, 지배기업이론과 다른 점은 비지배지분에 해당하는 순자산을 부채가 아니라 또 다른 자본의 한 항목으로 표시한다는 것이다. 이러한 이유는 지분관계와 상관없이 연결재무제표상 지배회사와 종속회사는 하나의 경제적 실체라고 간주하기 때문이다.

02

자, 연결회계는 이렇게 작성하는 거랍니다.

연결재무제표 작성방법 일반

"연결재무제표의 작성은 개별재무제표를 합산하는 것에서 출발한다."

앞에서 연결재무제표를 작성하는 여러 관점을 소개하였다. 이러한 관점을 소개한 이유 중 하나는 연결재무제표를 작성하는 방법을 보다 쉽게 이해하기 위해서이다.

가끔 연결회계와 관련하여 듣는 질문 중 하나가 '지배회사와 종속회사의 재무제표를 합쳐서 비지배지분을 표시할 바에, 처음부터 종속회사의 재무제표 중 지배회사 지분만 가져오면 되는 거 아니냐'는 것이다.

하지만 연결실체이론에 따르면 지분관계와 관계없이 지배회사와 종속회사는 하나의 경제적 실체, 즉 하나의 회사로 간주되기 때문에 비지배지분 또한 다른 주주일 뿐이다. 따라서 개별재무제표를 작성할 때 종속회사가 토지를 ₩100에 취득하였는데 지배회사가 소유하고 있는 종속회사의 주식이 60%라고 해서 ₩60만 토지로 연결재무제표에 표시하지 않는 것은 이러한 이유에서다.

다만, 자본(=자산-부채)에 한해서는 회사소유 지분과 회사가 소유하지 않은 지분을 구분하여 표시하는 것과 동일하게 연결재무상태표상에도 지배지분과 비지배지분을 별도로 표시할 뿐이다. 대부분 상장되어 있는 회사의 주식을 회사가 100% 소유하고 있지 않은데, 그렇다고 해서 회사의 재무제표를 회사가 소유하고 있는 지분율에 해당하는 부분만 자산 및 부채로 표시하지 않는 방식과 유사하다고 볼 수 있다.

| 연결실체이론에 따른 재무제표 표시 방법 |

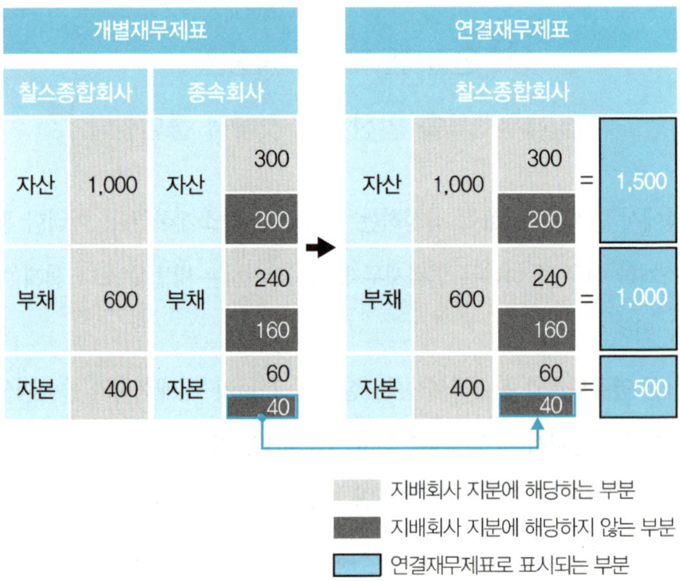

따라서 연결재무제표를 작성하는 절차는 예외 없이 지배회사와 종속회사의 개별재무제표를 취합 및 합산하는 것에서 출발한다. 그리고 지배회사와 종속회사 간의 내부거래를 제거하여 연결재무제표를 산출한다.

| 일반적인 연결재무제표 작성방법 |

지배회사 개별재무제표 + 종속회사 개별재무제표 − 내부거래 제거 = 연결 재무제표

연결재무제표 작성 단계별 고려사항

개별재무제표를 취합 및 합산하여 내부거래를 제거하는 과정은 어떻게 보면 간단하게 보일 수 있다. 하지만 각 단계별로 고려해야 할 사항이 많기 때문에 실제 연결재무제표를 작성하는 과정은 생각보다 만만치가 않다(그래서 독자들이 이 책을 읽고 있는 게 아닐까?).

다음 표에서 연결결산 단계를 조금 더 세분화하고 각 단계에서 고려해야 할 사항들을 요약하여 정리해보았다. 앞으로의 논의들은 연결결산 단계별 고려사항이 왜 발생하는지 그리고 어떻게 풀어낼 수 있는지를 이야기하는 데 초점을 맞출 예정이다. 따라서 지금은 연결재무제표를 작성하기 위해서는 일반적으로 다음과 같은 절차를 거친다는 점만 이해하면 충분하다.

| 연결재무제표 작성단계 및 고려사항 |

연결재무제표 작성단계	연결절차별 고려사항	
❶ 연결대상 범위 판단 및 준비	• 연결재무제표 작성대상 판단 • 종속회사의 자산 및 부채의 평가	두 번째 이야기/01 세 번째 이야기/03
❷ 개별재무정보의 취합	• 개별재무정보 취합을 위한 '연결자료 취합 템플릿(Template)' 작성	
❸ 회계기준 차이 조정	• 지배회사 회계기준에 따른 종속회사의 회계기준 차이 조정	네 번째 이야기/01
❹ 외화재무제표 환산	• 종속회사의 재무정보를 지배회사의 보고통화로 변환	네 번째 이야기/02
❺ 개별재무제표 합산	• 지배회사 및 종속회사의 재무제표 합산	
❻ 내부거래대사	• 지배회사 및 종속회사 또는 종속회사 간 내부거래 일치 여부 확인	네 번째 이야기/03, 04
❼ 내부거래상계	• 내부거래대사 결과를 반영한 내부거래상계 • 비지배지분 효과 반영	다섯 번째 이야기/02, 03, 04 다섯 번째 이야기/01
❽ 투자-자본상계	• 지배회사와 종속회사 간 투자-자본 거래의 상계 • 비지배지분 효과 반영	다섯 번째 이야기/05, 06, 07, 08 다섯 번째 이야기/01
❾ 기타 연결조정	• 이연법인세 조정 등 기타 연결회계 조정	다섯 번째 이야기/09
❿ 연결정산표 산출	• 연결재무상태표, 연결손익계산서 등 작성	

연결회계 용어

- 내부거래 : 연결대상 회사 간에 발생하는 거래

요약정리

- 연결재무제표는 연결실체이론에 따라 지배회사 및 종속회사의 개별재무제표를 합산하는 것에서 시작한다. 그러고 나서 내부거래를 제거하여 연결재무제표를 산출하는 방식으로 진행된다.
- 다만, 연결재무제표 작성 단계별로 다양한 고려사항이 존재하며, 이를 해결해 나가는 과정이 연결회계 전체의 과정이라고 볼 수 있다.

03

내가 소유하고 있는 종속회사의 가치는 실제 얼마인 거죠?

종속회사 자산 및 부채의 평가 및 영업권의 인식

얼마 전에 찰스종합회사는 기획부서장인 태윤이의 주도하에 다른 회사를 인수하였다. 거래 규모가 크지 않아 인수할 당시에는 크게 신경 쓰지 않았지만 인수한 회사에서 오래전에 구입한 토지가 있었는데, 현재 가치가 많이 상승했다고 한다. 생각해보면 인수대상 회사의 사장님도 토지가치가 많이 올랐을 거라며 인수 가격을 많이 쳐달라며 아쉬워했던 기억이 난다.

우여곡절 끝에 회사를 인수한 태윤이는 문득 앞으로 공시될 찰스종합회사의 연결재무제표가 궁금해졌다. 태윤이가 이해하기로는 토지는 기본적으로 취득원가로 장부에 기록하기 때문에 인수한 회사의 토지도 인수대상 회사가 취득한 원가 그대로 기록되는 게 아닌가 싶어서다. 또한 찰스종합회사가 연결재무제표를 작성할 때에 인수대상 회사가 제시할 재무제표에도 토지가 여전히 취득원가로 기록되어 있을 것 같기 때문이다.

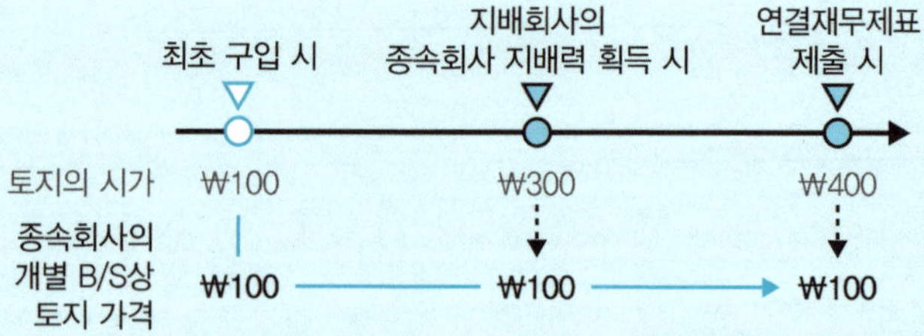

한편 태윤이 생각에 찰스종합회사 입장에서는 조금 억울한 면이 있을 것 같다. 기껏 찰스종합회사는 인수 당시의 토지 시가인 ₩300을 기준으로 취득하였는데 여전히 최초 취득원가인 ₩100으로 인식할 테니 말이다.

마침 지나가던 회계부서장에게 태윤이가 자신이 생각하는 문제를 이야기했더니, 회계부서장이 걱정하지 말라며 연결회계기준에서는 인수 당시의 토지 시가인 ₩300을 종속회사의 취득가로 인정해준다는 것이다. 그래서 그럼 인수대상 회사인 종속회사가 자신의 재무제표를 수정하는 거냐고 물어봤더니 또 그건 아니라고 한다. 인수대상 회사의 재무제표상 토지의 취득원가인 ₩100과 인수 당시의 토지 시가인 ₩300의 차이 ₩200의 가격 상승분은 찰스종합회사가 연결회계입장에서 별도로 관리해야 한다는 것이다.

이건 또 무슨 소리일까?

인수대상 회사의 토지에 대한 가치 상승분을 인정받는 것은 다행이지만 토지 가치의 상승분을 인수대상 회사가 아니라 찰스종합회사에서 관리하라니?

도대체 연결회계기준은 왜 이리 어렵게 관리하는지 알 수가 없다.

“종속회사의 가치 상승분을 인정하기는 하겠다만…. ”

회계기준이 비판받는 이유 중 하나는 기업의 실제 가치를 적시에 반영하지 못한다는 점이다. 그중 하나의 예가 유형자산을 취득 당시의 원가[2]로 인식하는 것인데, 우리나라처럼 토지 등의 부동산가치가 급상승하는 경우에는 이러한 불만이 자주 제기된다.

2) K-IFRS에서는 토지 등의 유형자산에 대해서 공정가치로 기록하는 것도 선택 가능하도록 규정하고 있다. 다만, 한 번 공정가치를 적용하면 매년 가치를 재측정해서 공정가치를 인식해야 하는 불편함이 있어 대부분의 회사들은 여전히 취득원가로 기록하고 있다.

하지만 유형자산은 시세차익을 위한 투자 목적으로 구입한 것이 아니라 자산을 사용하기 위한 목적으로 구입한 것이기 때문에 자산가치의 변화분을 실시간으로 반영할 필요가 없다는 것이 회계기준의 입장이다. 그리고 오히려 사용 목적이므로 취득한 자산의 가치는 자산을 사용함에 따라 감소할 테니 감소하는 부분을 비용으로 배분하는 '감가상각' 절차를 중요시한다.

따라서 회계기준에서 바라봤을 때 연결대상 범위에 포함된 종속회사의 자산 및 부채의 가치를 어떻게 측정하느냐가 화두가 된다. 논쟁의 핵심은 종속회사가 자산 및 부채를 취득한 시점과, 종속회사가 연결대상 범위에 포함되는 시점이 다르다는 데에 있다. 예를 들어 종속회사가 20X1년도에 토지를 ₩100에 취득했다고 하자. 그리고 연결대상 범위에 20X3년도에 포함되었고, 당시 토지의 시가는 ₩300이었다고 하자. 여기서 문제는 연결재무제표를 작성할 때 연결대상에 포함될 종속회사의 토지가치를 종속회사가 취득 시에 인식한 ₩100으로 기록할 것인지, 아니면 연결대상 범위에 포함된 시기인 20X3년도의 시가인 ₩300으로 기록할 것인지에 있다.

회계기준의 입장과 연결회계의 취지를 잘 생각해보면 종속회사의 토지는 지배회사가 종속회사를 취득한 20X3년도 시점의 가치로 인식하는 것이 합리적이다. 지배회사가 종속회사를 취득한 시점이 연결실체가 종속회사를 취득한 최초 시점이기 때문이고, 회계기준의 입장에서도 최초 취득 시점의 가치를 취득원가로 인정하도록 되어 있으므로 20X3년도 시점의 토지가치인 ₩300을 인식하는 것이다.

따라서 지배회사가 종속회사를 최초 취득할 당시에는 종속회사의 장부가액을 그대로 준용하는 것이 아니라 종속회사를 취득할 시점의 자산과 부채를 공정가치로 인식하도록 되어 있다. 이러한 과정을 거쳐서 종속회사의 토지가치는 ₩100이 아니라 ₩300으로 인정을 받을 수 있는 것이다.

다만, 연결재무제표를 작성하는 과정을 잘 살펴보면 또 다른 문제에 봉착하게 된다. 연결재무제표의 작성은 지배회사와 종속회사의 개별재무제표를 취합하는 것에서 출발하는데, 종속회사는 지배회사의 연결대상 범위에 포함되는 시점에 인식한 자산 및 부채의 공정가치를 기준으로 개별재무제표를 제공하는 것이 아니라 이전부터 종속회사가 작성해온 개별재무제표를 제공할 뿐이다. 즉, 연결재무제표를 작성하기 위해 취합된 종속회사의 장부상 토지가치는 여전히 ₩100으로 기록되어 있다는 의미이다.

종속회사는 종속회사 나름대로 재무제표를 작성하여 공시할 의무가 있기 때문에 연결대상에 포함되었다고 해서 종속회사의 자산 및 부채를 공정가치로 평가받은 결과를 종속회사의 개별재무제표에 반영할 수는 없다. 따라서 종속회사의 자산 및 부채를 공정가치로 평가받은 결과는 연결실체 입장에서 별도로 관리할 수밖에 없다.

▎종속회사 자산 및 부채의 평가와 연결재무제표의 합산▎

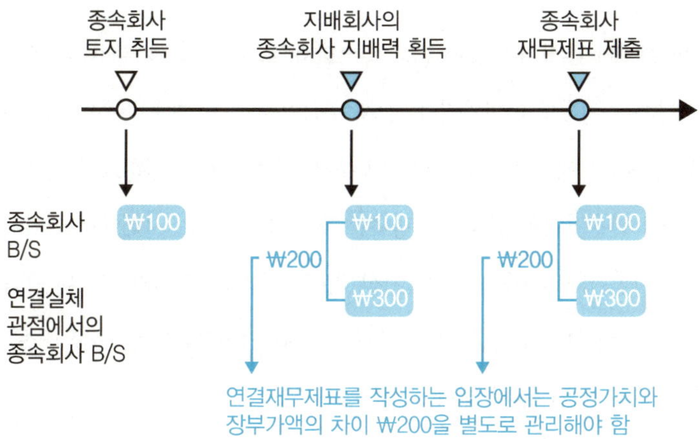

결론적으로 이야기하자면 지배회사가 종속회사를 취득하여 연결대상 범위에 포함하는 경우에는 종속회사의 자산 및 부채를 해당 시점에 공정가치로 재평가하여 그 결과를 연결실체의 최초 취득가치로 인정받을 수 있다. 다만, 이러한 결과는 종속회사의 개별재무제표 자체를 수정하는 것이 아니라 연결실체 입장에서 별도로 관리해야 하는 불편함이 있다.

“ 종속회사의 주식인수가액과 종속회사의 순자산공정가치는 왜 차이가 있을까? ”

우리가 제품을 샀을 때 제품 가격이 기대했던 가치와 딱 맞아떨어지는 경우가 있을까?

예를 들어, 지나가다가 포장이 화려한 3,000원짜리 빵을 사서 먹어보고 “에게, 맛이 이게 뭐야?” 또는 “대박! 3,000원짜리가 아닌 거 같은데…”라는 생각을 종종 하게 된다.

지배회사가 주식인수 등을 통해 종속회사의 지배력을 획득하여 연결대상에 포함하는 경우도 마찬가지다. 실제 주식인수 등을 통해 종속회사의 지배력을 획득하는 경우에는 종속회사의 순자산장부가액을 기준으로 지분율에 비례하여 인수가액이 결정되는 경우는 거의 없다. 앞의 사례에서 이야기한 토지의 시장가치 등 종속회사의 자산 및 부채의 공정가치가 반영된 종속회사의 순자산공정가치가 종속회사의 주식을 취득하기 위한 인수가액으로 결정되는 경우 또한 많지 않다.

이러한 이유는 종속회사에 숨어 있는 무형의 가치가 있기 때문이다. 지배회사가 종속회사의 주식을 취득하여 지배력을 획득하려는 데에는 단순한 투자 목적이 아니라 회사의 전략, 영업구조의 시너지 등 다양한 이유가 있다. 따라서 종속회사의 순자산장부가액 또는 순자산공정가치로는 표현이 안 되지만 지배회사가 종속회사에 숨어 있는 무형의 가치를 인정하여 이를 '영업권'이라고 하며, 영업권은 지배회사가 측정한 인수가액과 종속회사의 순자산공정가치의 차이를 의미한다. 예를 들어, 지배회사가 종속회사의 자산 및 부채의 공정가치를 평가한 결과 ₩200이라는 결과가 나왔는데 실제 ₩200이 아닌 ₩300으로 인수한 경우가 이에 해당된다.

조금 더 엄밀하게 이야기하면 '영업권'이란 지배회사가 측정한 인수가액, 즉 이전대가가 종속회사의 순자산공정가치보다 큰 경우를 의미하며, 지배회사가 측정한 인수가액이 종속회사의 순자산공정가치보다 작은 경우에는 '염가매수차익'이라고 한다. 즉, 지배회사가 종속회사의 가치를 더 쳐줄 때도 있지만 덜 쳐줄 때도 있기 때문에 항상 영업권만 발생하는 것은 아니다.

- 종속회사 주식의 인수가액(=이전대가) > 종속회사의 순자산공정가치
  → 영업권
- 종속회사 주식의 인수가액(=이전대가) < 종속회사의 순자산공정가치
  → 염가매수차익

| 영업권 vs. 염가매수차익 |

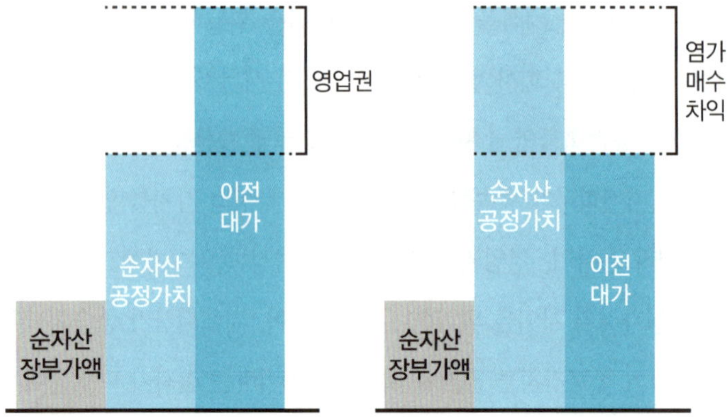

“영업권은 어떻게 계산할 수 있을까?”

구체적으로 영업권을 계산하기 위해서는 세 가지 정보가 필요한데 ① 종속회사의 순자산장부가액, ② 종속회사의 순자산공정가치 그리고 ③ 종속회사 주식의 인수가액, 즉 이전대가이다. 종속회사의 순자산장부가액은 지배회사가 종속회사를 취득할 당시에 종속회사의 장부상 자산에서 부채를 뺀 금액을 의미하며, 종속회사의 순자산공정가치는 앞에서 이야기한 것처럼 지배회사가 종속회사를 취득할 당시에 토지 등 종속회사의 자산과 부채를 공정가치로 평가한 금액을 이야기한다. 그리고 이전대가란 지배회사가 종속회사의 주식을 취득하기 위해 지불한 대가를 의미한다. 그리고 이전대가가 종속회사의 순자산공정가치보다 큰 경우에는 영업권으로 인식하고, 이전대가가 종속회사의 순자산공정가치보다 작은 경우에는 염가매수차익으로 인식한다.

연결실체에 영업권이 발생한 경우에는 유형자산 또는 무형자산처럼 상각하지 않는다. 다만, 매년 영업권의 가치가 하락했는지를 확인하는, 즉 손상검사를 통해 영업권의 가치가 하락한 경우에만 영업권을 감액한다. 영업권도 무형의 자산이므로 일반적으로는 향후 수익창출에 기여하는 내용연수만큼 상각하는 것이 맞지만 영업권의 내용연수를 추정하는 것은 어렵기 때문에 매년 자산손상검사를 통해 자산손상이 발생했는지를 확인하도록 권고[3] 하고 있다.

이에 반하여 연결실체에 염가매수차익이 발생한 경우에는 취득일에 당기이익으로 인식한다. 염가매수차익이란 종속회사의 주식을 공정가치보다 싸게 주고 샀다는 의미인데, 일반적으로는 종속회사에 존재하는 무형의 리스크를 떠안았기 때문이라고 해석될 수 있다. 따라서 공정가치의 측정이 정확하다면 이러한 차이는 공정가치에 의해 담보되기 때문에 결국 지배회사의 협상력 우위를 통해 얻은 일시적 차이이므로 당기에 이익으로 환입한다는 개념이다.

여기까지의 이야기를 가지고 간단한 사례를 통해 영업권을 계산해보자.

3) 해당 기준은 한국채택국제회계기준인 K-IFRS에서 제시하는 기준이며, 일반기업회계기준인 K-GAAP에서는 영업권은 20년 이내에 정액법으로 상각이 가능하도록 규정하고 있다.

사례

20X1년 1월 1일에 A회사는 B회사의 주식 100%를 ₩800,000에 취득하여 지배-종속관계가 성립되었다. 또한 20X1년 1월 1일 현재 A회사와 B회사의 재무상태표는 다음과 같다.

재무상태표

20X1.1.1.

	A회사	B회사
자산		
현금	162,000	150,000
재고자산	350,000	250,000
투자주식	528,000	0
유형자산	1,200,000	900,000
감가상각누계액	(340,000)	(300,000)
소계	**1,900,000**	**1,000,000**
부채와 자본		
부채	900,000	500,000
자본금(@100)	600,000	300,000
이익잉여금	400,000	200,000
소계	**1,900,000**	**1,000,000**

그리고 20X1년 1월 1일에 B회사의 자산 및 부채의 공정가치를 평가한 결과는 다음과 같다.

	장부가액	공정가치
재고자산	250,000	270,000
토지	400,000	430,000
건물	200,000	250,000

이런 경우, A회사와 B회사의 연결실체상 영업권은 얼마일까?

영업권을 계산하기 위해서는 우선 투자차액[4)]을 계산하여야 하는데, 투자차액은 이전대가인 ₩800,000과 B회사의 순자산장부가액인 ₩500,000의 차이인 ₩300,000으로 계산된다. 이 투자차액 ₩300,000에는 B회사의 자산 및 부채의 공정가치와 영업권이 포함되어 있는데, 우선 재고자산, 토지 및 건물의 장부가액 대비 공정가치가 각각 ₩20,000, ₩30,000 및 ₩50,000으로 장부가액 대비 총 ₩100,000이 증가하였다. 따라서 영업권은 총 투자차액인 ₩300,000에서 B회사의 공정가치 증가분 ₩100,000이 제외된 ₩200,000으로 계산될 수 있다.

이를 정리하면 다음과 같다.

	장부가액	공정가치	증가분	
이전대가				**₩800,000**
B회사의 순자산장부가액				**−500,000**
투자차액				**=₩300,000**
B회사의 순자산공정가치 증가분				**₩100,000**
재고자산	250,000	270,000	20,000	
토지	400,000	430,000	30,000	
건물	200,000	250,000	50,000	
영업권				**₩200,000**

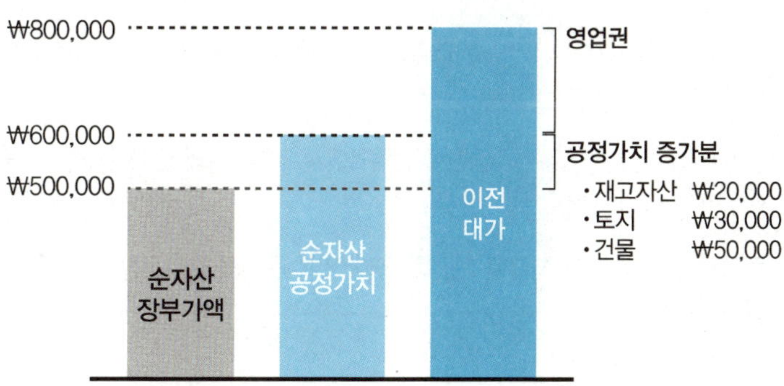

4) ‘투자차액’이란 ① 이전대가와 ② 피투자회사의 순자산장부가액과의 차이를 의미한다.

여기서 한 가지 알아둘 점은 종속회사 자산 및 부채의 공정가치 평가 그리고 영업권 또는 염가매수차익이 발생하는 투자차액의 인식은 지배회사가 종속회사를 취득하는 시점, 즉 지배력을 획득하는 시점에 한하여 단 한 번만 발생한다는 사실이다. 지배회사가 종속회사의 지배력을 획득한 이후에는 계속 연결실체에 속하여 하나의 회사로 인식되기 때문에 그 이후에 종속회사의 주식을 추가 취득하거나 일부 처분 등을 하는 경우에도 지배력이 유지되는 경우에는 내부거래로 간주하여 종속회사 자산 및 부채의 공정가치를 재평가하거나 영업권을 인식하지 않는다.

연결회계 용어

- 연결실체 : 지배회사와 그 종속회사
- 공정가치 : 합리적 거래를 전제로 이해관계가 없는 다른 당사자 간에 거래할 수 있는 가격을 의미
- 순자산공정가치 : 자산의 공정가치에서 부채의 공정가치를 제외한 금액
- 장부가액 : 재무제표에 표시되어 있는 금액
- 순자산장부가액 : 자산의 장부가액에서 부채의 장부가액을 제외한 금액
- 이전대가 : 지배회사가 종속회사의 주식을 취득하기 위해 지불한 대가
- 영업권 : 취득자가 지급한 이전대가에서 피취득자의 순자산공정가치를 제외한 금액이 클 경우 그 차액
- 염가매수차익 : 취득자가 지급한 이전대가에서 피취득자의 순자산공정가치를 제외한 금액이 작을 경우 그 차액
- 투자차액 : 취득자가 지급한 이전대가에서 피취득자의 순자산장부가액을 제외한 금액

요약 정리

- 지배회사가 종속회사의 주식을 인수하는 경우, 지배력을 획득하는 시점에 한하여 종속회사의 자산 및 부채의 공정가치를 재측정하여 연결재무제표를 작성한다.
  - 종속회사의 자산 및 부채의 재측정에 따른 공정가치 증감분은 종속회사의 재무제표에 반영되는 것이 아니라 지배회사가 작성하는 연결재무제표에만 반영된다. 따라서 지배회사는 종속회사의 자산 및 부채가 재측정되지 않은 개별재무제표를 연결재무제표에 사용한다.
  - 지배회사가 종속회사의 주식을 인수한 대가인 '이전대가'와 종속회사의 순자산장부가액의 차이는 '투자차액'이라고 한다.
  - '투자차액'은 영업권(또는 염가매수차익)과 종속회사의 공정가치 증감분으로 구성되며, 영업권(또는 염가매수차익)은 이전대가와 종속회사 공정가치의 차이를 의미한다.
  - 이전대가가 종속회사의 공정가치보다 큰 경우에는 영업권, 작은 경우에는 염가매수차익으로 분류한다.
  - 영업권은 매년 손상검사를 통해 감소되어야 할 부분을 재측정하며, 염가매수차익은 발생 시점에 연결실체의 당기이익으로 인식한다.

04

앗, 연중에 종속회사를 취득했다면….

간주 취득일의 의미

연말결산 시점이 다가오면서 회계부서는 이래저래 분주하다. 특히나 찰스종합회사는 여러 종속회사들의 지분을 소유하고 있어서 연결결산도 해야 하기 때문에 신경 쓸 부분이 이만저만 많은 것이 아니다. 그래서 연말결산 시점이 다가오면 회계부서장이 조금 예민한 편이라는 사실을 기획부서장인 태윤이도 잘 알고 있다.

그런데 이번에 유독 회계부서장이 조금 더 예민한 거 같아 태윤이가 따로 물어봤더니 종속회사 중 한 회사의 결산일정 때문에 속이 탄다는 것이다.

이유를 들어보니 찰스종합회사의 결산종료일이 12월 말 법인인 반면에, 해당 종속회사의 결산종료일은 3월 말 법인이라고 한다. 문제는 찰스종합회사가 연결결산을 하기 위해서는 해당 종속회사의 12월 말 결산자료가 필요한데 해당 종속회사는 인력이 부족하다는 이유로 몇 번을 재촉해야 마지못해 결산자료를 준다는 것이다.

기획부서장인 태윤이의 입장에서는 인수대상 회사의 결산일정까지는 챙길 여유가 없었는데, 생각해보니 기중에 인수한 종속회사의 재무제표는 어떻게 합산하는지도 궁금해졌다. 연초나 연말이 아닌 연중에 연결대상에 포함되는 경우에는 연결재무제표를 작성하기 위한 종속회사의 재무제표는 어떻게 작성되어야 할까?

“ 지배회사와 종속회사의 보고기간 종료일에 차이가 난다면 어떻게 할까? ”

요즘은 회사의 보고기간 종료일, 즉 결산종료일이 12월 말인 경우가 대부분이다. 아재 같아 보여서 그렇긴 하지만 예전에 감사하던 시절을 떠올려보면 종종 결산종료일이 5월 말인 법인도 있었던 기억이 난다. 뜬금없이 결산종료일 이야기를 하는 이유는 연결재무제표를 작성하기 위해서는 지배회사와 종속회사의 결산종료일이 중요하기 때문이다.

연결재무제표 작성의 기본적인 개념은 지배회사와 종속회사를 하나의 연결실체로 간주한다는 것이다. 따라서 원칙적으로 이야기하면 지배회사와 종속회사의 결산종료일은 동일해야 하며, 지배회사와 종속회사의 결산종료일이 다른 경우에 회계기준에서는 지배회사의 결산종료일을 기준으로 종속회사의 재무제표를 재작성하도록 규정하고 있다.

하지만 현실적으로 연결대상 범위에 편입되었다는 이유 하나만으로 종속회사의 결산종료일을 변경하기는 쉽지 않다. 그렇다고 지배회사의 결산종료일 및 종속회사의 결산종료일을 기준으로 각각 장부를 작성하는 것도 여간 번거로운 일이 아닐 수 없다.

우선 보고기간 종료일인 결산종료일에는 월별 결산 등에서는 수행하지 않아도 되는 충당부채, 재고자산평가 등 발생주의에 따른 다양한 결산조정 절차가 필수적으로 포함되어야 한다. 또한 결산종료일에 확정된 당기순이익은 차기로 넘어가게 되면 이익잉여금으로 재조정되어야 한다. 이러한 과정들이 있기 때문에 종속회사의 결산종료일을 지배회사에 맞춘다는 것은 결산장부를 지배회사의 결산종료일에 맞추어 재작성한다는 의미이며 실무상으로 결산장부를 재작성하는 것은 생각보다 어려운 일이다.

따라서 회계기준에서도 이러한 실무상 이슈를 고려하여 지배회사와 종속회사의 보고기간 종료일, 즉 결산종료일이 다른 경우에 그 차이가 3개월 이내인 경우에는 종속회사의 결산종료일에 작성된 재무제표를 그대로 활용 가능하다는 예외 규정을 두고 있다. 다만, 지배회사의 보고기간 종료일 이전에 발생한 중요한 거래나 사건은 적절히 반영해야 한다는 보수적인 관점을 여전히 취하고 있다는 한계는 존재한다.

만약 지배회사의 보고기간 종료일이 3월 말이고 종속회사의 보고기간 종료일이 12월 말인 경우에는 종속회사의 보고기간 종료일인 12월 말에 작성된 재무제표를 활용할 수 있다는 의미이다. 다만, 예를 들어 종속회사가 소송에 따른 우발채무를 주석으로 기재하였는데 1월과 3월 사이에 소송이 확정된 경우와 같이 예외적이고 그 금액이 큰 거래의 경우에는 종속회사의 결산일 이후에도 종속회사의 재무제표에 추가적으로 반영해야 한다.

| 지배회사와 종속회사의 보고기간 종료일 차이 |

• 원칙 : 지배회사의 보고기간 종료일에 맞춰 종속회사의 재무제표를 재작성

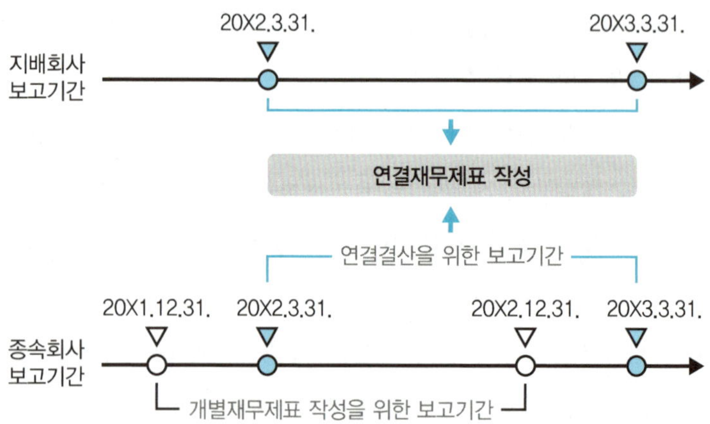

• 예외 : 지배회사와 종속회사의 보고기간 종료일 차이가 3개월 이내인 경우에는 종속회사의 보고기간 종료일을 그대로 활용 가능

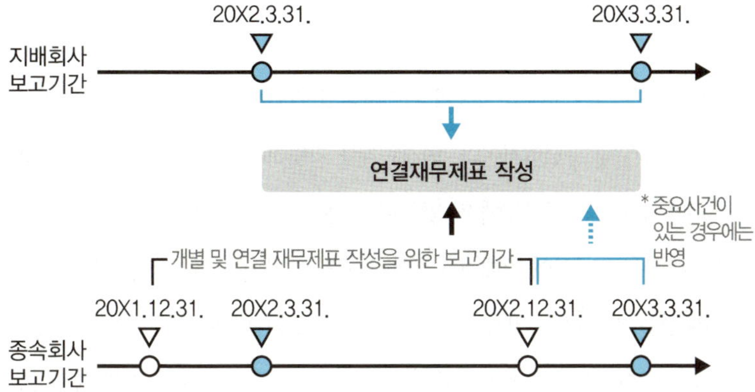

지배회사의 보고기간 종료일이 12월 말이고 종속회사의 보고기간 종료일이 3월 말인 경우에도 원칙적으로는 종속회사의 보고기간 종료일인 3월 말에 작성된 재무제표를 활용할 수 있다. 하지만 지배회사의 보고기간 종료일이 12월 말이면 우리나라의 경우에는 3월 말까지 연결재무제표를 작성 및 공시할 의무가 있으므로 종속회사의 보고기간 종료일에 따른 재무제표를 기다려줄 여유가 없다. 이런 경우에는 어쩔 수 없이 종속회사는 연결재무제표 작성을 위해 보고기간 종료일인 12월 말을 기준으로 한 번 작성하고, 종속회사의 개별재무제표 작성을 위한 보고기간 종료일인 3월 말을 기준으로 결산을 진행한다.

과거 금융권의 경우, 은행업을 영위하는 법인이 종속회사로 증권업을 영위하는 법인을 지배하는 경우에 이러한 사례가 종종 발생하였다. 은행업은 일반적으로 12월 말 법인인 반면에 증권업은 3월 말 법인이었기 때문이다. 다만, 요즘은 증권업 또한 12월 말 법인으로 변경되었기 때문에 이러한 사례가 자주 발생하지는 않는다.

“연중에 지배력을 획득 또는 상실하는 경우에 종속회사의 손익계산서는 어디까지 반영되어야 할까?”

연결회계 실무를 하면서 날짜와 관련하여 고민되는 부분이 한 가지 더 있다. 바로 취득일자 및 종료일자이다. 연결회계를 담당하는 실무자 입장에서는 이러한 거래가 보고기간 종료일에 딱 맞춰서 발생하기를 바라지만 지배회사가 종속회사의 주식을 취득하여 지배력을 획득하는 일자 및 종속회사의 주식을 처분하여 지배력을 상실하는 일자는 보고기간 종료일과 다른 것이 일반적이다.

지배력을 획득하는 시점과 지배력을 상실하는 시점이 연중에 발생하는 경우에 자주 받는 질문이 종속회사의 손익계산서를 어떻게 반영해야 하느냐는 것이다. 지배력을 획득하는 시점이 연중인 경우에는 지배력을 획득하는 시점 이후에 발생하는 종속회사의 손익계산서만 연결재무제표상 손익계산서에 반영한다. 즉, 만약 지배회사가 종속회사의 주식을 20X1년 6월 말에 취득한 경우에는 종속회사의 20X1년 7월 말부터 20X1년 12월 말까지 발생한 손익계산서만 20X1년 연결재무제표상 손익계산서에 반영한다는 의미이다. 또한 지배력을 연중에 상실하는 경우에도 지배력을 상실한 시점 이전에 발생한 손익계산서만 연결재무제표상 손익계산서에 반영한다. 즉, 만약 지배회사가 종속회사의 주식을 20X1년 6월 말에 처분하여 지배력을 상실하는 경우에는 20X1년 1월부터 20X1년 6월 말까지 발생한 종속회사의 손익계산서가 반영된 연결재무제표를 작성한 후에 종속회사 주식 처분에 따른 손익[5)]을 계산해야 한다는 의미이다.

5) 지배회사는 개별재무제표를 작성할 때 종속회사 주식을 처분한 처분손익을 인식한다. 다만, 개별재무제표에서 작성된 종속회사 주식의 처분손익은 연결회계입장에서는 인정되지 않기 때문에 연결회계에서는 개별재무제표에서 인식한 종속회사 주식 처분손익을 취소하고 연결재무제표기준으로 처분손익을 재측정한다. 해당 논의에 대해서는 뒤에서 상세하게 다룰 예정이다.

| 지배력 획득 및 상실에 따른 종속회사 손익계산서의 반영 |

• 지배력을 획득하는 시점

지배회사의 개별 P/L

20X1.1. ~ 6.	
매출	1,000
당기순이익	100

20X1.7. ~ 12.	
매출	1,500
당기순이익	150

종속회사의 개별 P/L

20X1.1. ~ 6.	
매출	100
당기순이익	10

20X1.7. ~ 12.	
매출	150
당기순이익	15

연결실체의 연결 P/L

20X1.1. ~ 12.	
매출	2,650
당기순이익	265

• 지배력을 상실하는 시점[6)]

지배회사의 개별 P/L

20X1.1. ~ 6.	
매출	1,000
당기순이익	100

20X1.7. ~ 12.	
매출	1,500
당기순이익	150

종속회사의 개별 P/L

20X1.1. ~ 6.	
매출	100
당기순이익	10

20X1.7. ~ 12.	
매출	150
당기순이익	15

↓

연결실체의 연결 P/L

20X1.1. ~ 12.	
매출	2,600
당기순이익	260

한 걸음 더 나아가서 지배회사가 종속회사의 지배력을 획득 또는 상실하는 시점이 월 중이면 어떨까? 실제 거래는 월 중에 발생하는 것이 일반적이기도 하다. 월 중에 발생하는 경우는 실무상으로는 월말 또는 월초에 발생한 것으로 간주하는 경우가 대부분이다. 월 중에 발생했다고 해서 월 중을 기준으로 종속회사의 결산을 요청하는 것도 무리이며, 월 중과 월초 또는 월말에는 큰 변화가 없다고 보기 때문이다. 그리고 대부분의 회사는 월 결산을 진행하기 때문에 종속회사의 결산 자료를 큰 노력 없이 이용하기 쉽기도 하다.

---

6) 논의의 편의를 위해 지배회사는 다른 종속회사의 지배력을 계속 가지고 있기 때문에 20X1.12.31.에도 연결재무제표를 작성할 의무가 있다고 가정한다.

연결회계 용어

- **지배력 상실** : 피투자회사에 대한 지배력을 행사할 수 있는 능력이 사라진 경우
- **간주 취득·처분일** : 실제 취득일 또는 처분일은 아니나 업무의 편의상 일정 시점을 취득일 또는 처분일로 대체하는 경우 해당 시점

요약 정리

- 지배회사와 종속회사의 보고기간 종료일이 다른 경우에는 지배회사의 보고기간 종료일을 기준으로 종속회사의 재무제표를 재작성하는 것이 원칙이다.
- 다만, 지배회사와 종속회사의 보고기간 종료일 차이가 3개월 이내인 경우에는 종속회사의 보고기간 종료일에 작성된 재무제표를 그대로 활용 가능한 예외를 인정하고 있다.
  - 단, 지배회사의 보고기간 종료일 이전에 발생한 중요한 거래나 사건은 종속회사의 재무제표에 반영하도록 하는 보수적인 관점을 유지하고 있다.
- 연중에 지배회사가 종속회사의 주식을 취득 또는 처분하여 지배력을 획득 또는 상실하는 경우에는
  - 종속회사의 재무상태표는 그 시점의 재무상태표를 반영한다.
  - 종속회사의 손익계산서의 경우에는
    - 연중에 지배회사가 종속회사의 주식을 취득하여 지배력을 획득하는 경우에는 지배력을 획득한 시점 이후에 발생한 종속회사의 손익거래만 연결손익계산서에 반영한다.
    - 또한, 연중에 지배회사가 종속회사의 주식을 처분하여 지배력을 상실하는 경우에는 지배력을 상실한 시점 이전에 발생한 종속회사의 손익거래만 반영하여 종속회사 처분에 따른 손익을 재계산한다.

05

연결회계장부가 없다고요?

2차 연도 연결재무제표 작성 방법

연결회계는 왜 어려운 걸까? 연결회계에 대한 개념 자체도 생소하거니와 개별회계처럼 매월 또는 매일 단위로 업무처리를 하지 않아서일 수도 있다. 실제 필자는 매월 단위로 연결회계를 진행하고 전담인력을 운영한다면 생각보다 각 기업에 연결회계가 잘 정착될 수 있을 것이라고 생각하지만 현실적으로 연결회계 결산이 매월 단위로 진행되기는 어려워 보인다. 또한 개별회계 결산을 하는 인력이 연결회계까지 진행하는 경우가 대부분이다.

그리고 연결회계가 어려운 또 다른 이유 중 하나는 매년 발생하는 개별회계의 결산 결과는 차기이월되는 데 반하여, 연결회계의 결산 결과는 차기이월되지 않기에 해당 결과를 연결담당자가 누적적으로 관리해야 하는 번거로움이 있기 때문이다. 이러한 절차는 연결재무제표를 작성하는 방법을 자세히 살펴보면 당연하다고 할 수 있는데, 해당 절차를 이해해야 연결회계를 잘 관리할 수 있다.

"개별회계와 연결회계의 '차기이월' 절차에 차이가 존재한다."

매년 마감하는 개별회계 결산 결과는 차년도에는 이월되기 마련이다. 즉, 당해 말에 매출채권 및 대손충당금이 결산조정을 통해 확정된 이후에 해당 금액이 차년도에 그대로 매출채권 및 대손충당금으로 승계된다. 이에 반하여 손익계산서상 수익과 비용은 그 결괏값인 이익이 차년도에 이익잉여금으로 변경되어 승계되는 것이 일반적이다.

즉, 1차 연도의 개별회계 결산 결과 중에 B/S 항목은 그대로 승계되고, P/L 항목상 당기순이익이 B/S 항목상 이익잉여금이라는 계정과목으로 2차 연도에 자연스럽게 승계된다는 의미이다. 이러한 과정을 '차기이월 절차'라고 하는데, 연결회계에서만큼은 이러한 과정이 자연스럽게 발생하지 않는다.

왜 그런 걸까?

연결결산을 수행하는 과정을 잘 살펴보면 거기에서 해답을 얻을 수 있다. 연결결산을 수행하는 절차는 지배회사 및 종속회사의 개별재무제표를 취합 및 합산하는 것에서 시작한다. 그러고 나서 지배회사 및 종속회사의 합산재무제표에서 내부거래 제거 등 연결조정 절차를 반영한 후에 연결재무제표가 완성되는데, 차년도가 되면 연결재무제표를 작성하기 위해 지배회사 및 종속회사의 개별재무제표를 다시 취합 및 합산하는 것에서 시작한다. 이러한 합산재무제표에는 직전 연도에 반영한 연결조정 결과가 빠져 있기 때문에, 직전 연도에 발생한 연결조정 절차를 별도로 관리하고 있어야 한다는 의미이다.

“ 사례를 통해 조금 더 이해해보자. ”

지배회사가 종속회사의 지배력을 획득한 후에 1차 연도 연결을 한다고 해보자. 이때 지배회사 및 종속회사의 자산은 각각 ₩1,000 및 ₩100이고, 이익은 각각 ₩500 및 ₩50이 발생했다고 가정해보자. 그리고 내부거래 등의 연결조정 사항이 발생하여 자산 및 이익에서 각각 ₩50 및 ₩20이 차감되어야 한다고 해보자.

이런 경우, 연결재무제표상 자산은 지배회사와 종속회사의 자산합계 ₩1,100에서 연결조정에 따른 ₩50을 차감한 ₩1,050으로 계산된다. 또한 연결재무제표상 이익도 지배회사와 종속회사의 이익합계 ₩550에서 연결조정에 따른 ₩20을 차감한 ₩530이 된다는 것을 알 수 있다.

| 연결회계 1차 연도 |

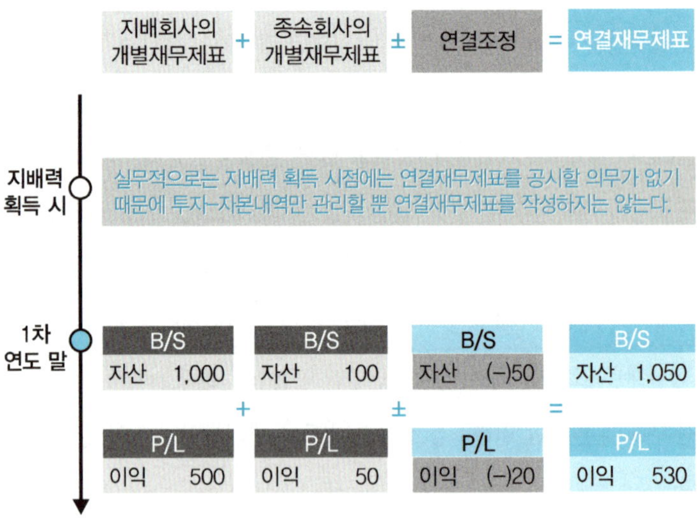

이제 동일한 방식으로 2차 연도의 연결재무제표를 작성해보자. 우선 2차 연도의 지배회사 및 종속회사의 자산은 각각 ₩2,000 및 ₩200이고, 지배회사 및 종속회사의 이익은 각각 ₩700 및 ₩70이다. 또한 2차 연도에 내부거래 등의 연결조정 사항이 발생하여 2차 연도의 자산 및 이익에서 각각 ₩80 및 ₩50이 차감되어야 한다고 해보자.

이런 경우, 연결재무제표상 자산은 2차 연도 말 현재 지배회사 및 종속회사의 자산합계 ₩2,200에서 2차 연도에 발생한 연결조정 ₩80을 차감한 ₩2,120이라고 생각하기 쉽다. 하지만 1차 연도에 발생한 연결조정의 자산차감 항목 ₩50도 잊지 말아야 한다. 개념적으로 살펴보면 2차 연도에 취합된 지배회사 및 종속회사의 개별재무제표상 자산항목에는 1차 연도에 연결목적으로 인식한 연결조정에 따른 자산차감 항목 ₩50이 반영되어 있지 않기 때문이다. 따라서 1차 연도의 연결조정 항목까지 포함한 2차 연도의 연결재무제표상 자산은 ₩2,070으로 인식되어야 한다.

그럼 연결재무제표상 이익도 동일한 방식으로 인식되는 걸까? 우선 2차 연도에 발생한 지배회사 및 종속회사의 이익합계 ₩770에서 2차 연도에 발생한 이익에 대한 연결조정 ₩50을 차감하면 ₩720이라는 사실을 알 수 있다. 여기에 자산과 동일하게 1차 연도의 이익과 관련된 연결조정 ₩20을 반영해야 할까? 여기서 잊지 말아야 할 것은 '차기이월' 속성이다. 재무상태표상 항목과 달리 손익계산서상 항목은 차기이월 시에는 수익과 비용의 순손익인 당기순이익은 재무상태표의 이익잉여금으로 변환되어 승계된다는 점이다. 따라서 연결재무제표상 이익은 2차 연도의 연결조정만 반영된 ₩720으로 계산되고, 대신에 1차 연도에 발생한 연결조정상 이익 차감분 ₩20은 2차 연도에는 손익계산서가 아니라 재무상태표상 이익잉여금으로 ₩(-)20이 별도로 표시된다.

| 연결회계 2차 연도 |

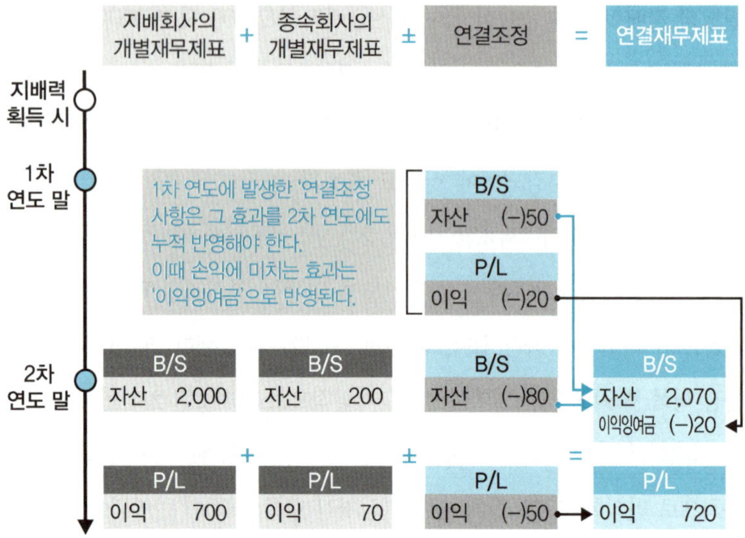

“ 연결조정 사항은 쭉 관리되어야 한다, 없어질 때까지…. ”

상기 사례에서 살펴보았듯이 연결조정 사항은 발생한 시점부터 해당 연결조정 사항이 해소될 때까지 지속적으로 관리되어야 한다. 나중에 자세히 이야기하겠지만 내부거래의 경우에는 내부거래가 외부거래로 바뀔 때까지 계속 관리되어야 하며, 미실현손익의 경우에는 실현될 때까지 계속 관리되어야 한다. 또한 투자–자본상계의 경우에도 지배회사가 종속회사의 지배력을 상실할 때까지 지속적으로 관리되어야 하는 항목이다.

따라서 연결결산을 시스템화하여 관리하는 이유 중 하나가 이러한 연결조정 사항의 이력을 지속적으로 관리하려는 목적[7)]에 있다고 볼 수 있다.

즉, 연결회계를 정확하게 관리하는 핵심 요소 중 하나는 각 회계연도에 발생한 연결조정 사항을 제대로 관리하는 것이다.

연결회계 용어

- 차기이월 : 재무성과는 회계기간별로 결과를 집계하여 보고하는 특성을 가지고 있음. 하나의 회계기간이 종료되면 그 다음 회계기간이 시작되는데, 새로운 회계기간이 시작되기 전에 직전 회계기간의 재무성과를 승계하는 과정을 의미함
- 합산재무제표 : 연결결산을 수행하기 위해 지배회사와 각 종속회사의 재무제표를 단순합산하여 산출되는 재무제표로, 내부거래가 제거되기 전 단계의 재무제표를 의미함

요약 정리

- 연결회계가 어려운 이유 중 하나는 연결조정 사항의 이력을 지속적으로 관리해야 한다는 점이다.
- 개별회계상 결산 절차와는 다르게 연결회계상 결산 절차는 지배회사와 종속회사의 재무제표를 합산하는 것에서 출발하는데, 합산된 재무제표에는 과거에 발생했던 연결조정 사항이 반영되어 있지 않기 때문에 합산재무제표를 만든 후에 누적된 연결조정 사항을 다시 반영해야 하는 어려움이 있다.
- 따라서 과거에 발생한 연결조정 사항의 정확한 이력을 관리하는 것이 연결회계의 핵심관리 사항 중 하나이다.

---

7) 연결결산을 엑셀로 수행하는 경우 당해 연도의 연결담당자는 전년도 연결담당자의 엑셀파일을 잘 관리하여야 한다. 전년도 연결담당자의 엑셀파일에는 전년도까지의 연결조정 사항이 누적적으로 관리되어 있기 때문이다. 또한 해당 연결조정 사항은 당해 연결조정 사항으로 반영되어야 한다.

연결
회계

연결회계, 하나하나 따져봅시다!

01

회사마다 기준이 다른데, 어찌할까요?

회계정책의 통일

요즘 들어 찰스종합회사는 한창 성장 중이다. 회사의 성장을 뒷받침하기 위해 규모를 확대하는 방편으로 인수대상 회사를 자주 탐색하여 회사 인수도 진행하고 있다. 찰스종합회사의 기획부서장인 태윤이가 이러한 성장전략을 주로 담당하고 있는데, 편한 사이인 회계부서장이 자꾸 회사를 인수하니까 안 그래도 부족한 회계부서인력이 연결회계까지 담당해야 해서 힘들다고 볼멘소리다.

이에 연결회계에 대한 공부도 할 겸, 회계부서장의 고민도 덜어줄 겸 해서 기획부서에 있는 '진표'라는 친구를 연결결산 업무에 투입하기로 하였다. 그리고 '진표'는 연결결산 업무를 지원하면서 태윤이에게 연결회계와 관련된 지식을 공유하기로 하였다.

그러던 어느 날, 회계부서 업무를 지원하던 진표가 고개를 한참 가우뚱거리며 태윤이를 찾아왔다. 이유를 물어보니 얼마 전에 찰스종합회사가 인수한 해외법인 A가 있는데, 해외법인 A와 찰스종합회사의 기계장치에 대한 내용연수가 다르다고 해외법인 A의 기계장치에 대한 내용연수를 찰스종합회사의 내용연수에 맞추어 재작성을 하라는 회계감사인의 요청을 받았다고 한다. 그리고 한 술 더 떠서 찰스종합회사와는 다른 회계처리방식이 있을 테니 이러한 차이도 다 확인해서 찰스종합회사의 회계처리기준과 맞추라고 했다는 것이다.

아직 연결회계에 대해서는 초보자인 진표지만 회계감사인의 이러한 요청은 조금 무리가 있다는 생각이 들었다고 한다. 해외법인 A도 규모가 있는 회사라 자체적으로 외부감사를 매년 받고 있고, 진표가 알기로도 해외법인 A의 기계장치에 대한 내용연수는 해외법인의 회계감사인도 인정한 것인데, 연결대상에 포함되었다는 이유만으로 기계장치의 내용연수를 바꾸라는 지적은 너무하다는 것이다. 그리고 해외법인 A가 적용하고 있는 회계기준이 찰스종합회사의 회계기준과 차이가 있는지 하나하나 따져보고 차이를 반영하라니….

엄연히 해외법인 A도 감사받은 재무제표를 찰스종합회사에 제출했으니 그 정도면 충분할 것 같은데 말이다. 가만히 이야기를 듣고 있던 태윤이도 진표 사원의 말에도 일리가 있다는 생각이 들었다.

“지배회사와 종속회사의 회계정책을 일치시켜야 하는 이유”

연결결산을 수행하면서 새로운 회사와 지배-종속관계가 성립될 때 가장 먼저 고민해야 할 부분 중 하나는 지배회사와 종속회사 간의 ‘회계정책 차이’이다. ‘회계정책 차이’는 유형자산의 감가상각방법, 내용연수 등 지배회사와 종속회사 간에 적용하는 회계정책에 차이가 존재하는 경우에 발생하는데, 연결회계에 대한 외부감사를 받다 보면 이러한 차이는 조정해야 한다는 지적을 자주 받는다. 그런데 지배회사와 종속회사가 각각 개별재무제표에 대한 외부감사를 받을 때는 아무런 지적을 받지 않던 이러한 항목들이 왜 연결회계를 적용하면 지적받는 걸까?

그 이유는 연결회계의 개념을 생각해보면 명확하다. 연결회계에서는 회사 간에 지배-종속관계가 성립되는 경우에 지배회사와 종속회사를 '경제적 단일체'로 간주하여 연결재무제표를 작성하도록 되어 있다. 즉, 지배회사와 종속회사를 하나의 '연결실체'로 간주한다. 만약 한 회사에서 동일한 유형의 기계장치에 대한 내용연수가 다르다면 외부감사에서 지적을 받아도 이상하지 않을 것이다. 하나의 회사 내에서 동일한 거래나 사건에 대하여 회계정책이 다를 수는 없기 때문이다. 따라서 지배-종속관계가 성립되면 회계정책 차이는 조정되어야 하는데, 일반적으로는 지배회사 기준으로 종속회사의 회계정책을 맞추는 방식으로 진행된다.

성과평가 관점에서 바라볼 때도 회계정책을 일치시키는 것은 당연해 보인다. 지배-종속관계에 있다는 의미는 그룹 내에 소속되어 있다고도 볼 수 있다. 그리고 그룹에 소속된 회사들은 연말이 되면 각 회사별로 성과를 측정하는 것이 일반적인데, 만일 다른 항목이 다 동일한데 회계처리방식에 따라 각 회사별로 성과가 다르게 측정된다면 회사 간 비교가능성이 낮을 것이라는 사실은 쉽게 예측할 수 있다. 즉, 회사 A와 B의 수익과 비용이 동일한데, 동일한 유형의 기계장치에 대한 감가상각 내용연수가 다르게 측정된다는 사실 하나만으로 감가상각비 차이에 따라 이익이 다르게 표시되는 것은 불합리하다고 볼 수 있다.

“‘회계정책 차이’ vs. ‘회계기준(GAAP) 차이’”

여기서 한 가지 알아둘 개념이 ‘회계정책 차이’와 ‘회계기준 차이’이다. 연결회계를 수행하다 보면 혼용하여 자주 사용하지만 ‘회계정책 차이’와 ‘회계기준 차이’는 엄격한 의미에서 다르다. 예를 들어보면 찰스종합회사와 해외법인 A의 기계장치에 대한 내용연수 차이는 회사 간 회계정책 차이지만 회계기준 차이는 아니다. 기계장치의 내용연수에 대한 결정은 각 나라의 회계기준에서 합리적이기만 하다면 자율성을 인정하는 것이 일반적이기 때문이다.

즉, ‘회계기준 차이’란 찰스종합회사와 해외법인 A가 적용받는 회계기준 자체에 차이가 발생하는 경우를 의미한다. 예를 들어, 한국채택국제회계기준인 K-IFRS에서는 손상이 발생한 경우에만 영업권을 감액하도록 규정하고 있는 반면에 일반기업회계기준인 K-GAAP에서는 영업권을 20년 동안 상각할 수 있도록 규정하고 있는데 이러한 차이로 두 회사 간에 회계처리가 달라지면 이를 ‘회계기준(GAAP) 차이’라고 한다.

따라서 회계정책 차이는 회계기준 차이보다 포괄적인 의미라고 볼 수 있으며, 회계기준 차이는 지배회사와 종속회사가 소재하고 있는 국가가 다를 경우에 자주 발생할 수 있다. 다만, 요즘은 많은 나라들이 IFRS를 도입하고 있기 때문에 회계기준 차이는 자주 발생하지는 않는다.

“ 회계정책 차이의 유형 ”

회계정책 차이는 자본에 영향을 미치는지 여부에 따라 그 유형이 달라진다. 예를 들어, 찰스종합회사는 토지의 취득을 유형자산으로 분류하고 있으나 해외법인 A의 경우에는 토지의 취득을 사용권 취득이라는 개념으로 무형자산으로 분류하고 있다고 하자. 이런 경우, 지배회사인 찰스종합회사의 회계정책에 따라 해외법인 A가 토지를 무형자산에서 유형자산으로 재분류하는 경우에는 자본에 어떠한 영향을 미치지 않는다. 매년 해외법인 A는 찰스종합회사가 연결결산을 하기 위해 해외법인 A의 재무제표를 요청할 경우 계정과목을 재분류하여 제출하기만 하면 충분하다.

| 회계정책 차이의 유형 01. 종속회사의 자본에 영향을 미치지 않는 유형 |

	지배회사의 개별재무제표	+	종속회사의 개별재무제표	±	연결조정	=	연결재무제표
유형자산							
토지	₩1,000		–		₩100		₩1,100
무형자산							
사용권	–		₩100		₩(–)100		₩0

하지만 만약 해외법인 A가 기계장치를 $150에 취득하여 5년 동안 정액상각하고 있는데, 동일한 기계장치를 찰스종합회사에서는 3년 동안 정액상각한다면 어떨까? 동일한 기계장치에 대하여 찰스종합회사와 해외법인 A가 다른 내용연수를 가져갈 이유가 없기 때문에 찰스종합회사의 내용연수에 맞추어 기계장치를 3년 상각해야 한다. 즉, 해외법인 A는 찰스종합회사와 지배–종속관계가 성립되기 이전에 기계장치를 5년 동안 정액 상각했으

므로 개별결산 기준으로는 여전히 기계장치를 5년 기준으로 감가상각하는데 문제는 없지만 찰스종합회사가 연결결산을 수행하는 시점에는 찰스종합회사의 내용연수에 맞추어 3년 정액 상각 기준으로 재무제표를 재작성해야 한다. 따라서 해외법인 A가 자체적으로 작성하는 개별재무제표와 연결결산 목적으로 작성하는 재무제표상 자본은 해외법인 A의 개별 및 연결 목적상 감가상각이 종료될 때까지 차이가 발생하게 된다.

| 회계정책 차이의 유형 02. 종속회사의 자본에 영향을 미치는 유형 |

시점	구분	항목	수정 전 종속회사 F/S	± 회계정책 차이조정	= 수정된 종속회사 F/S
자산 취득					
1차 연도 말	B/S	기계장치	$150	–	$150
		감가누계액	(30)	(20)	(50)
		이익잉여금	–	–	–
	P/L	감가상각비	$30	20	$50
2차 연도 말	B/S	기계장치	$150	–	$150
		감가누계액	(60)	(40)	(100)
		이익잉여금	–	(20) ②	(20)
	P/L	감가상각비	$30	20 ①	$50

예를 들어, 20X1년 말에 해외법인 A는 개별재무제표 기준으로 감가상각비를 $30 인식하고 그 금액만큼의 감가상각누계액 $30을 인식한다. 하지만 연결재무제표 작성 목적으로 회계정책을 통일하기 위해선 해외법인 A의 개별재무제표는 감가상각비를 $50 인식하고 그 금액만큼의 감가상각누계액 $50을 인식해야 한다. 따라서 회계정책 차이를 조정하기 위해 20X1년도에는 감가상각비 및 감가상각누계액을 각각 $20만큼 추가로 조정해야 한다.

20X2년도가 되면 해외법인 A는 동일하게 감가상각비를 $30 인식하고 감가상각누계액은 20X1년 및 20X2년도에 인식한 감가상각비의 누계액을 $60으로 회계처리하였을 것이다. 하지만 연결재무제표 작성 목적으로는 해외법인 A의 개별재무제표는 감가상각비 $50을 인식하고 감가상각누계액은 $100을 인식해야 한다. 따라서 회계정책 차이를 조정하기 위해 ① 20X2년도의 감가상각비 차이인 $20을 감가상각비로 인식하고 ② 20X1년도의 감가상각비 차이인 $20은 감가상각비가 아니라 이익잉여금으로 인식한다는 사실을 놓치지 말아야 한다. 20X1년도의 감가상각비는 20X2년도에는 이익잉여금으로 변경[1]되었을 것이기 때문이다. 그리고 마지막으로 20X2년도 말 감가상각누계액 차이인 $40을 조정하면 된다.

1) 해당 논의는 '세 번째 이야기의 05. 연결회계장부가 없다고요?'에서 이야기한 연결조정 관리 방안과 유사하다.

“ 회계정책 차이를 관리하는 방법 ”

지배회사와 종속회사 간에 회계정책 차이가 발생하는 경우에는 그 관리 방식이 고민일 때가 많다. 종속회사 입장에서는 지배회사의 회계정책에 따른 결산도 해야 하고 종속회사 자체의 회계정책에 따른 결산도 해야 하기 때문이다. 회계정책이 상이하기 때문에 두 가지 회계정책에 따라 각각 결산을 해야 하는 경우에 종속회사는 자연스레 어떤 회계정책을 주 회계정책으로 관리할지 고민한다. 일반적으로 각각 결산하기보다는 하나의 회계정책을 우선 적용하고 다른 회계정책은 우선 적용한 회계정책과의 차이를 조정하는 방향으로 진행되기 때문이다.

종속회사가 어떤 회계정책을 주 회계정책으로 결정할지는 어떤 회계정책을 자주 사용하는지를 고려하면 편리하다. 만약 지배회사가 1년에 한 번만 지배회사의 회계정책에 따른 결산을 요구한다면 어떨까? 이런 경우 종속회사는 평소에 익숙한 종속회사 자체의 회계정책에 따른 결산을 매달 수행하고 1년에 한 번 지배회사의 회계정책에 따른 차이를 반영한 재무제표를 작성하여 지배회사에 제출하면 된다.

하지만 지배회사가 매달 지배회사의 회계정책에 따른 결산을 요구한다면 어떨까? 종속회사가 자체 회계정책에 따른 결산을 매달 수행하고 지배회사의 회계정책과의 차이를 매번 반영한다면 여간 번거로운 일이 아닐 것이다. 따라서 이런 경우에는 종속회사 담당자가 익숙하지는 않겠지만 처음부터 지배회사의 회계정책에 따른 결산을 매달 수행하고 종속회사 자체의 회계정책에 따른 재무제표를 작성할 일이 생길 경우에만 그 차이를 반영하는 방식을 고려할 수도 있다.

| 지배회사와 종속회사의 회계정책이 다른 경우 관리 방안 |

Local GAAP을 우선 적용하는 경우

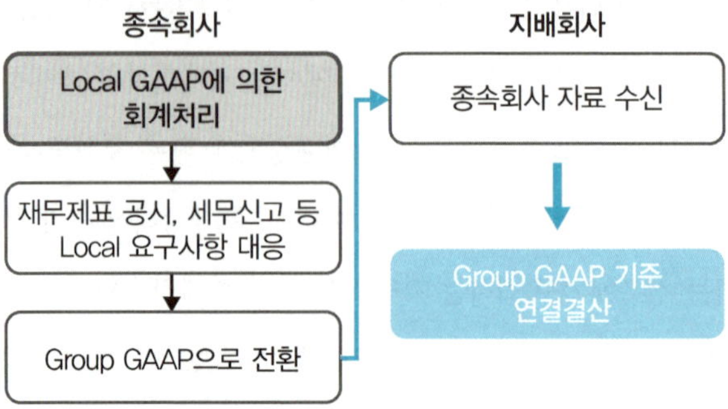

- **Local GAAP 기준으로 결산 진행 후 Group GAAP 기준으로 전환하여 본사 송부**
- 연결결산 지연 가능성

Group GAAP을 우선 적용하는 경우

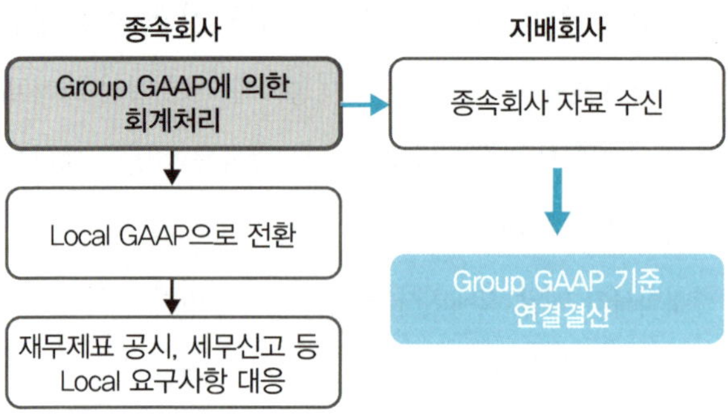

- **본사를 포함한 전 법인의 Group GAAP에 의한 단일화된 회계처리**
- Local GAAP에 대한 본사의 관심 저하 가능성

“회계정책 차이는 관리하지 않는 것이다?”

연결결산이든, 연결감사든 연결회계를 하다 보면 가장 골치 아픈 주제가 ‘회계정책 차이’의 관리이다. 지배-종속관계가 성립된 첫해에는 실무담당자 그리고 외부감사인이 의욕적으로 회계정책 차이를 꼼꼼히 따져서 많은 종류의 회계정책 차이를 정리하곤 한다. 그리고 자신 있게 차이를 조정한다. 하지만 시간이 흐르면 이러한 차이는 잘 관리되지 않는 경향이 있다.

경우에 따라서는 지배회사 또는 종속회사의 담당자가 변경되어 ‘회계정책 차이’에 대한 이력을 아무도 모르게 되는 경우도 종종 발생한다. 이런 경우 외부감사인을 의지하게 되는데 외부감사인 또한 자주 교체되기 때문에 결국 아무도 모르는 ‘회계정책 차이’라는 항목이 연결정산표의 한 귀퉁이에 남아 있게 된다. 왜 이런 조정이 발생했는지 그리고 앞으로 어떻게 조정해야 하는지도 모르는 채 ….

그런데 잘 생각해보면 회계정책 차이는 대부분 종속회사의 회계정책을 변경할 수만 있다면 관리할 필요가 없다. 문제는 회계정책 차이 중에 조정이 어려운 ‘회계기준(GAAP) 차이’이다. 회계기준 차이란 앞에서 이야기한 것처럼 국가 간에 적용하는 회계기준에 차이가 있기 때문에 종속회사가 해당 국가의 회계기준을 무시하고 지배회사의 회계정책을 따를 수는 없다.

따라서 지배회사가 회계정책 차이를 조정하라고 하면 종속회사는 해당 차이는 회계기준 차이이기 때문에 조정할 수 없다는 답변을 한다. 하지만 자세히 살펴보면 지배-종속회사 간 회계기준 차이는 거의 없다. 요즘처럼 IFRS 기준을 수용하는 국가가 많은 환경에서는 더욱 그러하다.

종속회사는 현재 운영되고 있는 회계정책을 변경할 수는 있지만 변경에 따른 신고, 세무조정 등을 귀찮아하거나 변화에 대해 막연한 두려움을 느낀다. 하지만 지배-종속관계가 오래 지속되는 경우에는 처음 도입 시에 한 번만 고생한다면, 즉 종속회사의 회계정책을 지배회사의 회계정책으로 변경한다면 향후 회계정책 차이를 매번 조정해야 하는 번거로움을 없앨 수 있다. 따라서 지배회사의 강력한 리더십만 있다면 회계정책 차이는 최소한으로 줄일 수 있다.

그런데 만약에 정말 회계기준 차이가 존재한다면 어떨까? 실제 국가 간에 특성이 다양하기 때문에 회계기준 차이가 전혀 없다고는 할 수 없다. 이런 경우 중요성 여부를 판단해서 회계기준 차이가 지배회사의 연결기준에 중요하지 않다면 굳이 종속회사의 재무제표를 재작성하지 않고 종속회사의 회계정책을 그대로 수용한다고 해서 큰 이슈는 아니다.

연결회계 용어

- 회계정책 : 회사가 특정한 거래나 사건에 대하여 회계처리를 하는 방식에 대한 정책을 의미함. 회계정책이 결정되면 동일한 거래나 사건에 대해서는 동일한 회계처리를 수행하여야 함
- 회계기준(GAAP) : 회계행위를 할 때 준수하지 않으면 안 될 행위의 지침으로 사회에서 기업의 회계실무를 이끌어가는 지도원리

요약정리

- 지배회사와 종속회사 간에는 회계정책 차이가 존재할 수 있다. 연결회계에서는 지배회사와 종속회사 간 회계정책 차이는 인정하지 않기 때문에 일반적으로 지배회사의 회계정책을 기준으로 종속회사의 회계정책을 수정하여 재무제표를 재작성하도록 규정하고 있다.
  - 회계정책 차이는 자본에 영향을 미치지 않는 유형과 자본에 영향을 미치는 유형으로 나뉜다.
  - 자본에 영향을 미치지 않는 유형은 단순 계정재분류 항목으로 쉽게 관리될 수 있지만,
  - 자본에 영향을 미치는 유형은 종속회사 자체의 회계정책에 따른 재무제표의 자본 효과와 지배회사의 회계정책을 준수함에 따라 작성된 재무제표의 자본 효과를 누적적으로 관리하여야 하는 불편함이 있다.
  - 따라서 지배-종속관계가 장기적으로 유지될 것으로 예상되는 경우에는 가능한 한 종속회사의 회계정책을 지배회사의 회계정책으로 변경하는 방안을 검토하는 것이 필요하다.

02

그럼 연결결산에서 환산을 다 해주는 건가요. 외화재무제표 환산?

외화재무제표의 환산

찰스종합회사의 회계부서를 도와 연결결산을 수행하고 있는 진표에게 회계부서장이 다가와 해외법인 재무제표는 '환산'이 중요하니 잘 검토하라고 조언을 해준다.

'환산?'

진표가 알기로는 찰스종합회사처럼 개별회사는 각각의 외화 채권 및 채무를 개별결산 과정에서 환산하는 것으로 알고 있는데, 연말결산 과정에서 해외법인에 대한 환산을 또 한다니 좀 이상하다. 한참을 망설이다가 회계부서장에게 다가가서 물어봤더니 회계부서장이 무슨 고민을 하는지 알겠다고 한다.

그러면서 본인이 이야기한 환산은 외화 채권 및 채무에 대한 개별결산을 의미하는 게 아니라 연결결산을 위해 '보고통화'로 작성된 재무제표를 찰스종합회사의 '그룹통화'인 원화로 바꾸는 작업을 의미한다고 하였다.

'보고통화, 그룹통화?'

친절한 회계부서장의 이야기를 듣던 진표는 머리가 점점 더 복잡해지기만 한다.

“‘환산’이라는 용어의 오해”

회계법인에서 연결감사 및 연결결산 관련 프로젝트를 다수 진행한 경험이 있기 때문에 필자는 웬만한 질문에는 당황하지 않을 자신이 있다고 생각했는데, 한 번은 연결결산 절차를 설명하던 중에 고객이 던진 질문에 당황했던 기억이 있다. 바로 ‘외화재무제표 환산’ 절차를 설명했더니, 한 고객이 그럼 더 이상 본인들은 개별결산에서 환산절차를 수행하지 않아도 되냐고 한 질문이다.

당시에는 연결결산과 관련된 업무에 몰두해 있던 나머지 ‘외화재무제표 환산’ 절차와 개별결산에서 진행하는 ‘외화 채권 및 채무 환산’ 절차를 오해할 거라고 미처 생각하지 못했지만 연결회계를 접하지 못한 독자들에게는 충분히 오해의 소지가 있을 수 있다는 생각이 든다.

강조해서 이야기하면 ‘외화재무제표 환산’ 절차는 개별결산에서 진행하는 ‘외화 채권 및 채무의 환산’ 절차와는 다르다. 연결회계는 개별결산이 완료된 재무제표를 기준으로 지배회사와 종속회사의 재무제표를 합산하는 과정에서 시작한다. 즉, 개별결산 단계에서 ‘외화 채권 및 채무 환산’ 절차는 이미 완료되어 있는 상태라는 의미이다.

지배회사와 종속회사의 재무제표를 합산하기 위해서는 지배회사와 종속회사가 작성한 재무제표상 통화가 동일해야 한다. 만약 지배회사가 한국에 소재한 회사이며 재무제표가 원화로 표기되어 있는데, 종속회사가 미국에 소재한 회사라 재무제표가 달러로 표시되어 있다면 어떨까? 이런 경우 재무제표에 표시되는 통화가 동일하지 않으면 지배회사와 종속회사의 재무제표를 합치기는 어렵다. 따라서 재무제표를 합산하기 위해 지배회사 또는 종속회사가 작성한 재무제표의 통화를 하나의 통화로 통일시키는데 이 과정이 ‘외화재무제표 환산’이다.

일반적으로 연결재무제표의 작성 주체는 지배회사가 되므로 연결재무제표상 통화는 지배회사의 재무제표상 통화가 된다. 따라서 지배회사가 종속회사의 '보고통화'로 표시된 재무제표를 지배회사의 재무제표상 통화인 '그룹통화'로 변경하는 것이 일반적이다.

" 연결회계상 통화 유형의 구분 "

연결회계를 이해하는 과정에서 짚고 넘어가야 할 부분 중 하나가 통화 유형이다. 연결결산을 하다 보면 세 가지 유형의 통화를 자주 접하게 되므로 이에 대한 개념을 이해하는 것이 중요하다.

예를 들어, 지배회사인 한국회사와 종속회사인 중국회사가 있다고 하자. 그리고 지배회사와 종속회사 간에 거래를 할 때는 USD로 한다고 하자.

지배회사인 한국회사와 종속회사인 중국회사는 각각 자국 통화인 KRW와 CNH 기준으로 재무제표를 작성하여 공시하여야 하는데, 이러한 통화를 '보고통화(LC : Local Currency)'라고 한다. 또한 한국회사와 중국회사는 지배-종속관계에 있기 때문에 연결재무제표를 작성하여야 하는데, 지배회사와 종속회사의 재무제표를 합산하기 위해 활용되는 통화는 지배회사의 통화인 KRW로 이를 '그룹통화(GC : Group Currency)'라고 한다. 또한 한국회사와 중국회사는 둘 간의 거래에 대하여 USD로 주고받기로 하였는데, 이렇게 거래 목적으로 주고받기로 약속한 통화를 '거래통화(TC : Transaction Currency)'라고 한다.

▎연결회계상 통화의 유형▎

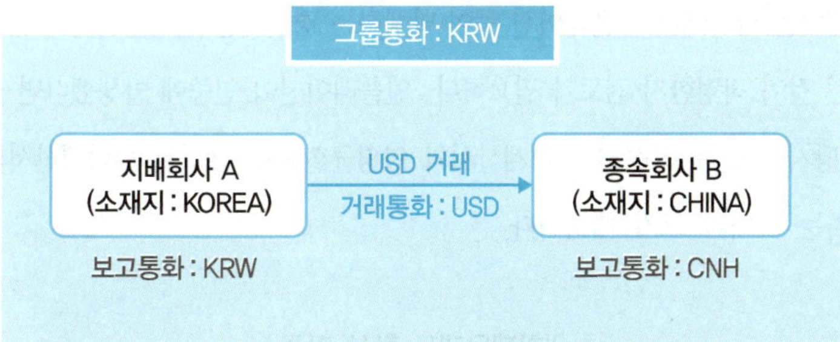

- 거래통화(Transaction Currency) : 거래 발생 시의 기준통화로서 내부거래대사 등에 사용
- 보고통화(Local Currency) : 개별회사의 보고단위통화로서 개별재무제표 작성 시 사용
- 그룹통화(Group Currency) : 연결그룹의 보고단위통화로서 연결재무제표 작성 시 사용

“ 외화재무제표를 환산하는 기준 ”

이상으로 살펴보면 연결절차상 '외화재무제표 환산'이란 종속회사가 작성한 보고통화를 연결결산 목적으로 그룹통화로 바꾸는 과정을 의미한다. 즉, 종속회사인 중국회사가 CNH로 작성한 재무제표를 KRW로 변환[2)] 하는 과정이다.

그렇다면 실제 외화재무제표를 그룹통화로 변환하는 과정에서 적용하는 환율은 무엇일까? 연결회계기준에서는 자산 및 부채 항목은 기말환율, 손익항목은 발생 당시 환율을 기준으로 외화재무제표를 환산하도록 되어 있다. 다만, 손익항목의 경우에는 발생 당시 환율을 하나하나 따라가면서 변환할

2) 물론 그 전에 한국회사와 중국회사가 USD로 거래한 내역은 각각의 보고통화인 KRW 및 CNH로 환산하여 개별재무제표에 이미 반영되어 있어야 한다.

수 없기 때문에 실무적으로는 연평균환율을 사용하고 있는데, 종속회사가 소재하는 국가에서 인플레이션 등이 발생하는 경우에는 연평균환율을 활용하는 것이 적정한지 검토가 필요하다. 인플레이션이 연중에 발생했다면 발생 당시 환율로 작성된 손익계산서와 연평균환율로 작성된 손익계산서의 수치는 차이가 크기 때문이다.

| 외화재무제표 환산 기준 |

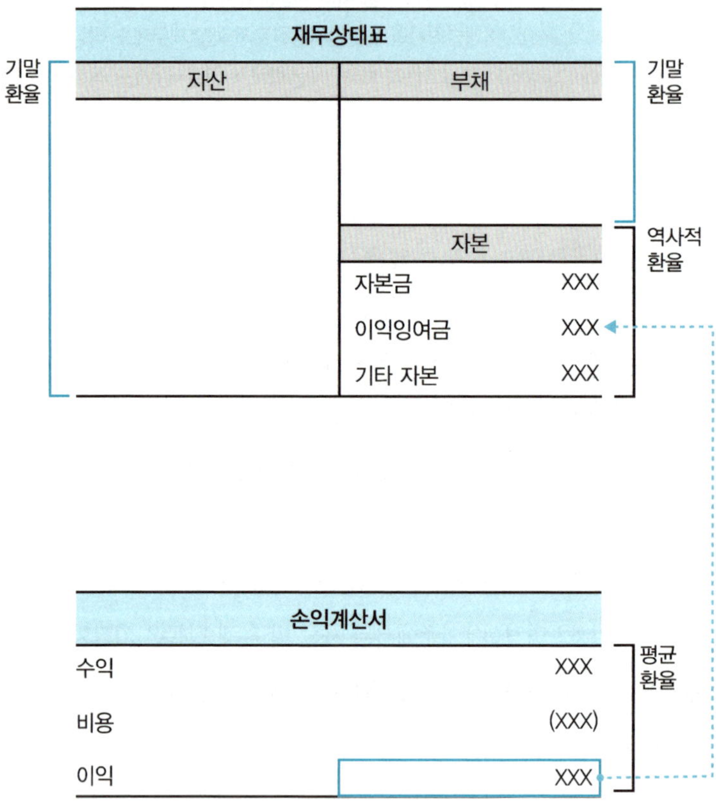

그리고 종속회사의 자본항목은 지배–종속관계가 성립하는 시점의 발생 당시 환율, 즉 역사적 환율로 환산되어야 한다. 그리고 그 이후에 변동하는 자본항목은 변동 발생 당시 환율로 환산되어야 한다. 종속회사의 자본항목이 발생 당시의 환율로 환산되어야 하는 이유는 지배회사의 종속회사에 대한 투자거래와 관련이 있다.

예를 들어, 20X1년 1월 1일에 종속회사의 자본 총액은 USD 기준으로 $10이었으며, $1=₩1,000이었다고 하자. 또한 지배회사가 종속회사의 지분을 ₩10,000에 100% 취득했다고 가정하자. 그리고 종속회사의 순자산장부가액과 공정가치는 동일하다고 하면, 지배회사는 종속회사의 순자산을 기준으로 취득원가를 산정했다고 볼 수 있다. 20X1년 12월 31일이 되었고 종속회사의 자본 총액은 변함없이 USD 기준으로 $10이지만 환율은 $1=₩1,100으로 변경되었다고 하자. 이럴 경우 지배회사의 투자주식[3]은 여전히 ₩10,000이지만 외화재무제표를 환산한 결과 종속회사의 순자산가치는 ₩11,000으로 변하게 된다.

뒤에서 소개할 투자–자본상계에서 자세히 이야기하겠지만 지배회사의 투자주식과 종속회사의 자본은 일종의 내부거래로 간주된다. 이러한 내부거래는 일치되어야 하기 때문에 지배회사의 투자주식이 발생 당시 환율로 기록되는 것과 마찬가지로 종속회사의 자본 또한 발생 당시 환율, 즉 역사적 환율로 기록되어야 한다. 따라서 연결결산을 수행할 경우에는 종속회사의 자본변동에 대해서는 자본변동 시점 및 시점별 환율을 관리해야 하는 수고로움이 존재한다.

---

3) 투자주식은 비화폐성자산이므로 외화로 주식을 취득한 경우에도 환율변동에 따른 환산손익을 인식하지 않는다.

| 자본을 발생 당시 환율, 즉 역사적 환율로 인식해야 하는 이유 |

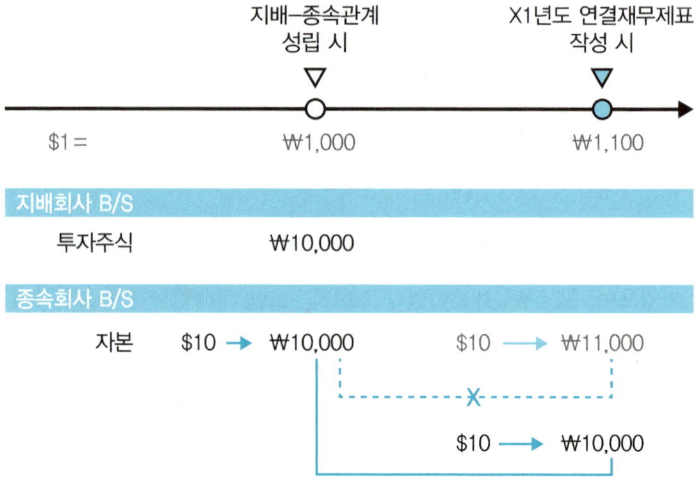

"하라는 대로 외화재무제표를 환산했더니 대차가 안 맞는데요?"

여기까지 이해했다면 외화재무제표를 환산하는 과정에서 뭔가 이상한 점을 발견할 수 있다. 회계의 기본원리는 '자산=부채+자본'인데, 외화재무제표를 기준에 따라 그룹통화로 환산하다 보면 '자산=부채+자본'의 대전제가 성립하지 않는다는 것을 알 수 있다. 자산과 부채는 기말환율로 환산하고 자본은 역사적 환율 그리고 손익을 평균환율로 환산하면 '자산=부채+자본'이라는 공식은 맞지 않는다는 의미이다.

조금 더 쉽게 설명하기 위해 사례를 들어보도록 하자.

사례

20X1년 1월 1일에 A회사는 B회사의 주식 100%를 취득하여 지배-종속관계가 성립되었다. 또한 20X1년 12월 31일 현재 A회사와 B회사의 재무상태표, 포괄손익계산서 및 20X1년도의 환율변동은 아래와 같다.

포괄손익계산서

20X1.1.1.~20X1.12.31.

	A회사 : KRW	B회사 : USD
매출액	2,500,000	1,200
매출원가	(1,800,000)	(850)
매출총이익	**700,000**	**350**
여러비용	(500,000)	(250)
당기순이익	**200,000**	**100**

재무상태표

20X1.12.31.

	A회사 : KRW	B회사 : USD
자산		
현금	100,000	150
재고자산	200,000	200
투자주식	240,000	0
유형자산	250,000	300
감가상각누계액	(50,000)	(100)
소계	**740,000**	**550**
부채와 자본		
부채	340,000	150
자본금	100,000	250
기초 이익잉여금	100,000	50
당기순이익	200,000	100
소계	**740,000**	**550**

20X1년도의 환율 정보

20X1년 1월 1일	₩800/$
20X1년 평균	₩900/$
20X1년 12월 31일	₩1,000/$

사례를 보면 앞에서 이야기한 기준대로 B회사의 손익은 평균환율인 ₩900/$으로 환산하고, 자산 및 부채는 기말환율인 ₩1,000/$로 환산한다. 다만, B회사의 자본은 A회사와 지배-종속관계가 성립된 시점인 20X1년 1월 1일 기준으로 환산한다. 따라서 B회사의 20X1년 1월 1일 자본금 $250과 이익잉여금 $50은 ₩800/$으로 환산하여 ₩240,000이 된다. 이 ₩240,000은 지배회사인 A회사가 B회사의 주식 100%를 취득한 대가인 투자주식가액 ₩240,000과 동일하다는 사실을 알 수 있다.

이렇게 계산된 결과를 기준으로 B회사의 환산 후 자산, 부채 및 자본 총액은 각각 ₩550,000, ₩150,000 그리고 ₩330,000이 되는데, 잘 살펴보면 '자산=부채+자본'의 공식이 성립하지 않는 것을 알 수 있다.

따라서 외화재무제표를 환산하는 경우에는 '자산=부채+자본'이 성립하도록 '해외사업환산손익'이라는 계정과목을 활용하게 된다. '해외사업환산손익'이란 말 그대로 외화재무제표를 그룹통화로 환산하는 과정에서 발생하는 차이를 조정해주는 항목이다. 따라서 사례에서 외화재무제표는 '해외사업환산손익' ₩70,000을 자본항목에 포함해야 완성된다.

'해외사업환산손익'과 관련하여 한 가지 유의할 점은 해당 내역은 차변(Dr : Debtor)과 대변(Cr : Creditor)이 동시에 기표되는 '복식부기원칙'을 따르지 않는다는 점이다. 즉, 외화재무제표를 환산하는 과정에서 차이조정을 위해 자본 한쪽에만 반영되는 숫자라는 점이다. 그리고 후술하겠지만 종속회사의 '해외사업환산손익'은 종속회사의 자본변동 효과로 인식하여 '투자-자본상계'대상에 포함된다는 점에 유의해야 한다.

| 외화재무제표의 환산 결과 및 해외사업환산손익의 반영 |

재무상태표 20X1.12.31.	B회사($)	환율	B회사(₩)
자산			
현금	150	1,000	150,000
재고자산	200	1,000	200,000
투자주식	0	1,000	0
유형자산	300	1,000	300,000
감가상각누계액	(100)	1,000	(100,000)
소계	**550**		**550,000**
부채와 자본			
부채	150	1,000	150,000
자본금	250	800	200,000
이익잉여금	50	800	40,000
당기순이익	100	900	90,000
소계	**550**		**480,000**
자산-(부채+자본)	0		70,000

재무제표항목별 적용환율이 다르기 때문에 '자산 = 부채 + 자본'이 성립되지 않는다.

→

재무상태표 20X1.12.31.	B회사(₩)
자산	
현금	150,000
재고자산	200,000
투자주식	0
유형자산	300,000
감가상각누계액	(100,000)
소계	**550,000**
부채와 자본	
부채	150,000
자본금	200,000
이익잉여금	40,000
당기순이익	90,000
해외사업환산손익	70,000
소계	**550,000**
자산 – (부채 + 자본)	0

연결회계 용어

- 외화재무제표 환산 : 해외 종속회사가 해당 국가의 보고통화로 작성한 외화 재무제표를 지배회사의 그룹통화로 전환하는 과정

요약 정리

- 연결결산을 수행하기 위해서는 외화로 작성된 해외법인의 재무제표를 지배회사의 통화로 환산하는 절차가 필요하다.
  - 외화재무제표를 지배회사의 통화로 환산하는 과정을 '외화재무제표 환산'이라고 하며, 연결재무제표를 작성하기 위해 사용하는 통화를 그룹통화(Group Currency)라고 한다.
  - 연결결산 시에 사용되는 그 외의 통화로는 보고통화(Local Currency) 및 거래통화(Transaction Currency)가 있는데, 보고통화란 지배회사 또는 종속회사가 각각 자국의 이해관계자에게 보고할 목적으로 재무제표에 표시하는 통화를 의미한다.
  - 또한 거래통화란 보고통화와 관련 없이 거래를 목적으로 계약에 의해 거래 상대방과 주고받기로 약속한 통화를 의미한다.
- 외화재무제표를 환산하기 위해서는 자산 및 부채에는 기말환율, 손익항목에는 발생 당시 환율 또는 평균환율이 적용된다. 자본의 경우에는 발생 당시 환율, 즉 역사적 환율이 적용된다.
- 외화재무제표를 해당 기준으로 환산하면 '자산=부채+자본'이라는 회계의 대전제가 성립하지 않는데, 그 차이를 조정하기 위해 '해외사업환산손익'이라는 항목이 사용된다.

03

난 판매했는데 상대방이 안 받았다고 한다면….

미달거래의 반영

회계부서를 도와 연결결산을 진행하던 진표는 이상한 점을 발견했다. 찰스종합회사는 해외법인 A에게 제품을 판매하고 있는데, 찰스종합회사와 해외법인 A 간의 거래를 확인하는 과정에서 찰스종합회사의 매출거래 중 일부를 해외법인 A가 매입거래로 인식하지 않은 것을 발견한 것이다. 조금 이상하다고 생각해 다른 관계법인과의 거래 내역을 확인해본 진표는 연말에 발생한 매출–매입거래에서 이러한 문제가 자주 발생한다는 사실도 알게 되었다.

분명히 한쪽에서 매출을 일으키면 다른 쪽에서는 매입을 잡는 것이 당연한 것 같은데, 왜 이런 차이가 발생하는 것인지 진표는 쉽게 납득이 되지 않는다. 더군다나 찰스종합회사와 해외법인 A는 지배–종속관계에 있는 회사이므로 정보 공유가 원활할 텐데 이러한 차이가 있다니 더욱더 이해가 되지 않는다. 그리고 중요한 매입거래도 놓치는 해외법인 A가 다른 결산 절차는 잘했을까 하는 의구심이 들기까지 한다.

해외법인 A는 왜 이런 기본적인 매입거래를 놓친 걸까?

“내부거래는 안 맞는 것이 일반적이다.”

연결결산에 대한 컨설팅을 할 때마다 강조하는 이야기지만 연결결산에서 관리되어야 할 가장 중요한 정보 중 하나가 내부거래이다. 내부거래란 지배회사와 종속회사 또는 종속회사 간에 주고받은 거래를 의미하며, 내부거래는 연결회계 입장에서는 발생하지 않은 거래라고 간주하여 제거되어야 한다. 문제는 지배회사와 종속회사 또는 종속회사 간에 주고받은 내부거래가 일치[4)]하여야 완전하게 제거할 수 있다는 점이다.

따라서 연결결산을 수행하기 전 또는 수행하는 과정에서 연결대상 회사 간의 내부거래를 확정하기 위해 내부거래를 대사하는 과정을 거치는데, 내부거래를 대사하다 보면 실제 상호 간에 인식한 내부거래가 잘 맞지 않는다는 사실을 알게 된다. 내부거래를 대사해본 적이 없는 실무자나 임원진들은 내부거래가 당연히 맞을 것이라고 오해하기 때문에, 종종 내부거래대사 담당자와 내부거래 실무를 해본 적이 없는 임직원이 소통하는 과정에서 이슈가 발생하는 것을 종종 목격하기도 한다.

내부거래대사 방법 및 문제점에 대한 전반적인 이야기는 뒤에서 다시 하기로 하고, 여기서는 내부거래대사 과정에서 차이가 자주 발생하는 ‘미달거래’에 대해 중점적으로 이야기하고자 한다.

---

4) 따라서 연결결산 절차에서 서로 주고받은 거래를 대사하는 과정인 ‘내부거래대사’ 절차는 필수적이다.

“ 매출회사가 인식한 매출을 왜 매입회사는 매입으로 인식하지 않을까? ”

‘미달거래’란 정확히 이야기하면 회계정책 차이는 아니지만 지배–종속관계에 있는 회사 간의 내부거래에 대해 어느 일방은 거래를 인식하였으나 다른 일방은 여러 가지 제약조건 때문에 아직 인식하지 못한 거래를 의미한다. ‘미달거래’는 주로 제품을 사고파는 거래 과정에서 발생한다. 사례처럼 찰스종합회사는 해외법인 A에 제품을 판매하였지만 해외법인 A는 찰스종합회사로부터 제품을 매입한 것으로 인식하지 않은 경우가 ‘미달거래’의 대표적인 예이다. 그런데 왜 이런 거래가 발생하는 걸까?

우선 거래 인식기준 및 인식시점 등 회계처리방식에 차이가 존재하는 경우를 들 수 있다. 회계처리를 간편하게 하기 위해 매출회사는 제품이 출고되는 시점에 매출로 인식하는 것이 일반적인 반면에 매입회사는 입고 시점에 매입을 인식하곤 한다. 이러한 차이를 회사에서는 매출회사 및 매입회사 간에 회계정책 차이가 있기 때문이라고 주장하기도 하지만 정확히 이야기하면 회계정책 차이라고 보기는 어렵다.

회계에서는 수입–수출거래에 대해서 인코텀스(Incoterms)[5] 등의 무역거래조건에 따라 회계처리를 하도록 하고 있다. 예를 들어, 연결대상 회사 간에 FOB[6] 조건에 따라 수입–수출거래를 한다면 매출회사는 물건이 선적된 시

5) 무역조건의 해석에 관한 국제규칙(International Rules for the Interpretation of the Trade Terms)을 말하며, 무역 당사자들의 분쟁과 오해를 없애고 국제무역의 확대를 도모하기 위하여 국제무역조건과 관습을 통일시키고자 제정되었다. ‘인코텀스(Incoterms : International Commercial Terms)’는 십여 가지의 가격조건을 규정하고 있으며, 여기에는 개별무역거래 당사자의 의무와 한계가 명시되어 있다.

6) ‘Free On Board’의 약어이며, Incoterms의 가격조건 중 하나이다. FOB에 따르면 매도인이

점에 그리고 매입회사도 동일한 시점에 각각 매출과 매입으로 인식해야 한다. 하지만 다양한 무역거래조건에 따라 회계처리를 하기는 실무적으로 무척 번거롭기 때문에 매출회사는 출고 기준 그리고 매입회사는 입고 기준으로 회계처리를 하다가 결산 시점이 되면 이러한 차이를 조정한다. 예를 들어, 매입회사는 매출회사와의 거래에 따라 선적이 완료되었지만 아직 제품이 입고되지 않은 거래에 대해서는 리스트를 확인하여 '미달거래 또는 미착거래[7)]'로 인식하는 것이 일반적이다. 실제 개별결산 실무에서도 제품이 선적되었으나 입고되지 않은 거래내역을 하나하나 확인하여 회사의 재고자산 및 매입채무로 인식하여야 하나 결산 과정에서 종종 누락되는 경우를 볼 수 있다.

미달거래가 발생하는 이유 : FOB 기준하에서의 거래 인식 예시

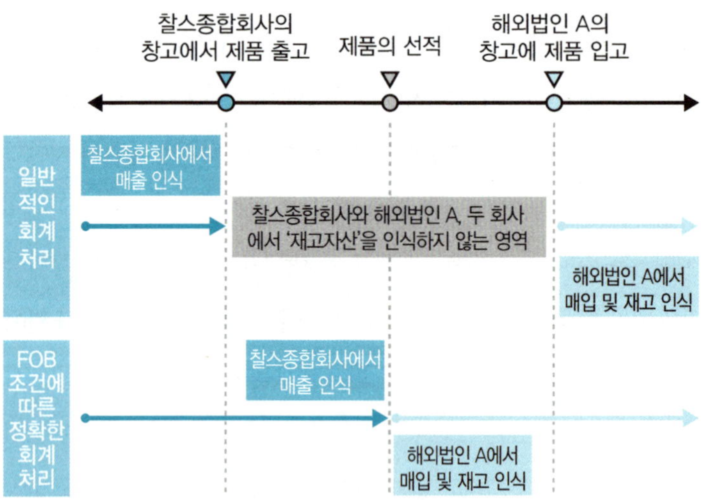

약속한 화물을 매수인이 지정한 선박에 적재, 본 선상에서 화물의 인도를 마칠 때까지의 일체의 비용과 위험을 부담한다. 그 이후에는 매수인의 책임이 된다.

7) 물건의 소유권은 넘어왔으나 아직 운송 중으로 회사 창고 등에 입고되지 않은 제품을 의미한다.

개별회계의 결산 과정에서 이러한 '미달거래'를 놓치는 경우가 종종 발생하는데 연결대상 회사 간의 내부거래를 대사하다 보면 이러한 차이가 쉽게 눈에 띄곤 한다. 이러한 차이는 회계정책 차이로 발생하는 것이 아니라 개별결산 과정에서 매입회사가 놓친 차이이기 때문에 정확히 이야기하면 개별재무제표가 수정되어야 한다. 다만, 내부거래대사는 일반적으로 개별결산이 완료된 후인 연결결산 수행과정에서 진행되므로 개별재무제표 자체를 수정하기는 실무적으로 어렵다. 따라서 연결결산 단계에서 개별재무제표를 주로 수정하게 되는데, 이러한 과정 때문에 '미달거래의 반영'이 연결결산의 절차라고 오해하는 경우가 많다.

두 번째로 연결대상 회사 간에 회계처리의 시차(Time Gap)가 발생하는 경우도 존재한다. 연결대상 회사 간에 소재하는 국가가 다르다면 당연히 시차도 발생하기 마련이다. 예를 들어, 우리나라와 미국 간에는 약 13시간의 차이가 발생하는데 이러한 차이는 월 또는 연 결산 시에 회계 월 또는 회계 연도 차이로 이어지기도 한다. 즉, 우리나라에서는 20X2년 1월 1일 새벽에 발생한 매출거래가 미국회사 입장에서는 20X1년 12월 31일 늦은 오후의 거래일 수도 있다는 의미이다. 실무적으로는 대부분의 회사가 연말 또는 월말이 되면 재고의 입·출고를 사전에 막는 것이 일반적이라 이러한 유형이 자주 발생하지는 않지만 시차에 따른 내부거래의 차이가 종종 발생[8)]하기도 한다.

세 번째로 발생할 수 있는 차이는 내부거래로 인해 발생한 매출채권 등을 연결대상 회사가 매각처리한 경우이다. 자주 발생하지 않지만 현금 유동성을 위해 제품을 판매한 후 발생하는 매출채권을 은행 등에 매각처리하는 경우가 발생한다. 일반적인 회계처리기준에 따르면 매출채권은 매각처리하

8) 이러한 차이는 연결대상 회사 중 누구의 잘못도 아니며 대부분 해당 금액 차이가 크지 않기 때문에 내부거래를 한쪽 방향으로 맞추는 것이 실무상 관례이다.

는 계약 조건에 따라 매각거래로 인식할 수도 있고, 단순히 담보로 은행에 차입한 차입거래로 인식할 수도 있다.

만약 계약 조건이 성사되어 매각처리된다면 매출회사의 매출채권은 더 이상 매출회사에 존재하지 않는다. 하지만 이러한 경우라도 매입회사는 해당 내용을 알 수가 없으며 매입회사가 갚아야 할 매입채무의 채권자는 여전히 매출회사이기 때문에 매입회사의 매입채무는 그대로 남아 있다.

이런 경우 월말 또는 연말이 되어 매출회사와 매입회사 간의 내부거래를 대사하면 차이가 발생할 수밖에 없다. 연결회계 입장에서는 매출회사가 매각거래를 통해 일방적으로 매출채권을 정리한 경우에는 매각거래가 아니라 은행에 차입한 차입거래로 인식하고 연결조정 분개를 하도록 되어 있다. 따라서 연결회계 입장에서는 매출회사에 매입회사에 대한 매출채권 및 은행에 대한 차입금을 각각 인식하는 회계처리가 발생하게 된다. 해당 거래에 대한 내역을 회계처리로 표시하면 아래와 같다.

❙ 내부거래에 의해 발생한 매출채권 매각에 따른 차이 조정 ❙

	매출회사				매입회사			
내부거래 발생 시	매출채권	100			재고자산	100		
			매출	100			매입채무	100
매출채권 매각 시	현금	100			–			
			매출채권	100				
개별결산 후 내부거래	–		–				매입채무	100
⬇								
연결조정	매출채권	100			–			
			단기차입금	100				
연결조정 후 내부거래	매출채권	100					매입채무	100

연결회계 용어

- 내부거래 : 지배–종속관계에 있는 연결대상 회사 간의 거래
- 내부거래대사 : 연결대상 회사의 재무정보 중에 연결대상 회사 간의 거래를 집계하여 해당 거래가 일치하는지를 상대방 거래와 맞춰보는 과정

요약정리

- 연결대상 회사 간의 내부거래를 대사하다 보면 내부거래 간에 차이가 발생하기 마련이다. 이러한 차이 중에 연말 또는 월말에 자주 발생하는 차이 유형이 있는데 매출회사는 매출로 인식한 거래를 매입회사는 매입 및 재고자산으로 인식하지 않은 경우가 대표적인 예이다.
- 이러한 차이를 '미달거래'라고 하는데, '미달거래'는 정확한 의미에서 보면 연결결산 과정에서 발생하는 차이라기보다는 개별결산 단계에서 매출–매입거래를 정확히 반영하지 못한 차이라고 볼 수 있다.
- 따라서 개별재무제표를 수정하는 것이 타당하지만 내부거래대사의 경우 대부분 개별결산이 마감된 후에 발생하므로 연결조정 단계에서 차이를 반영하는 것이 일반적이다.
- '미달거래'는 연결대상 회사 간에 ① 거래 인식시점을 달리 적용한 경우에 발생하며, ② 경우에 따라서는 회계처리 시차(Time Gap)의 결과로 발생하기도 한다. 그리고 ③ '미달거래'에 해당하지는 않지만 매출회사가 일방적으로 매출채권을 매각한 경우에도 매출–매입거래상에 차이가 발생한다.

04

내부거래는 다 맞아야 하는 거 아닙니까?

내부거래 대사 및 상계 방법

회계부서를 도와 연결회계 결산을 진행하는 진표에게 회계부서장이 연결대상 회사 간의 내부거래대사를 부탁했다. 내부거래대사를 부탁하면서 회계부서장은 생각보다 연결대상 회사 간의 내부거래가 잘 맞지 않을 테니 어려운 일이 있으면 함께 고민해보자고 하였다.

진표는 마음을 써주는 회계부서장이 고마우면서도 내부거래가 안 맞을 거라고 생각하는 회계부서장의 조언이 이해되지 않는다. 회사들은 거래를 잘 기록하는 게 당연한 업무이고 연결대상 회사 간에는 외부거래처보다 정보 공유가 원활할 텐데 내부거래가 안 맞을 이유가 없을 것 같다는 생각이었다.

하지만 막상 연결회계 결산을 시작하고 연결대상 회사 간의 내부거래를 받아서 대사하다 보니 회계부서장의 말대로 내부거래가 연결대상 회사 간에 차이가 많이 난다는 사실을 알게 되었다. 회사별로 차이가 나는 이유를 하나하나 정리하다 보니 머리가 아프기까지 하다.

왜 연결대상 회사 간의 내부거래가 이렇게 안 맞는 걸까?

“ 연결결산, 내부거래대사가 제일 중요하다. ”

연결결산과 관련된 조언을 할 때면 필자가 강조하는 주제 중 하나가 ‘내부거래대사’이다. 실제 연결회계와 관련된 안내서나 이론서를 읽어보면 ‘내부거래대사’에 대한 이야기를 중요하게 다루는 것을 쉽게 볼 수 없다. ‘내부거래대사’는 연결대상 회사 간의 거래를 각각 취합하여 맞추는 단순한 작업이기 때문에 이론 관점에서는 많은 이야기를 할 필요성을 느끼지 못하기 때문이다. 오히려 ‘투자-자본상계’, ‘미실현손익 제거’ 등 내부거래가 맞는다는 전제하에 발생하는 연결조정 사항이 어렵기 때문에 해당 부분에 집중하여 설명하는 경향이 있다.

하지만 연결결산을 하는 실무자 입장에서 무엇보다 중요한 건 ‘내부거래대사’ 절차이다. ‘투자-자본상계’, ‘미실현손익 제거’ 등의 연결조정 사항은 연결회계 담당자가 혼자서 진행할 수 있는 업무이지만 연결대상 회사 간의 내부거래가 일치하기 위해서는 연결회계 담당자뿐만 아니라 연결대상 회사 각각의 개별회계 담당자의 노력 또한 중요하기 때문이다. 또한 내부거래가 맞지 않으면 그 다음 단계인 연결조정을 수행하기도 어렵다.

“ 다시 한 번 강조, 내부거래는 안 맞는 것이 일반적이다. ”

앞에서 잠시 언급한 ‘미달거래’가 아닌 경우에도 내부거래는 잘 맞지 않는다. 내부거래가 맞지 않는 다양한 이유 중 하나를 아래 두 가지 사례를 기준으로 간단하게 살펴보자.

첫 번째 사례는 연결대상 회사 A와 B 간에 매출–매입거래가 발생하고 있으며, 연결대상 회사 A는 거래일자별로 회계처리를 하고 있고, 연결대상 회사 B는 계산서를 모아서 월말에 한꺼번에 회계처리를 하고 있다고 가정해 보자. 그리고 연결대상 회사 A 담당자가 실수로 한 건의 거래를 회사 B가 아니라 회사 Z와의 거래로 잘못 기표하였다면 내부거래대사 결과는 어떻게 표현될까?

| 연결대상 회사 간의 내부거래대사 사례 1 |

	연결대상 회사 A			연결대상 회사 B		
20X1.1.1.	매출채권	회사 B	₩300			
20X1.1.11.	매출채권	회사 B	₩200			
		⋮				
20X1.1.31.	매출채권	회사 Z	₩100	매입채무	회사 A	₩600
내부거래대사 결과	매출채권	회사 Z	₩100			
	매출채권	회사 B	₩500	매입채무	회사 A	₩600

회사 A 담당자가 회사 B와의 거래를 실수로 회사 Z와의 거래로 입력했다고 가정하자.

해당 사례의 경우 내부거래대사를 했을 때 차이를 얼마라고 할 수 있을까? 언뜻 생각해보면 내부거래 차이가 ₩100이 난다고 할 수 있지만 실무에서는 연결대상 회사 간에 매출채권 ₩500 및 매입채무 ₩600의 차이가 난다고 관리된다. 사례에서는 간단하게 거래를 표기했지만 실무에서는 연결대상 회사인 A와 B 간에 수많은 내부거래가 발생하기 때문에 금액 차이가 발생하면 원인을 하나하나 따져보기 전까지는 ₩500만큼은 내부거래가 일치하고 ₩100만 차이가 발생한다고 결론을 내리기가 어렵기 때문이다.

사례를 간략하게 살펴보기 위해서 회사 A는 거래일자별로 회계처리를 하고 회사 B는 월말에 한 번에 몰아서 회계처리를 한다고 가정하였지만, 회사 B가 거래일자별로 회계처리를 한다고 해도 실제 일자가 다른 경우에도 유사한 이슈가 발생할 수 있다.

두 번째 사례로 연결대상 회사인 A와 B가 매출–매입거래뿐만 아니라 서비스거래 등 다양한 거래를 하는 경우를 생각해보자. 그리고 연결대상 회사인 A와 B가 매출–매입거래는 매출채권 및 매입채무로 회계처리하지만 서비스거래의 경우에는 회사 A는 미수금으로, 회사 B는 매입채무로 회계처리한다면 내부거래대사 결과는 어떻게 나타날 수 있을까?

❙ 연결대상 회사 간의 내부거래대사 사례 2 ❙

	연결대상 회사 A			연결대상 회사 B		
매출–매입거래	매출채권	회사 B	₩300	매입채무	회사 A	₩300
서비스거래	미수금	회사 B	₩200	매입채무	회사 A	₩200
		⋮			⋮	
매출–매입거래	매출채권	회사 B	₩100	매입채무	회사 A	₩100
내부거래대사 결과	미수금	회사 B	₩200			
	매출채권	회사 B	₩400	매입채무	회사 A	₩600

해당 사례의 경우, 내부거래를 매출채권-매입채무, 미수금-미지급금으로만 대사하는 경우에는 내부거래대사 결과는 불일치로 결론이 날 수 있다. 매출채권 및 미수금과 매입채무 및 미지급금을 한꺼번에 대사하면 차이가 없지 않느냐고 할 수 있지만 회계에서는 다양한 자산 및 부채와 관련된 계정과목이 있기 때문에 계정과목 유형을 무시하고 내부거래를 대사하는 것이 효율적인지는 여전히 의문이 든다.

“ 내부거래대사를 하기 전에 상호 간에 약속을 해야 합니다. ”

이외에도 내부거래를 대사하는 실무에서는 다양한 이유로 실제 내부거래 대사에 대해 많은 어려움을 호소하는 것이 일반적이다. 그렇다면 내부거래 대사를 효율적으로 할 수 있는 방법이 따로 있을까?

내부거래대사는 연결대상 회사 간의 거래를 받아서 비교하면 되는 절차로만 생각하기 쉽지만, 실제 내부거래대사의 정확성을 높이기 위해서는 사전에 내부거래대사를 위해 거래를 어떻게 회계처리하겠다는 상호 간의 약속이 전제되어야 한다. 예를 들어, 내부거래대사를 위해 회사 간에 회계처리하는 방식을 서로 이해하고 연결대상 회사 간의 거래를 거래 건별로 처리할 것인지, 계정과목은 어떻게 처리할 것인지 등에 대한 논의가 필요하다.

또한 연결대상 회사 간에 거래가 많고 다양하다면 거래 건에 대하여 상호 간에 거래를 식별할 수 있는 '매칭키(Matching Key)'를 사전에 설정할 수 있는데, 활용될 수 있는 매칭키로는 세금계산서 일자, Invoice No 등 다양하다.

“내부거래대사는 ‘거래통화’로 합니다. 그렇다면 내부거래상계는 어떻게 하죠?”

특히나 해외법인과의 내부거래를 대사할 경우 어떤 통화를 기준으로 하는 것이 좋을까? 해외법인과의 내부거래는 보고통화가 서로 다를 수 있고, 연결재무제표를 작성하는 지배회사가 아닌 경우에는 그룹통화도 관리[9]하지 않는다. 따라서 해외법인과의 내부거래대사는 ‘거래통화[10]’를 기준으로 하는 것이 일반적이다.

한편 내부거래대사가 완료되면 지배회사와 종속회사들의 합산된 재무제표에서 내부거래를 제거해야 하는데, 이를 위해서는 거래통화 또는 보고통화로 표현된 내부거래 금액을 그룹통화로 환산하는 과정이 필요하다. 여기서 고민되는 부분이 상호 간에 대사가 완료된 내부거래 금액을 그룹통화로 환산하는 방법이다. 외화로 표시된 내부거래 금액을 그룹통화로 환산하기 위한 통화 정보는 보고통화 및 거래통화 두 가지가 있기 때문이다.

---

9) 만일 한국회사가 연결재무제표 작성의무가 있는 지배회사이고, 미국회사는 종속회사라고 가정해보자. 미국회사는 보고통화인 USD를 기준으로 작성된 개별재무제표를 지배회사인 한국회사에 제출하면 그 의무가 끝난다. 따라서 USD로 작성된 미국회사의 개별재무제표를 그룹통화인 KRW로 외화재무제표를 환산하는 것은 지배회사인 한국회사의 역할이기 때문에 종속회사인 미국회사는 그룹통화인 KRW를 관리할 필요가 없다. 또한 내부거래대사를 위해 연결대상 회사가 지배회사에 내부거래를 제출할 때는 거래통화와 보고통화 정보만 제공하면 된다.

10) 연결회계에서 사용되는 통화 유형에 대해서는 ‘네 번째 이야기의 02. 그럼 연결결산에서 환산을 다 해주는 건가요, 외화재무제표 환산?’에서 자세히 설명하였으니 이를 참조하기 바란다.

▎내부거래 금액을 그룹통화로 환산할 때 TC를 활용해야 할까, 아니면 LC를 활용해야 할까?▕

내부거래대사

	계정과목	거래처	TC	TC amount	LC	LC amount
지배회사 A(한국)	매출채권	회사 B	CNH	100	KRW	15,000
종속회사 B(미국)	매입채무	회사 A	CNH	100	USD	12

→ 내부거래대사 시 연결대상 회사 간에 소재국가가 다른 경우에는 거래통화만이 지배회사 A와 종속회사 B 간의 내부거래가 일치하는 여부를 대사할 수 있는 기준이 될 수 있다.

내부거래상계를 위한 내부거래 금액의 환산

내부거래상계를 위해서는 내부거래 금액을 그룹통화인 KRW로 환산해야 하지만, 지배회사 A의 보고통화와 그룹통화는 KRW이므로 보고통화를 그대로 사용한다.

	계정과목	거래처	TC	TC amount	LC	LC amount
지배회사 A(한국)	매출채권	회사 B	CNH	100	KRW	12
종속회사 B(미국)	매입채무	회사 A	CNH	100	USD	12

→ 하지만, 종속회사 B는 보고통화와 그룹통화가 다르기 때문에 내부거래 금액을 그룹통화인 KRW로 환산하기 위해서는 ① 거래통화를 그룹통화로 환산하는 방법과, ② 보고통화를 그룹통화로 환산하는 방법을 선택할 수 있다. 다만, 내부거래 금액을 그룹통화로 환산하는 주체는 종속회사 B가 아니라 지배회사 A이다.

문제는 ① 거래통화를 활용하여 그룹통화를 산출하는 내부거래 금액과, ② 보고통화를 활용하여 그룹통화를 산출하는 내부거래 금액이 다를 수 있다는 데에 있다. 왜 이런 결과가 발생하는 걸까? 이는 각 개별회사들이 개별결산 절차에서 외화 채권 및 채무 등을 환산하는 과정을 잘 살펴보면 알 수 있다. 개별회사들은 외화 채권 및 채무를 환산하는 데에는 기말환율을 활용하는데, 각 나라별로 환산을 위해 활용하는 기말환율의 경우 나라별

시차 때문에 고시되는 시점이 다르기 때문이다. 가령 우리나라와 미국을 비교해보면 약 13시간의 시차가 발생한다. 즉, 우리나라의 12월 31일이라는 시점은 미국에서는 12월 30일이 된다. 따라서 우리나라와 미국이 동일하게 12월 31일의 고시환율을 적용한다면, 우리나라에서 12월 31일로 확정된 고시환율과 미국에서 12월 31일로 확정된 고시환율 사이에는 13시간 동안의 환율변동이 추가로 반영될 수 있다.

| 한국과 미국의 적용환율이 다른 이유 |

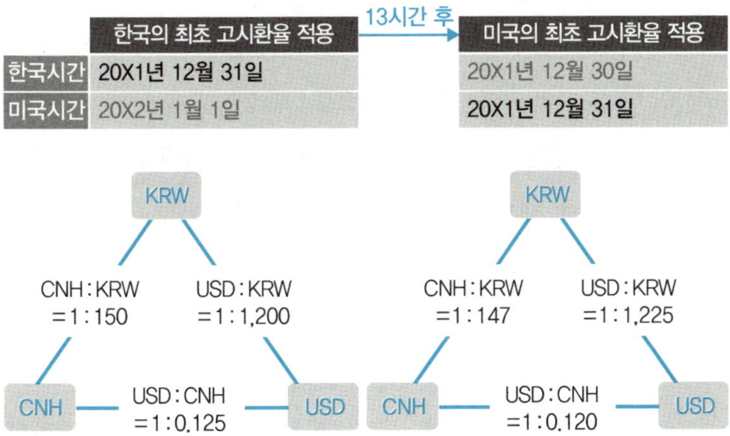

사례에서 ① 거래통화를 기준으로 그룹통화를 산출하는 경우에는 '한국의 최초 고시환율'상에서의 'CNH : KRW = 1 : 150'을 활용하여 대사가 완료된 거래통화상 내부거래 금액을 그룹통화로 환산한다.

하지만 ② 보고통화를 기준으로 그룹통화를 산출하는 경우에는 개별재무제표에서 거래통화를 보고통화로 환산하는 과정이 이미 발생했다는 사실에 유의해야 한다. 미국회사의 경우 CNH로 거래한 금액은 개별재무제표를 작성하기 위해서는 CNH를 USD로 환산[11)]해야 하는데, 이때 적용되는 환율은

'한국의 최초 고시환율'이 아닌 '미국의 최초 고시환율'상에서의 'USD : CNH = 1 : 0.120'이다. 그러고 나서 보고통화로 환산된 내부거래 금액을 그룹통화로 환산하는 경우(이 절차는 '연결결산 단계'이다)에는 '한국의 최초 고시환율'인 'USD : KRW = 1 : 1,200'이 적용된다.

다만, 지배회사인 한국회사는 개별결산 절차에서 CNH를 KRW로 환산할 때는 '한국의 최초 고시환율'인 'CNH : KRW = 1 : 150'을 활용한다. 또한 지배회사의 보고통화는 그룹통화와 동일하기 때문에 연결결산 절차에서는 보고통화를 그대로 활용할 수 있다.

따라서 지배회사인 한국회사의 그룹통화로 환산된 내부거래 금액은 ① 종속회사인 미국회사의 거래통화를 기준으로 그룹통화를 산출하는 내부거래 금액과는 동일하지만, ② 종속회사인 미국회사의 보고통화를 기준으로 그룹통화를 산출하는 내부거래 금액과는 차이가 있다.

❙ 보고통화 또는 거래통화를 기준으로 내부거래 환산 시 그룹통화 금액 결과 ❙

지배회사인 한국회사 A가 내부거래 금액을 그룹통화로 환산하는 방법

	계정과목	거래처	TC	TC Amount	LC	LC amount		GC	GC amount
지배회사 A(한국)	매출채권	회사 B	CNH	100	KRW	15,000	=	KRW	15,000

지배회사의 보고통화와 그룹통화는 동일하므로, 개별결산상 '외화 채권 및 채무 환산' 절차에서 CNH를 KRW로 환산한 결과를 그대로 준용한다. 이때 활용되는 고시환율은 '한국의 최초 고시환율'이다.

→ CNH : KRW = 1 : 150

---

11) 해당 환산은 연결결산 절차에서 발생하는 '외화재무제표 환산'이 아니라 개별결산 절차에서 발생하는 '외화 채권 및 채무 환산'이다. 개별결산 절차이므로 '미국의 최초 고시환율'을 적용하는 것이 당연하다.

종속회사인 미국회사 B의 내부거래 금액을 그룹통화로 환산하는 방법

① 거래통화를 활용하여 그룹통화로 환산하는 방법

	계정과목	거래처	TC	TC Amount	LC	LC amount		GC	GC amount
종속회사 B(미국)	매입채무	회사 A	CNH	100	USD	12	=	KRW	15,000

종속회사인 미국회사는 개별결산 절차상 그룹통화를 관리할 이유가 없으므로, 거래통화를 그룹통화로 환산하는 경우에는 지배회사가 적용한 '한국의 최초 고시환율'을 활용한다. 이 절차는 연결결산 절차이므로 종속회사가 아니라 지배회사가 수행한다.

→ CNH : KRW = 1 : 150

② 보고통화를 활용하여 그룹통화로 환산하는 방법

	계정과목	거래처	TC	TC Amount	LC	LC amount		GC	GC amount
종속회사 B(미국)	매입채무	회사 A	CNH	100	USD	12	=	KRW	14,400

종속회사인 미국회사는 개별결산 절차에서 거래통화를 보고통화로 환산하여야 한다. 개별결산 절차이므로 이때 적용되는 환율은 '미국의 최초 고시환율'이다.

→ USD : CNH = 1 : 0.120

종속회사인 미국회사는 개별결산 절차상 그룹통화를 관리할 이유가 없으므로, 보고통화를 그룹통화로 환산하는 경우에는 지배회사가 적용한 '한국의 최초 고시환율'을 활용한다. 이 절차는 연결결산 절차이므로 종속회사가 아니라 지배회사가 수행한다.

→ USD : KRW = 1 : 1,200

그러므로 연결관점에서 대사가 완료된 내부거래 금액을 상계하기 위해서는 그룹통화 금액이 일치할 수 있는 거래통화 기준으로 내부거래 금액을 환산하여 제거하는 방법을 권고한다. 사례에서는 채권 및 채무에 해당하는 내부거래 유형만 이야기하였지만 수익과 비용에 해당하는 내부거래 유형에도 동일하게 적용된다. 채권 및 채무와는 다르게 수익과 비용은 평균환율이 활용될 뿐이다.

“내부거래대사 결과, 차이가 발생하면 어쩌죠?”

내부거래대사 결과, 차이가 발생한다면 전부 다 맞출 때까지 계속 진행해야 할까? 물론 차이를 다 맞추는 것은 결산을 수행하는 회계 담당자로서 좋은 자세이지만 여러 가지 이유로 다 맞출 수 없는 경우가 존재하고, 공시 일정 등으로 시간이 충분하지 않을 수도 있다.

회계에서는 내부거래 금액 차이가 크지 않은 경우에는 ‘중요성 기준’에 따라 한쪽 기준으로 맞출 수 있다. 회계기준에서는 내부거래 금액 차이를 한쪽으로 맞추는 경우에 그 기준을 별도로 이야기하고 있지 않지만 일반적으로 ① 큰 금액 기준, ② 작은 금액 기준, ③ 본사 기준, ④ 매출회사 기준 그리고 ⑤ 차이를 해외사업환산손익으로 조정[12)]하는 방법을 많이 사용한다. 상기 이야기한 다양한 방법을 전부 사용할 수 있지만 필자의 입장에서는 회사 특유의 합리적인 방법이 없다면 ‘매출회사 기준’으로 차이를 조정하는 것을 권고한다. 일반적으로 매출하는 회사에서는 회사의 성과를 높이기 위해 회계처리를 완전하게 표시하려는 경향이 있기 때문이다.

12) 내부거래 금액 차이를 ‘해외사업환산손익’으로 조정하는 방법은 실무적으로는 잘 권하지 않는다. 종속회사의 ‘해외사업환산손익’은 결국 자본의 변동내역으로 표시되기 때문에 추후에 설명하는 비지배지분의 배부에 영향을 미칠 수 있기 때문이다.

❙ 내부거래 금액 차이가 작은 경우 조정하는 다양한 방법 ❙

매출회사 기준으로 내부거래 금액 차이를 조정하는 방법

	계정과목	거래처	TC	TC amount	LC	LC amount	GC	GC amount
연결대상 회사 A	매출채권	회사 B	XXX	XXX	XXX	XXX	KRW	1,000,000
연결대상 회사 B	매입채무	회사 A	XXX	XXX	XXX	XXX	KRW	990,000
	매입채무	회사 A					KRW	10,000

• 연결회사 B에서 내부거래상 '매입채무' 총 금액이 ₩1,000,000 발생한 것으로 표시한다.

해외사업환산손익으로 내부거래 금액 차이를 조정하는 방법

	계정과목	거래처	TC	TC amount	LC	LC amount	GC	GC amount
연결대상 회사 A	매출채권	회사 B	XXX	XXX	XXX	XXX	KRW	1,000,000
연결대상 회사 B	매입채무	회사 A	XXX	XXX	XXX	XXX	KRW	990,000
	해외사업환산손익	회사 A					KRW	10,000

• 연결회사 A와 B 간의 내부거래 금액 차이는 '해외사업환산손익'으로 ₩10,000이 조정되는 것으로 표시한다.

“내부거래대사는 언제 하는 것이 좋을까?”

내부거래대사와 관련하여 마지막으로 논의할 주제는 과연 내부거래대사는 언제 하는 것이 좋을 것이냐는 것이다. 실제 대부분의 회사는 내부거래대사를 개별결산이 완료된 후에 연결결산 단계에서 진행한다. 하지만 연결결산 단계에서 내부거래를 대사하다 보면 개별결산에서 놓친 결과에 따라 발생한 내부거래 차이를 고치기 어렵다. 이미 개별결산이 완료되었기 때문에 다시 고치기가 여간 번거로운 것이 아니다.

이러한 단점을 보완하기 위해 개별결산 단계에서 내부거래대사를 수행하자고 하면 개별결산이 완료되지 않았는데 어떻게 내부거래를 확정할 수 있냐고 주장하는 경우가 많다. 하지만 실제 개별결산의 완료와 내부거래의 확정은 다른 이야기라고 볼 수 있다. 개별결산의 완료는 대부분 매출마감 → 재고마감 → 비용마감 → 결산조정 순서로 이루어지는데, 매출 및 재고를 마감하면 내부거래는 대부분 확정되며, 결산조정과는 관련이 없는 경우가 대부분이다.

따라서 개별결산 과정 중에서도 연결대상 회사 간의 내부거래대사를 통해 개별결산의 정확성을 보완할 수 있다. 실제 필자는 많은 회사들에게 내부거래를 최소한 개별결산 기간 중에 한 번 진행하고 연결결산 기간 중에 또한 번 수행하도록 권고하고 있는데, 해당 절차를 통해 내부거래의 정확성이 더 높아지는 경우를 자주 목격하고는 한다.

쉬운 방법은 아니지만 연결대상 회사 간의 내부거래에 한하여 ‘동시 기표’를 통해 정확성을 높이는 방법도 있다. 즉, 매출회사에서 매출과 관련된 전표를 입력하면 상대방 회사에 매입과 관련된 전표가 자동으로 생성되도록 하는 방법이다. 거래대상 간에 서로 다른 회계시스템을 사용하고 있다면 불가능한 이야기지만 연결대상 회사 간에 동일한 시스템을 활용하고 있다면 충분히 고려할 만한 방법이다. 문제는 이러한 동시 기표 프로세스(Process)는 상호 간의 시스템을 일치시키고 회계처리 방법도 통일시켜야 하기 때문에 많은 노력이 필요하다는 점이다. 따라서 쉽게 접근할 수 있는 방법은 아니지만 실제 내부거래를 중요하게 관리하고 있는 대기업에서 활용하고 있는 방법이기에 간략하게 소개해본다.

| 내부거래대사 시기 및 방법 |

연결결산

연결결산 수행 시

내부거래 사후 대사

- 개별결산 완료 후 연결차원에서 대사 실행
- 연결결산 일정에 많은 시간이 소요됨
- 월별 연결결산 정보와 개별결산 정보의 불일치 문제 발생
- 주로 연결결산 수행회사에서 대사업무 수행

개별결산 수행 시

내부거래 사전 대사

- 개별결산 차원에서 대사 실행
- 개별결산 일정에 부담으로 작용하나, 연결결산 일정 단축에 필수적임
- 월별 연결결산 정보와 개별결산 정보 정합성 확보
- 주로 개별회사에서 대사업무 수행

개별결산

전표 기표 시

내부거래 동시 기표

- 개별거래가 발생한 시점에서 동시 기표
- 매출회사에서 전표 입력 시 매입회사에서 전표 자동 생성 후 확인
- 기준정보 관리, Rule 및 Process 통일이 핵심

연결회계 용어

- 매칭키(Matching Key) : 내부거래대사 등을 위해 연결대상 회사 간에 특정거래와 관련하여 사전에 대사할 수 있는 특정 회계정보를 선정하는데 이를 매칭키라고 함

요약 정리

- 연결결산 절차에서 내부거래를 대사하는 과정은 무엇보다도 중요하다.
- 연결결산 실무를 접하지 않거나 처음 시작하는 사람들은 연결대상 회사 간의 내부거래가 잘 맞을 것이라고 오해하는데, 실제 내부거래를 대사해보면 잘 맞지 않는다.
- 연결대상 회사 간의 내부거래 금액 차이를 줄이기 위해서는 상호 간에 내부거래대사를 위해 사전에 회계처리방법 및 회계정보 관리 수준을 조율하는 것이 중요하다. 경우에 따라서는 세금계산서 번호, Invoice No 등 내부거래를 대사할 수 있는 매칭키(Matching Key)를 회계정보로 관리하는 경우도 존재한다.
- 해외법인과의 내부거래를 대사하기 위해서는 거래통화를 기준으로 대사하여야 하며, 거래통화 기준으로 그룹통화를 환산하는 것을 권고한다. 원칙적으로 재정환율에 차이가 없으므로 해외법인의 보고통화를 기준으로 그룹통화를 환산할 수도 있지만 시차(Time Gap) 때문에 실무상으로 거래통화 또는 보고통화를 그룹통화로 환산하느냐에 따라 차이가 발생할 수 있기 때문이다.
- 일반적으로 내부거래대사는 개별결산 마감 후 연결결산 단계에서 수행하지만 효과적인 내부거래대사를 위해서는 개별결산 단계 또는 회계전표를 생성하는 단계에서도 진행할 수 있다.

연결회계,
조금 더 따져봅시다!

01

비지배지분의 몫은 어떻게 나눠줄까?

비지배지분의 배부 방법

앞에서 이야기한 '연결실체이론'에 따르면 연결재무제표상 자산, 부채 및 손익항목은 지배회사가 소유한 종속회사의 지분율과 상관없이 종속회사의 지분을 100% 취득했다고 가정하여 지배회사와 종속회사의 재무제표를 합산하여 표시한다. 그리고 지배회사가 종속회사의 지분을 100% 취득하지 않은 경우에는 종속회사의 지분 중 지배지분과 비지배지분을 연결재무제표상 자본항목에 별도로 표시한다고 설명하였다.

즉, 지배회사가 종속회사의 지분을 100% 취득한 경우에는 문제가 없지만 종속회사의 지분을 100% 미만 취득한 경우에는 지배–종속관계가 최초 성립한 시점뿐만 아니라 그 이후에 종속회사의 자본이 변동할 때마다 비지배지분에 해당하는 내역을 별도로 계산하여 표시해야 한다는 의미이다.

이제부터 본격적으로 연결재무제표를 작성하기 위해 발생하는 연결회계와 관련된 조정 사항들을 하나하나 설명할 예정인데, 지배회사가 종속회사의 지분을 100% 취득하지 않은 경우에 종속회사의 자본이 변동할 때마다 비지배지분의 몫을 별도로 표시하여야 한다는 사실을 유의해야 한다.

“최초 연결 시에는 비지배지분을 어떻게 표현할까?”

연결재무제표상에 ‘비지배지분’을 별도로 표시하는 이유는 연결재무제표상 자산에서 부채를 차감한 순자산 중에 지배지분이 아닌 비지배지분의 몫이 별도로 있다는 사실을 재무정보 이용자에게 제공하기 위해서이다.

다만, 연결결산 과정에서 비지배지분을 산출하는 회계처리를 보면 마치 자본을 차감하는 것으로 오해하기 쉬운데, 지배회사와 종속회사의 재무제표를 합산하여 연결재무제표를 작성하는 과정의 특성상 비지배지분으로 배부하는 회계처리를 하지 않으면 종속회사의 자본은 전부 지배지분으로 귀속되는 것으로 간주되기 때문이다. 따라서 해당 회계처리는 지배지분으로 잘못 귀속된 종속회사의 자본을 비지배지분으로 돌려주는 과정이라고 이해하면 좋을 것 같다.

• 최초 연결 시 비지배지분을 산출하기 위한 일반적인 연결조정 회계처리 •

Dr) 자본-지배지분	XXX	Cr) 비지배지분	XXX

실제 사례를 통해 최초 지배-종속관계가 형성되는 경우에 종속회사의 자본(자본-지배지분)을 비지배지분으로 배부하는 과정을 살펴보도록 하자.

우선 지배회사가 종속회사의 주식을 60% 취득하여 지배-종속관계가 형성되었다고 하자. 지배-종속관계가 형성되고 당시 지배회사의 자본이 ₩400이고 종속회사의 자본이 ₩200이라고 하자. 이 경우 연결재무제표를 작성하는 과정에서 비지배지분은 어떻게 계산되고 표시될 수 있을까?

최초 연결 시 비지배지분의 배부

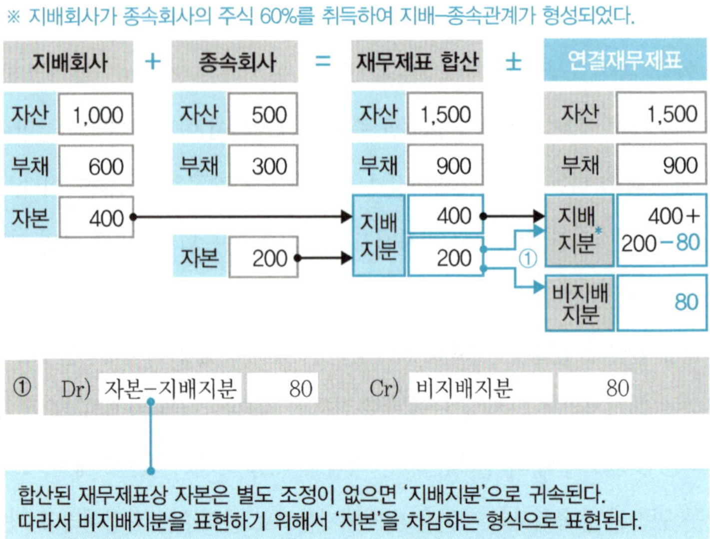

* 실제 지배회사의 투자주식과, 종속회사에 대한 지배회사의 지분은 내부거래로 상계되어야 하지만 해당 이야기는 '투자–자본상계'에서 설명하고자 한다.

앞에서 이야기한 것처럼 지배회사와 종속회사의 재무제표를 합산하는 것에서 연결결산 절차가 시작되는데, 재무제표 합산 이외에 연결조정 사항이 없다면 연결재무제표상 자본은 ₩600으로 표시되며 해당 자본은 '지배지분[1)]'으로 간주된다. 따라서 표시된 자본 ₩600을 바라보는 재무정보 이용자는 지배회사의 자본과 종속회사의 자본이 합산된 ₩600 전부를 지배지분의 몫으로 오해할 여지가 있다. 재무제표를 합산하는 과정에서는 지배지분에 해당하는 자본의 몫과 비지배지분에 해당하는 자본의 몫을 구분하여 표시하는 절차가 없기 때문이다.

1) 그림의 '재무제표 합산'을 확인해보자.

따라서 ₩600 중에 비지배지분의 몫 ₩80[2]이 있다는 사실을 표현하기 위해 합산재무제표상 자본, 즉 지배지분을 차감하고 비지배지분을 별도로 생성하는 회계처리를 수행해야 한다. 해당 절차를 통해 연결재무제표상 자본은 지배지분의 몫과 비지배지분의 몫이 ₩520[3]과 ₩80으로 각각 표시된다.

"최초 연결 이후에 종속회사의 자본이 변동한다면…."

그렇다면 최초 연결 이후에 종속회사의 자본이 변동한다면 비지배지분의 몫은 어떻게 표현될까? 최초 연결 시와 방식은 동일하다. 다만, 최초 연결 당시 이미 비지배지분의 몫은 배부했기 때문에 그 이후에 발생하는 종속회사의 자본 변동분만 비지배지분의 몫으로 재배부하면 된다. 다만, **'세 번째 이야기의 05. 연결회계장부가 없다고요?'**에서 이야기한 것처럼 연결회계장부는 별도로 관리하지 않기 때문에 최초 취득 시의 연결조정 사항도 계속 가져가야 한다.

상기 사례에서 지배회사와 종속회사의 당기순이익 증가로 이익잉여금이 각각 ₩200 및 ₩100 증가하였다고 하자.

---

2) 종속회사의 자본 ₩200에서 비지배지분의 지분율 40%를 계산하여 ₩80이 산출된다.
3) 실제 종속회사의 자본 ₩200 중에 지배지분의 몫 ₩120은 지배회사의 투자주식과의 내부거래에 해당하므로 상계되지만 논의의 편의를 위해 해당 절차는 '투자-자본상계'에서 별도로 설명하기로 한다.

❙ 최초 연결 이후 비지배지분의 배부 ❙

※ 지배회사와 종속회사의 당기순이익 증가로 이익잉여금이 각각 ₩200 및 ₩100 증가하였다.

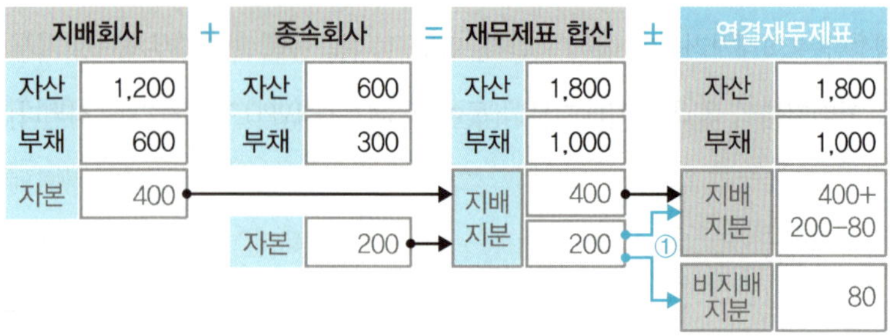

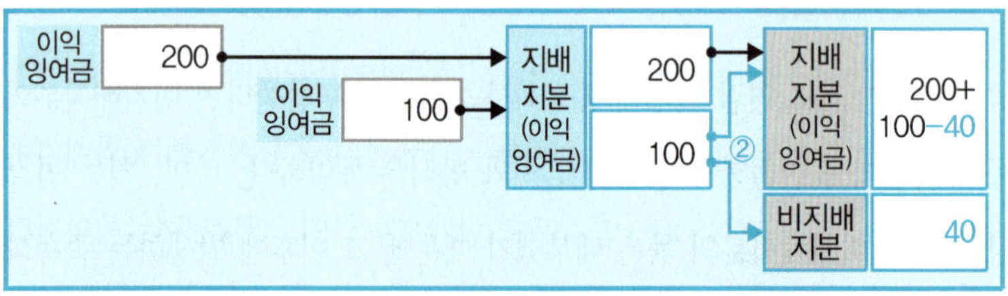

①	Dr) 자본−지배지분	80	Cr) 비지배지분	80

최초 연결 시에 발생한 연결조정 사항으로 연결조정 결과는 누적적으로 관리하여야 한다.
→ 이해가 되지 않는다면 '세 번째 이야기의 05. 연결회계장부가 없다고요?'를 다시 읽어보자.

②	Dr) 이익잉여금−지배지분	40	Cr) 비지배지분−이익잉여금	40

종속회사의 이익잉여금 등도 종속회사의 자본변동이므로 비지배지분으로 별도로 배부하지 않으면 지배지분으로 귀속되는 것으로 오해되기 쉽다.

연결재무제표를 작성하기 위해 지배회사와 종속회사의 재무제표를 합산하면 지배회사의 최초 자본 ₩400 및 이익잉여금의 증가분 ₩200과, 종속회사의 최초 자본 ₩200 및 이익잉여금의 증가분 ₩100은 전부 지배지분으로 귀속된다. 하지만 종속회사의 최초 자본 ₩200과 이익잉여금의 증가분 ₩100 중에 40%는 비지배지분의 몫이므로 ₩80 및 ₩40이 각각 비지배지분의 자본 및 잉여금으로 연결재무제표에 표시되어야 한다.

• 비지배지분을 산출하기 위한 일반적인 연결조정 회계처리 •

■ 최초 지배-종속관계 성립 시

Dr) 자본-지배지분	80	Cr) 비지배지분	80

■ 종속회사의 당기순이익 ₩100 증가 시

Dr) 이익잉여금-지배지분	40	Cr) 비지배지분-이익잉여금	40

논의의 편의를 위해 종속회사의 자본변동을 자본 및 이익잉여금에 한정하여 사례를 들었지만 실제 자본변동 등을 포함하여 종속회사의 모든 자본변동 항목은 전부 비지배지분의 몫을 별도로 계산하여 연결재무제표에 표시하여야 한다.

특히, 종속회사가 해외법인인 경우에는 외화재무제표 환산 과정에서 '해외사업환산손익'이 발생하는데, '해외사업환산손익' 또한 종속회사의 자본변동이기 때문에 해당 항목도 비지배지분의 몫을 별도로 계산하여야 한다는 점을 잊지 말아야 한다.

요약정리

- 연결실체이론에 따르면 지배회사의 지분율과 상관없이 지배회사와 종속회사의 재무제표를 100% 합산하여 연결재무제표를 작성하도록 되어 있으며, 합산된 재무제표상의 지배회사와 종속회사의 자본은 전부 지배회사의 자본으로 간주된다.
- 따라서 지배회사가 100% 미만의 지분율을 통해 종속회사를 지배하고 있는 경우에는 연결재무제표상 자본항목에 비지배지분의 몫을 별도로 표시하도록 되어 있다.
- 비지배지분의 몫으로 배부해야 하는 종속회사의 자본항목에는 자본금, 이익잉여금뿐만 아니라 외화재무제표를 환산하는 과정에서 발생하는 '해외사업환산손익'도 포함된다.

02

어, 내가 판 제품에 대한 이익이 가짜라고요? (1)

재고자산 미실현손익 제거

연말이 되면 찰스종합회사는 그룹차원에서 지배회사와 종속회사의 성과를 각각 평가하고 있는데, 기획부서장인 태윤이는 회사별 성과평가 결과가 적정한지에 대해 확신이 서지 않는다. 찰스그룹의 사업구조가 관계사 간 손익이 맞물려 있기 때문이다.

▌찰스그룹의 물류흐름 구조▐

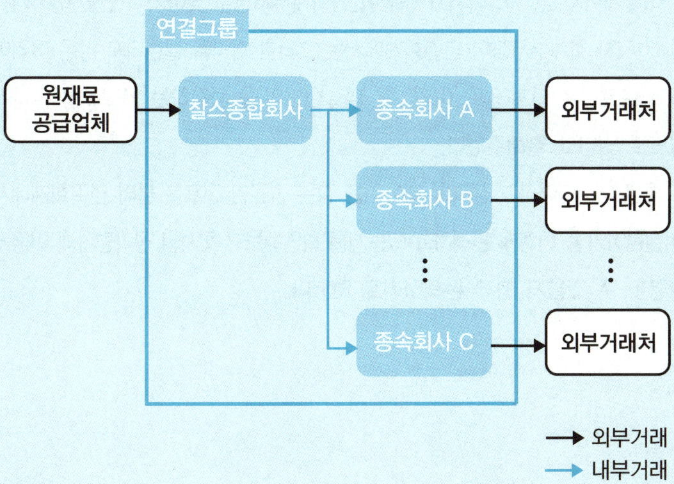

찰스그룹의 지배회사인 찰스종합회사는 외부에서 공급받은 원재료를 가지고 제품을 생산하여 종속회사에 팔고, 종속회사는 이를 외부에 판매하는 구조로 사업을 운영하고 있다. 또한 매년 예산관리를 통해 찰스그룹은 종속회사에 외부 판매량을 공격적으로 책정하고 있는데, 요즘 글로벌 경영환경이 녹록하지 않아 종속회사들이 예산 목표량을 달성하기 어려워하고 있다.

이런 상황인데도 찰스종합회사가 사전에 책정한 예산 목표량에 따라 제품을 종속회사에 자꾸 보내서 종속회사에서는 매출은 늘지 않는데 재고만 자꾸 쌓인다는 불만이 제기되고 있다. 반면에 찰스종합회사는 종속회사의 재고 수준과는 상관없이 종속회사에 책정한 예산 목표량에 따라 제품을 판매하다 보니 이익이 저절로 쌓이고 있다.

그룹의 성과를 관리하고 있는 기획부서의 입장에서 보면 찰스종합회사의 이익이 과대 포장된 것이 아닌가 하는 생각이 든다. 찰스그룹의 전체적인 입장에서는 각 종속회사가 실제 외부에 제품을 판매해야 이익이 발생한다고 볼 수 있을 텐데 찰스종합회사는 종속회사의 외부판매와는 상관없이 이익이 발생하고 있으니 말이다.

이렇게까지 생각이 미치자 태윤이는 회계부서장을 찾아가 고민을 이야기했다. 그러자 회계부서장이 연결회계에서는 그러한 이익을 실현되지 않은 이익이라고 보고 실현되지 않은 이익, 즉 '미실현이익'을 차감하는 연결조정 절차가 별도로 있다고 말해주었다.

좋은 아이디어라고 생각한 태윤이는 같은 팀원인 진표를 불러 연결회계에서 '미실현이익'을 어떻게 관리하고 있는지를 확인해보고 회사별 성과평가에 어떻게 반영할 수 있을지 함께 논의하기로 하였다.

“ ‘미실현이익’을 이해하는 것이 중요한 이유 ”

필자는 연결회계 실무에서 가장 중요한 과정 중 하나가 ‘미실현이익’이고, 특히 재고자산과 관련된 ‘미실현이익’이 무척 중요하다고 생각한다. 재고자산과 관련된 ‘미실현이익’은 실제 연결회계에서 자주 발생하는 내부거래 중 하나이며, 특히 기업의 성과를 관리하는 데 매우 중요한 연결조정 사항이기 때문이다.

찰스종합회사가 원가가 ₩100인 제품을 종속회사 A에게 ₩150에 팔고 종속회사 A는 해당 제품을 ₩250에 외부에 판다고 가정하자. 그리고 ① 찰스종합회사가 판매한 제품을 종속회사 A가 외부에 판매한 경우와, ② 찰스종합회사가 판매한 제품을 종속회사 A가 그대로 재고로 가지고 있는 경우를 가정하여 개별회계 및 연결회계에서 재무정보가 어떻게 관리되는지를 살펴보자.

| 찰스그룹의 물류흐름 사례 : 개별회계기준 |

사례 ① 찰스종합회사가 판매한 제품을 종속회사 A가 외부에 판매한 경우

사례 ② 찰스종합회사가 판매한 제품을 종속회사 A가 그대로 재고로 가지고 있는 경우

개별회계기준에서 살펴보면 종속회사 A가 외부거래처에 제품을 판매했는지 여부에 따라 종속회사 A는 이익이 발생하거나 발생하지 않는다. 즉, 사례 ①의 경우에는 외부판매에 따라 종속회사 A에 ₩100의 이익이 발생하지만, 사례 ②의 경우에는 외부판매가 이루어지지 않았기 때문에 종속회사 A에 이익이 발생하지 않는다. 반면에 찰스종합회사의 경우에는 종속회사 A가 외부거래처에 제품을 판매하느냐의 여부와 상관없이 사례 ①과 ② 모두에서 제품판매에 따른 ₩50의 이익이 발생한다. 이를 재무정보로 살펴보면 아래와 같다.

❙ 찰스종합회사와 종속회사 A의 개별재무정보 ❙

① 찰스종합회사가 판매한 제품을 종속회사 A가 외부에 판매한 경우

찰스종합회사 → 종속회사 A → 외부거래처

개별 P/L	
매출	₩150
매출원가	₩100
매출총이익	₩50

개별 P/L	
매출	₩250
매출원가	₩150
매출총이익	₩100

개별 P/L(단순합산)	
매출	₩400
매출원가	₩250
매출총이익	₩150

개별 B/S	
재고자산	₩0
매출채권	₩150
종속회사 A	150
매입채무	
	–

개별 B/S	
재고자산	₩0
매출채권	₩250
외부거래처	250
매입채무	₩150
찰스종합회사	150

연결 B/S(단순합산)	
재고자산	₩0
매출채권	₩400
종속회사 A	150
외부거래처	250
매입채무	₩150
찰스종합회사	150

② 찰스종합회사가 판매한 제품을 종속회사 A가 그대로 재고로 가지고 있는 경우

개별 P/L	
매출	₩150
매출원가	₩100
매출총이익	₩50

개별 P/L	
매출	₩0
매출원가	₩0
매출총이익	₩0

개별 P/L(단순합산)	
매출	₩150
매출원가	₩100
매출총이익	₩50

개별 B/S	
재고자산	₩0
매출채권	₩150
종속회사 A	150
매입채무	
	–

개별 B/S	
재고자산	₩150
매출채권	0
외부거래처	0
매입채무	₩150
찰스종합회사	150

연결 B/S(단순합산)	
재고자산	₩150
매출채권	₩150
종속회사 A	150
외부거래처	0
매입채무	₩150
찰스종합회사	150

①과 ②의 사례를 살펴보면, 찰스종합회사는 종속회사 A의 외부판매와 상관없이 자신의 의지에 따라 자신의 개별재무제표에 언제라도 자신이 원하는 이익을 의도대로 만들 수 있다는 것을 알 수 있다. 찰스종합회사가 종속회사 A에 대한 의사결정권을 가지고 있기 때문에 종속회사 A는 재고가 아무리 늘어날지라도 찰스종합회사가 종속회사 A에 제품을 판매하는 의사결정을 거부할 수 없기 때문이다.

하지만 이러한 회계처리는 어딘가 어색하다. 종속회사 A 입장에서 보면 재고가 너무 많이 쌓이는 것은 회사 입장에서는 좋은 시그널이 아니기 때문이다. 따라서 찰스종합회사와 특수관계가 아니라면 종속회사 A가 찰스종합회사의 제품 매입 요청을 거절할 것이라는 것은 당연하다. 따라서 해당 거래로 찰스종합회사의 의도에 따라 찰스종합회사의 이익이 늘어나고 종속회사 A의 재고자산이 늘어나는 것은 조정할 필요가 있어 보인다.

| 찰스그룹의 물류흐름 사례 : 연결회계기준 |

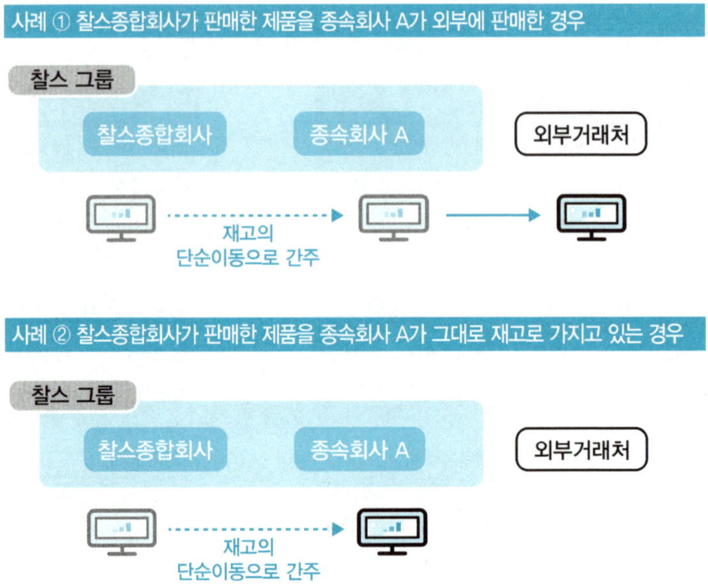

연결회계에서도 이러한 입장을 받아들여, 사례 ②의 경우에는 찰스종합회사에서 종속회사 A로 제품이 판매되는 것은 제품판매가 아니라 단순한 재고의 이동이라고 간주한다. 찰스종합회사는 제품판매를 위한 충분한 노력 없이도 종속회사 A에 원하는 만큼의 제품을 언제라도 팔 수 있기 때문이다.

따라서 연결회계 입장에서는 찰스종합회사에서 종속회사 A로의 제품판매는 단순한 재고자산의 이동이라는 '내부거래'로 간주한다. 따라서 관련된 회계처리를 전부 취소, 즉 찰스종합회사가 내부거래로 인식한 이익도 취소하고 관련된 재고자산거래도 취소하도록 규정하고 있다. 만약 찰스종합회사와 종속회사 A가 한 회사라면 단순한 재고의 이동이기 때문에 이익이 발생할 수도 없고 제품의 가치가 변할 수는 없다.

반면에 사례 ①의 경우에는 찰스종합회사에서 종속회사 A로 제품이 이동한 후에 외부에 판매된 것으로 볼 수 있다. 따라서 찰스종합회사가 직접 외부에 제품을 판 것과 동일한 효과가 나타난다. 사례 ①과 ②에 대한 연결재무제표를 작성해보면 아래 그림과 같다.

❙ 찰스종합회사와 종속회사 A의 연결재무정보 ❙

① 찰스종합회사가 판매한 제품을 종속회사 A가 외부에 판매한 경우

찰스종합회사 → 종속회사 A → 외부거래처

개별 P/L		개별 P/L		연결조정 P/L		연결 P/L	
매출	₩150	매출	₩250	매출	(-)150	매출	₩250
매출원가	₩100	매출원가	₩150	매출원가	(-)150	매출원가	₩100
매출총이익	₩50	매출총이익	₩100			매출총이익	₩150

개별 B/S		개별 B/S		연결조정 B/S		연결 B/S	
재고자산	₩0	재고자산	₩0	재고자산	₩0	재고자산	₩0
매출채권	₩150	매출채권	₩250	매출채권	(-)150	매출채권	₩250
종속회사 A	150			종속회사 A	(-)150	종속회사 A	0
		외부거래처	250			외부거래처	250
매입채무		매입채무	₩150	매입채무	(-)150	매입채무	₩0
	–	찰스종합회사	150	찰스종합회사	(-)150	찰스종합회사	0

② 찰스종합회사가 판매한 제품을 종속회사 A가 그대로 재고로 가지고 있는 경우

개별 P/L		개별 P/L		연결조정 P/L		연결 P/L	
매출	₩150	매출	₩0	매출	(−)150	매출	₩0
매출원가	₩100	매출원가	₩0	매출원가	(−)100	매출원가	₩0
매출총이익	₩50	매출총이익	₩0			매출총이익	₩0

개별 B/S		개별 B/S		연결조정 B/S		연결 B/S	
재고자산	₩0	재고자산	₩150	재고자산	(−)50	재고자산	₩100
매출채권	₩150	매출채권	₩0	매출채권	(−)150	매출채권	₩0
종속회사 A	150			종속회사 A	(−)150	종속회사 A	0
		외부거래처	0			외부거래처	0
매입채무		매입채무	₩150	매입채무	(−)150	매입채무	₩0
–		찰스종합회사	150	찰스종합회사	(−)150	찰스종합회사	0

사례 ①을 구체적으로 살펴보면, 개별회계기준과 연결회계기준에서 이익은 ₩150으로 동일하다. 다만, 찰스종합회사와 종속회사 A 간의 내부거래가 연결조정 사항으로 차감될 뿐이다. 즉, 종속회사 A와의 거래를 통해 찰스종합회사에서 발생한 매출 ₩150과 매출채권 ₩150이 차감되고, 찰스종합회사와의 거래를 통해 종속회사 A에서 발생한 매입, 즉 매출원가[4] ₩150과 매입채무 ₩150이 차감된다.

따라서 연결재무제표에는 매출 ₩250, 매출원가 ₩100 그리고 매출채권 ₩250이 기록된다. 여기서 재미있는 점은 사례 ①의 연결재무제표 수치를 잘 살펴보면 찰스종합회사에서 종속회사 A를 거치지 않고 외부거래처에

4) 종속회사 A가 찰스종합회사로부터 매입한 제품은 재고자산을 거쳐 외부거래처에 판매될 때 매출원가로 표시되기 때문에 매입은 결국 매출원가로 계정대체된다는 의미이다.

직접 판매한 것과 결과가 동일하다는 것이다. 즉, 연결회계 관점에서 해당 거래를 해석해보면 찰스종합회사에서 종속회사 A로 ₩100짜리 재고자산을 이동시킨 후에 외부거래처에 ₩250에 판매했다고 볼 수 있다.

하지만 사례 ②를 구체적으로 살펴보면, 개별회계기준과 연결회계기준의 이익이 다르다는 것을 알 수 있다. 개별회계기준에서는 찰스종합회사에 ₩50의 이익이 발생한다고 표시되지만 연결회계기준에서는 이익이 전혀 발생하지 않는다고 표시[5]된다. 그리고 연결회계기준에서는 재고자산도 ₩150이 아니라 ₩100으로 표시된다. 왜 이런 결과가 발생하는 걸까?

앞에서 이야기한 연결회계 관점을 적용해보면 쉽게 이해할 수 있다. 즉, 찰스종합회사는 종속회사 A로 재고자산을 이동시켰지만 외부거래처에 판매되지 않았기 때문에 종속회사 A에 그대로 남아 있다는 의미이다. 연결회계 입장에서는 찰스종합회사에서 종속회사 A로의 재고자산 이동은 연결실체 내에서의 재고자산 단순이동이기 때문에 제품판매 이익이 발생하지 않고 재고자산 또한 단순이동이므로 ₩150이 아니라 ₩100으로 표시되어야 한다는 것이다. 따라서 연결조정에서는 찰스종합회사와 종속회사 A와의 내부거래인 매출 ₩150 및 매출원가 ₩100을 조정하여 이익 ₩50을 차감하고, 재고자산 또한 ₩50을 차감한다.

이때 개별회계기준과 연결회계기준의 이익이 다른 경우에 해당 이익을 '미실현이익'이라고 한다.

5) 즉, 개별거래에서는 이익이 발생했으나 연결회계를 통해 이익이 취소되는 것을 '미실현이익이 발생했다'라고 표현한다.

“ 미실현이익이 발생하는 환경을 이해하자! ”

여기서 놓치지 말아야 할 사항은 연결대상 회사 간에 내부거래가 발생했다고 해서 ‘미실현이익’이 항상 발생하는 것은 아니라는 사실이다. 사례 ②와 같이 ‘미실현이익’은 일정한 조건이 충족되는 경우에 한해서만 발생한다는 사실을 이해하는 것이 중요하다.

> **• 미실현이익이 발생하는 조건=1) & 2) •**
>
> 1) 연결대상 회사 간 내부거래를 통해 거래 상대방에 이익이 발생해야 한다.
> 2) 또한 이익이 발생한 연결대상 회사(ex 찰스종합회사)의 상대 회사(ex 종속회사 A)는 이익이 발생한 거래를 외부거래처와 거래하지 않고 자산으로 가지고 있어야 한다.

즉, 앞에서 본 사례 ②처럼 찰스종합회사는 종속회사 A와의 제품판매라는 내부거래를 통해 이익이 발생하고, 종속회사 A는 해당 제품거래를 통해 발생한 재고자산을 외부거래처에 판매하지 않은 상태여야 한다는 의미이다.

다만, 연결대상 회사 간에 내부거래가 발생할지라도 내부거래로 발생한 미실현이익이 외부로 이전된다면 미실현이익은 실현된 것으로 볼 수 있는데 사례 ①이 바로 그런 경우이다.

미실현이익 vs. 실현이익의 의미

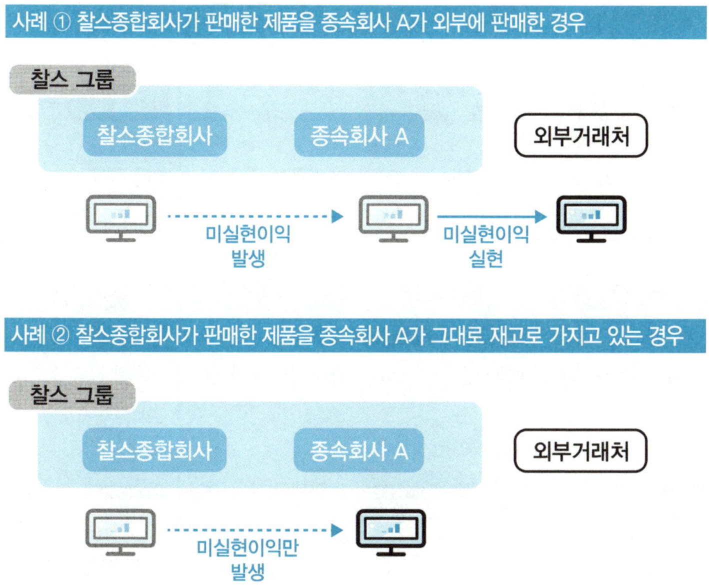

또한, 내부거래가 발생했지만 원가 그대로 재고자산 등을 판매했다면 외부거래가 발생하지 않아도 미실현이익이 발생하지 않는다는 사실도 놓치지 말아야 한다.

상기 사례 ②를 변형해서 찰스종합회사가 종속회사에 ₩100짜리 제품을 원가 그대로 ₩100에 판매하고 종속회사는 해당 재고자산을 그대로 가지고 있는 경우를 가정해보자.

| 제품원가 그대로 물류흐름이 발생할 경우 찰스그룹의 연결재무제표 |

개별 P/L		개별 P/L		연결조정 P/L		연결 P/L	
매출	₩100	매출	₩0	매출	(−)100	매출	₩0
매출원가	₩100	매출원가	₩0	매출원가	(−)100	매출원가	₩0
매출총이익	₩0	매출총이익	₩0			매출총이익	₩0

개별 B/S		개별 B/S		연결조정 B/S		연결 B/S	
재고자산	₩0	재고자산	₩100	재고자산	0	재고자산	₩100
매출채권	₩100	매출채권	₩0	매출채권	(−)100	매출채권	₩0
종속회사 A	100			종속회사 A	(−)100	종속회사 A	0
		외부거래처	0			외부거래처	0
매입채무		매입채무	₩100	매입채무	(−)100	매입채무	₩0
–		찰스종합회사	100	찰스종합회사	(−)100	찰스종합회사	0

해당 거래를 자세히 살펴보면 종속회사 A와의 내부거래를 통해 찰스종합회사에 이익이 발생하지 않았으므로[6] 종속회사 A가 외부거래처와 거래를 했는지 여부와 상관없이 미실현이익이 발생하지 않는다는 사실을 알 수 있다.

6) 종속회사 A에 제품을 판매했지만 찰스종합회사의 개별 P/L상 '매출총이익'은 '₩0'이다.

03

어, 내가 판 제품에 대한 이익이 가짜라고요? (2)

재고자산 미실현손익 제거

여기까지 이해했다면 재고자산의 미실현이익을 대부분 이해했다고 볼 수 있다. 다만, 다섯 번째 이야기의 서두에 언급한 것처럼 연결회계가 복잡한 이유 중 하나가 연결조정 과정에서 비지배지분에 대한 몫을 배부해야 하는 것이다. 미실현이익 또한 연결조정의 하나이며 자본이 변동하기 때문에 미실현이익의 유형에 따라 비지배지분으로 배부해야 하는 경우가 발생한다. 조금 더 복잡해졌지만 기본적인 사항은 앞에서 이야기한 것과 동일하다.

“ '미실현이익'의 유형 01. 하향판매 ”

'미실현이익'은 거래 유형에 따라 '하향판매' 및 '상향판매' 두 가지 유형으로 구분된다. 미실현이익의 유형을 구분하여 이야기하는 이유는 미실현이익의 유형에 따라 비지배지분을 고려하는 방식이 다르기 때문이다.

지배회사가 종속회사에게 마진(Margin)을 붙여 제품을 판매하고 종속회사가 해당 제품을 외부에 판매하지 않고 그대로 가지고 있는 경우를 생각해보자.

우선 내부거래를 통해 이익이 발생하고 해당 내부거래가 외부거래로 이어지지 않는다는 점에서 '미실현이익'의 발생조건에 충족된다는 사실을 알 수 있다.

그리고 해당 거래는 개별재무제표상 지배회사의 이익으로 표기되는데, 연결회계 입장에서는 미실현이익이므로 차감되어야 할 이익이다. 또한 일반적으로는 당기순이익도 자본에 반영되는 항목이기 때문에 연결손익계산서상에 있는 연결총당기순이익을 지배지분당기순이익과 비지배지분당기순이익으로 구분해서 표시[7)]해야 한다. 이때, 지배회사에서 발생한 미실현이익은 전부 지배지분당기순이익에서 차감되어야 한다. 종속회사의 자본변동만을 비지배지분으로 배부하기 때문이다. 이렇듯 '미실현이익'이 지배지분의 당기순이익에만 영향을 미치는 경우, 즉 비지배지분으로 배부하지 않는 경우를 '하향판매'라고 한다.

하향판매의 거래 예시

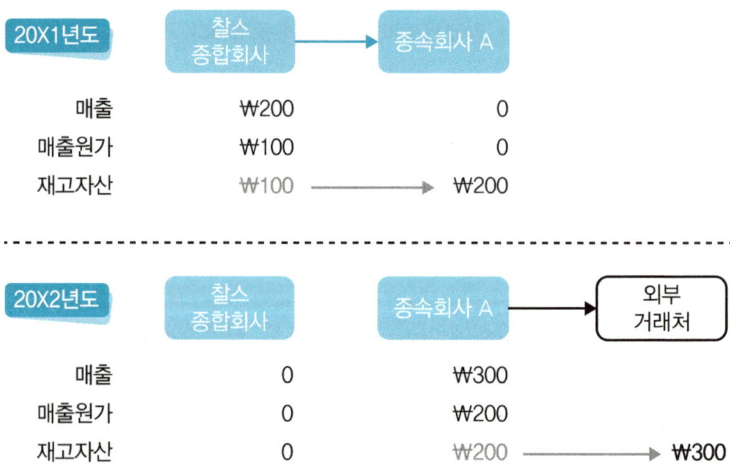

7) '지배지분'과 '비지배지분'을 구분해서 표시해야 한다는 의미다.

찰스종합회사는 종속회사 A의 주식을 60% 취득하여 지배-종속관계가 성립하였다고 하자. 또한 상기 그림처럼 지배회사인 찰스종합회사가 20X1년도에 종속회사에게 ₩100에 해당하는 제품을 ₩200에 판매하고, 종속회사 A는 20X1년도에는 재고자산을 취득가액인 ₩200 그대로 가지고 있다가 20X2년도에 외부거래처에 ₩300으로 판매했다고 해보자.

연결실체 입장에서 20X1년도 해당 거래는 재고자산의 단순이동이므로 내부거래로 인식되어 제거되어야 하며, 관련된 이익도 '미실현이익'으로 제거되어야 한다. 즉, ① 찰스종합회사와 종속회사 A 간 매출-매입거래는 취소되어야 하며, ② 종속회사 A가 인식한 재고자산 또한 ₩200이 아니라 찰스종합회사가 인식하고 있는 재고자산가액인 ₩100으로 인식되어야 한다. 즉, 찰스종합회사와 종속회사 A는 연결입장에서는 한 회사이므로 회사 내 재고자산이 이동(찰스종합회사 → 종속회사 A)했다고 해서 재고자산가액이 변동되는 것은 아니기 때문이다. 다른 방식으로 이야기하면 찰스종합회사로부터 종속회사 A로 재고자산이 이동하면서 재고자산가액이 ₩100만큼 과대하게 계상되었기 때문에 이를 취소, 즉 미실현이익을 제거하는 절차로 이해할 수 있다. 이를 연결조정 분개로 나타내면 아래와 같다.

• 하향판매일 경우 미실현이익의 제거 •

① 찰스종합회사와 종속회사 A 간의 매출관련 내부거래의 제거

Dr) 매출	200	Cr) 매출원가	200

② 종속회사 A에 과대계상된 재고자산가치의 제거

Dr) 매출원가	100	Cr) 재고자산	100

| 미실현이익 발생 시 연결조정 : 하향판매 |

20X1년도

	개별 F/S		연결결산 절차			
			단순합산	연결조정		연결 F/S
	찰스 종합회사	종속회사 A		비지배지분 배부	미실현손익 제거	
매출	₩200	₩0	₩200	–	(–)200 ①	₩0
매출원가	100	0	100	–	(–)200 ① +100 ②	0
매출총이익	₩100	₩0	₩100	–	(–)100	₩0
⋮						
당기순이익	₩100	₩0	₩100 ③	–	–	–
지배지분 당기순이익	–	–	–	₩100	(–)100	₩0
비지배지분 당기순이익	–	–	–	0	–	0
⋮						
재고자산	₩0	₩200	₩200	–	(–)100 ②	₩100

① 찰스종합회사와 종속회사 A 간의 매출–매입거래를 제거한다.
② 종속회사 A의 재고자산가액이 ₩100 과대인식되었으며, 해당 미실현이익을 제거한다.
③ 지배회사의 자본변동만 존재하므로 비지배지분에 대한 배부는 발생하지 않는다.
자세한 내용은 '다섯 번째 이야기의 01. 비지배지분의 몫은 어떻게 나눠줄까?'를 참조하자.

'미실현이익'과 관련하여 한 가지 더 알아둘 점은 미실현이익은 언젠가는 실현된다는 것이다. 실제 연결회계와 관련된 자문을 하다 보면 생각 외로 많은 사람들이 '미실현이익'은 영원히 실현되지 않는다고 오해하는 경우를 자주 접하게 된다. 하지만 연결대상 회사 간의 내부거래로 발생한 '미실현이익'은 외부에 판매될까지는 이익이 아니라는 개념으로 외부에 판매되는 순간에 결국 실현된다.

20X2년 연결조정 사항을 통해 미실현이익이 실현되는 과정을 알아보자.

사례에서 20X2년도의 미실현이익 실현에 따른 연결조정 절차를 살펴보면, 우선 찰스종합회사가 20X1년도 개별재무제표에서 인식한 미실현이익 ₩100은 20X2년도 개별재무제표에 이익잉여금으로 차기이월되었다는 사실을 알 수 있다. 20X1년도에 발생한 미실현이익은 20X1년도의 연결조정 분개를 통해 제거되었지만 개별재무제표를 합산하는 20X2년도의 연결절차상 찰스종합회사의 개별재무제표에는 여전히 포함되어 있으며, 1년이 지났으므로 이익잉여금으로 반영되었다는 사실을 잊지 말아야 한다. 따라서 ① 20X2년도에는 찰스종합회사의 개별재무제표에 남아 있는 미실현이익을 제거하여야 한다. 또한 ② 20X2년도에는 해당 미실현이익이 실현되었기 때문에 이를 실현하는 분개, 즉 ₩100의 이익을 조정하는 분개를 생성하여야 한다. 즉, 해당 거래는 20X2년도에 ₩100짜리 재고자산을 ₩300에 판매하는 거래로 인식해야 한다는 의미이다. 참고로 미실현이익의 실현을 표현하기 위해서는 미실현이익이 발생한 당시에 인식한 연결조정 분개의 반대 분개를 생성해주면 된다. 이를 연결조정 분개로 나타내면 아래와 같다.

• 하향판매일 경우 미실현이익의 실현과 관련된 연결조정 분개 •

① 찰스종합회사의 개별재무제표에 남아 있는 미실현이익을 제거하는 조정

Dr) 이익잉여금	100	Cr) 재고자산	100

② 20X1년도 미실현이익의 20X2년도 실현에 따른 조정

Dr) 재고자산	100	Cr) 매출원가	100

다만, ③ 종속회사 A의 개별재무제표상 당기순이익이 ₩100 증가하였으므로 종속회사 A의 자본변동분을 지배회사와 종속회사로 배분하는 절차가 필요하다. 해당 분개는 미실현이익과는 직접적인 관련이 없지만 연결회계 전체적으로는 필요한 분개이다.

• 종속회사 자본변동에 따른 비지배지분의 배분 •

③ 종속회사 A의 당기순이익 증가분에 대한 비지배지분의 몫을 안분

Dr) 이익잉여금–지배지분 40 Cr) 비지배지분–이익잉여금 40

❙ 미실현이익 실현 시 연결조정 : 하향판매 ❙

20X2년도

	개별 F/S		연결결산 절차: 단순합산	연결결산 절차: 연결조정		연결 F/S
	찰스 종합회사	종속회사 A		비지배지분 배부	미실현손익 제거	
매출	₩0	₩300	₩300	–	–	₩300
매출원가	0	200	200	–	(–)100	100
매출총이익	₩0	₩100	₩100	–	100	₩200
⋮						
당기순이익	₩0	₩100	₩100	–	–	–
지배지분 당기순이익	–	–	–	₩60	100	₩160
비지배지분 당기순이익	–	–	–	40	–	40
⋮						
재고자산	₩0	₩0	₩0	–	(–)100 100	₩0
기초 이익잉여금	100	–	100	–	0	
지배지분 이익잉여금	–	–		100	(–)100	0
비지배지분 이익잉여금	–	–	–	–	–	0

① 20X1년도에 발생한, 찰스종합회사의 20X2년도 개별재무제표에 남아 있는 미실현이익을 제거한다.
② 20X1년도에 발생한 미실현이익이 20X2년도에 실현되었으므로 이를 반영하는 조정 분개를 생성한다.
③ 종속회사 A의 개별재무제표상 자본이 변동되었으므로 비지배지분에 대한 배부가 발생한다.
자세한 내용은 '다섯 번째 이야기의 01. 비지배지분의 몫은 어떻게 나눠줄까?'를 참조하자.

“ ‘미실현이익’의 유형 02. 상향판매 ”

‘미실현이익’의 두 번째 거래 유형으로는 ‘상향판매’가 있다. ‘상향판매’란 ‘하향판매’와 반대의 경우로 종속회사가 지배회사에 마진을 붙여 제품을 판매하고 지배회사가 해당 제품을 외부에 판매하지 않고 가지고 있는 거래를 의미한다.

해당 거래는 종속회사의 개별재무제표상 제품판매에 따른 이익으로 표기되겠지만 연결결산 단계에서는 ‘미실현이익’으로 인식하여 해당 이익을 차감하여야 한다. 이때 ‘하향판매’와는 달리 종속회사에서 발생한 미실현이익은 지배지분과 비지배지분의 이익을 지분율에 따라 차감하여야 하는데, 연결결산 단계에서 종속회사의 자본변동이 지배지분과 비지배지분으로 배분되어야 하는 논리[8]와 동일하다.

상향판매의 거래 예시

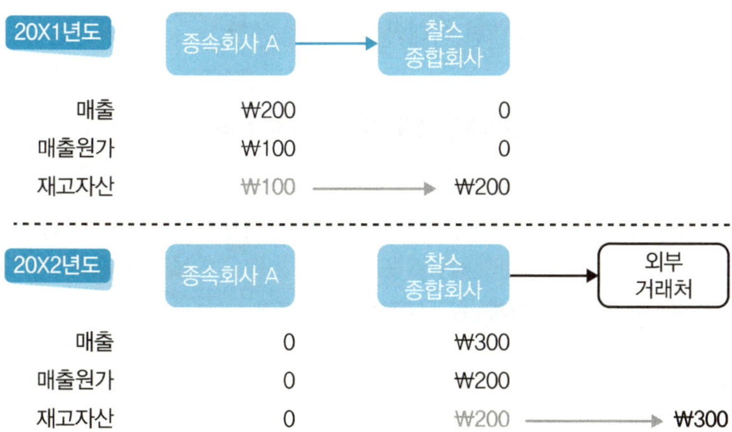

8) ‘다섯 번째 이야기의 01. 비지배지분의 몫은 어떻게 나눠줄까?’를 참조하자.

찰스종합회사는 종속회사 A의 주식을 60% 취득하여 지배-종속관계가 성립하였다. 또한 그림처럼 종속회사 A가 20X1년도에 지배회사인 찰스종합회사에게 ₩100에 해당하는 제품을 ₩200에 판매하고, 찰스종합회사는 20X1년도에는 재고자산으로 그대로 가지고 있다가 20X2년도에 ₩300에 판매했다고 해보자.

사례에서 20X1년도 연결조정 절차를 살펴보면, 종속회사 A의 개별재무제표상 당기순이익[9)]이 변동하였기 때문에 미실현이익의 발생여부와 관계없이 지분율에 따라 ④ 지배지분당기순이익과 비지배지분당기순이익으로 안분하여 인식된다. 다만, 연결실체 입장에서 해당 거래는 재고자산의 단순이동이므로 ① 내부거래 관점에서 제거되어야 하며, ② 관련된 이익도 '미실현이익'으로 제거되어야 한다. 이때, ③ 종속회사에서 발생된 당기순이익을 제거하는 개념이므로 미실현이익은 지배지분당기순이익과 비지배지분당기순이익을 지분율에 따라 각각 차감하는 방식으로 표현된다. 이를 연결조정 분개 및 그림으로 나타내면 아래와 같다.

• 상향판매일 경우 미실현이익의 제거 •

① 종속회사 A와 찰스종합회사 간의 매출관련 내부거래의 제거

Dr) 매출	200	Cr) 매출원가	200

② 찰스종합회사에 과대계상된 재고자산가치의 제거

Dr) 매출원가	100	Cr) 재고자산	100

9) 논의의 편의를 위해 종속회사 A의 당기순이익 ₩100은 찰스종합회사와의 거래에서만 발생한 것으로 표현하였다. 하지만 실무에서는 찰스종합회사와의 거래 이외에서 발생하는 당기순이익 또한 비지배지분으로 배부되어야 한다.

③ 종속회사 A의 미실현이익 발생에 따른 지배지분의 배부

Dr) 비지배지분-당기순이익 40 Cr) 지배지분당기순이익 40

④ 종속회사 A의 개별재무제표상 당기순이익 발생에 따른 비지배지분의 배부

Dr) 지배지분당기순이익 40 Cr) 비지배지분-당기순이익 40

❙ 미실현이익 발생 시 연결조정 : 상향판매 ❙

20X1년도

	개별 F/S		연결결산 절차			연결 F/S
			단순합산	연결조정		
	종속회사 A	찰스 종합회사		비지배지분 배부	미실현손익 제거	
매출	₩200	₩0	₩200	–	(–)200 ①	₩0
매출원가	100	0	100	–	(–)200 ① +100 ②	0
매출총이익	₩100	₩0	₩100	–	(–)100 ③	₩0
⋮						
당기순이익	₩100	₩0	₩100 ④	–	–	–
지배지분 당기순이익	–	–	–	₩60 ④	(–)60 ③	₩0
비지배지분 당기순이익	–	–	–	40 ④	(–)40 ③	0
⋮						
재고자산	₩0	₩200	₩200	–	(–)100 ②	₩100

① 종속회사 A와 찰스종합회사 간의 매출-매입거래를 제거한다.
② 찰스종합회사 A의 재고자산가액이 ₩100 과대인식되었으며, 해당 미실현이익을 제거한다.
③ 미실현이익은 종속회사의 자본변동이므로 비지배지분에 대한 배부가 필요하다.
④ 미실현이익의 발생여부와 상관없이 종속회사의 자본변동은 비지배지분에 대한 배부가 필요하다

또한 찰스종합회사가 해당 제품을 20X2년도에 외부에 판매할 때 20X1년도에 발생한 미실현이익은 비로소 실현된다.

사례에서 20X2년도 연결조정 절차를 살펴보면, 지배회사인 찰스종합회사의 외부판매에 따라 개별재무제표상 당기순이익 증가분은 ⑤ 연결재무제표상

에는 지배지분당기순이익으로 귀속된다[10]. 또한 20X1년도에 발생한 미실현이익은 20X1년도의 연결조정 분개를 통해 제거되었지만 개별재무제표를 합산하는 20X2년도의 연결절차상 종속회사 A의 개별재무제표에는 여전히 이익으로 포함되어 있으며, 1년이 지났기 때문에 이익잉여금으로 차기이월되었다. 따라서 ① 20X2년도에는 종속회사 A의 개별재무제표에 남아 있는 미실현이익을 제거해야 한다. 또한 해당 미실현이익은 종속회사 A의 자본변동에 기인하기 때문에 ② 20X2년도에 연결재무제표상 기초이익잉여금도 지배지분이익잉여금과 비지배지분이익잉여금으로 각각 반영되어야 한다.

또한 해당 미실현이익의 실현은 (지배회사인 찰스종합회사의 외부판매로) ③ 종속회사의 미실현이익이 실현되었기 때문에 ④ 20X2년도에도 지배지분당기순이익과 비지배지분당기순이익으로 실현이익이 배부되어야 한다. 즉, 상향판매를 통해 발생된 미실현이익과 해당 미실현이익의 실현은 종속회사에 대한 지분율을 고려하여 지배지분당기순이익과 비지배지분당기순이익으로 각각 반영된다는 의미이다. 이를 연결조정 분개 및 그림으로 나타내면 아래와 같다.

• 상향판매일 경우 미실현이익의 실현과 관련된 연결조정 분개 •

① 20X1년도에 종속회사 A의 자본변동에 따른 비지배지분의 배분결과의 차기이월

Dr) 지배지분이익잉여금	40	Cr) 비지배지분-이익잉여금	40

② 20X1년도에 발생한 종속회사 A의 개별재무제표에 남아있는 미실현이익의 제거

Dr) 이익잉여금	100	Cr) 재고자산	100

③ 20X1년도에 발생한 종속회사의 미실현이익 제거에 따른 비지배지분의 배부

Dr) 비지배지분-이익잉여금	40	Cr) 이익잉여금-지배지분	40

10) 지배회사와 종속회사의 개별재무제표를 합산하는 과정에서 연결재무제표상 당기순이익은 지배회사의 당기순이익으로 자연스럽게 전환된다. 다만, 이 과정은 연결조정 분개로 표시되지 않는다. 상세한 내용은 '다섯 번째 이야기의 01. 비지배지분의 몫은 어떻게 나눠줄까?'를 참조하길 바란다.

④ 20X1년도 미실현이익의 20X2년도 실현에 따른 조정
Dr) 재고자산 100 Cr) 매출원가 100

⑤ 20X1년도 미실현이익의 20X2년도 실현에 따른 비지배지분의 배부
Dr) 지배지분당기순이익 40 Cr) 비지배지분–당기순이익 40

▎미실현이익 실현 시 연결조정 : 상향판매▎

20X2년도

	개별 F/S		연결결산 절차			
			단순합산	연결조정		연결 F/S
	종속회사 A	찰스 종합회사		비지배지분 배부	미실현손익 제거	
매출	₩0	₩300	₩300	–	–	₩300
매출원가	0	200	200	–	(–)100 ④	100
매출총이익	₩0	₩100	₩100	–	100 ⑤	₩200
⋮						
당기순이익	₩0	₩100	₩100 ⑥	–	–	–
지배지분 당기순이익	–	–	–	₩100	60	₩160
비지배지분 당기순이익	–	–	–	–	40	40
⋮						
재고자산	₩0	₩0	₩0	–	(–)100 100	₩0
기초 이익잉여금	100	–	100 ①	–	– ②	
지배지분 이익잉여금	–	–	0	60	(–)100 +40	(–)60
비지배지분 이익잉여금	–	–	0	40	(–)40 ③	(–)40

① 20X1년도의 종속회사 A의 자본변동에 따라 배부된 비지배지분을 차기이월한다.
② 20X1년도에 발생한 종속회사 A의 20X2년도상 개별재무제표에 남아 있는 미실현이익을 제거한다.
③ 종속회사의 자본변동은 지배지분과 비지배지분으로 배부되어야 한다.
④ 20X1년도에 발생한 미실현이익은 20X2년도에 실현되었으므로 이를 반영하는 연결조정을 수행한다.
⑤ 종속회사의 자본변동은 지배지분과 비지배지분으로 배부되어야 한다.
⑥ 지배회사와 종속회사의 개별재무제표를 합산하는 과정에서 연결재무제표상 당기순이익은 지배회사의 당기순이익으로 자연스럽게 전환된다.

종속회사 간 내부거래를 통해 한쪽에 미실현이익이 발생한 경우에는 어떨까? 해당 경우에도 '미실현이익'은 종속회사의 이익에 영향을 미치므로 지배지분 및 비지배지분의 당기순이익으로 구분해야 한다. 따라서 이런 경우도 '상향판매'로 분류된다.

" 그럼 재고자산의 흐름을 하나하나 다 파악해야 하는 걸까? "

재고자산거래와 관련된 미실현이익의 개념을 이해했다고 해서 실제 연결회계 실무에 바로 적용하기는 쉽지 않다. 앞에서 언급한 사례는 연결대상 회사 간 재고자산거래를 하나하나 파악하고 각 제품 하나하나의 마진을 알 수 있다는 전제하에 설명하였다. 하지만 실제 연결대상 회사 간의 재고자산거래가 한두 건도 아니고 가격정책에 따른 마진도 제품 유형 및 회사별로 각각 다를 수 있기 때문에, 제품을 판매할 때마다 마진을 하나하나 파악하고 연결대상 회사에 판매된 제품이 실제 외부에 판매되었는지를 관리하는 것은 쉽지 않은 일이다.

따라서 연결회계 실무에는 아래와 같은 공식을 통해 간편법인 '비율법'을 활용하고 있다.

• 미실현이익=①×②×③ •

① =기말 재고자산 × 원재료비율[11)]

기말 재고자산 중 제조간접비는 회사 자체에서 발생한 원가로 관계사 간 내부거래가 아니므로 미실현이익 계산대상에서 제외한다.

② =① × 관계사로부터 재고자산을 매입한 매입률

관계사마다 재고자산을 매입하는 비율이 다르기 때문에 직접 연관된 관계사와의 매입률을 기준으로 해당 관계사로부터 매입한 재고자산가액을 추정한다.

③ =② × 관계사의 매출총이익률

관계사의 매출총이익률을 통해 관계사가 인식한 재고자산판매에 따른 마진을 추정한다.

비율법이 연결회계 실무에서 통용되는 이유는 상기에서 이야기한 것처럼 연결대상 회사 간의 재고자산거래를 하나하나 파악하기는 어렵지만, 재고자산거래는 일상적인 거래이므로 수치를 평균화하여 비율로 결과를 산출해도 하나하나 거래를 파악하여 산출한 것과 별 차이가 없을 것으로 기대하기 때문이다.

그리고 재고자산 관련 미실현이익은 차년도에는 전부 실현된다는 가정하에 전년도 미실현이익은 당해 연도에 실현이익으로 간주하여 연결조정 절차를 수행하는 것이 일반적이다. 대부분의 재고자산은 1년 이내에 판매된다고 가정해도 무리가 없기 때문이다.

---

11) 연결대상 회사 간의 내부거래로 이동된 재고를 원재료로 활용하는 경우를 의미한다. 만약 내부거래로 이동된 재고를 그대로 판매한다면 원재료비율은 100%로 간주하면 된다.

비율법에 따른 미실현손익 산출 과정

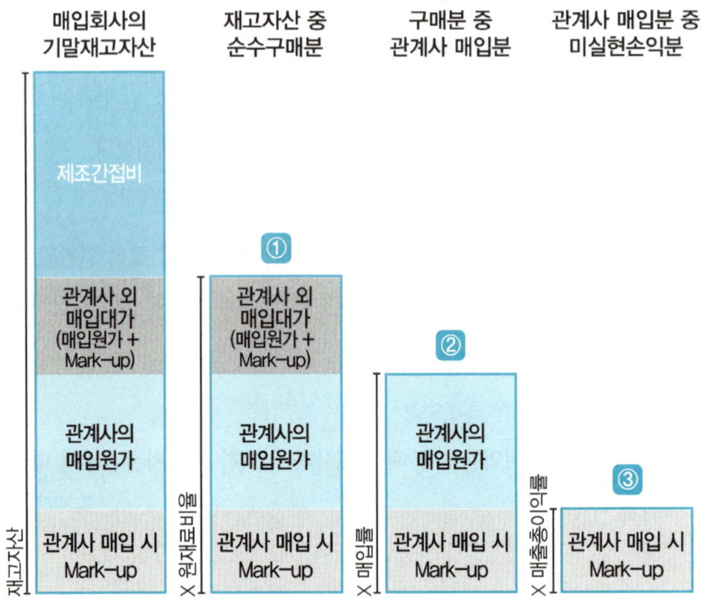

해당 공식을 하나하나 풀어보면, 우선 연결대상 회사 내에 남아 있는 재고자산에 원재료비율(①)을 확인하여 연결대상 회사로부터 구매한 재고의 취득원가를 파악한다. 연결대상 회사로부터 구매한 재고에서 자체적으로 제조간접비가 발생한다면 이는 내부거래가 아니기 때문이다. 또한 두 번째로 관계사향 매입률[12](②)을 확인하여 연결대상 회사의 재고 중에 남아 있는 재고자산이 어느 연결대상 회사로부터 얼마나 구매한 재고인지를 파악한다. 마지막으로 거래상대방인 연결대상 회사별 매출총이익률(③)을 통해 거래상대방이 제품 매출 시 책정한 마진을 추정하여 내부거래로부터 발생한 미실현이익을 최종적으로 산출할 수 있는데, 대부분 거래상대방의 매출총이익률이 제품 하나하나의 마진을 평균한 값과 유사할 것으로 추정하기 때문이다.

12) '관계사향 매입률'이란 '관계사로부터 매입한'이란 의미로 실무에서 자주 활용되는 용어이다.

문제를 통해 해당 공식을 적용해보면 다음과 같다.

문제

[거래구조]

[주요 재무 정보]

- 찰스종합회사는 종속회사 A의 주식 60%를 취득하여 지배-종속관계 성립
- 찰스종합회사는 종속회사 A 및 외부거래처로부터 원재료를 구입하여 제품을 생산 및 판매하고 있음
- 20X1년 1년 동안 찰스종합회사가 구입한 원재료 매입 현황은 다음과 같음

	매입금액	매입률
종속회사 A	₩80,000	80%
외부거래처	20,000	20%
합 계	**₩100,000**	**100%**

- 20X1년 말 현재 찰스종합회사의 재고자산가액은 ₩1,000이며, 원재료를 추가 가공하지 않고 외부에 판매하고 있음(즉, 원재료비율은 100%)
- 종속회사 A의 매출총이익률은 20%임
- 20X2년도에는 종속회사 A와 찰스종합회사 간에 내부거래가 발생하지 않았음

[질문]

01. 20X1년에 연결대상 회사 간에 발생하는 미실현이익을 계산해보자.

02. 20X1년 연결결산을 위해 연결대상 회사 간의 내부거래를 조정해보자.

03. 상기 재무정보에서 언급한 것처럼 20X2년도에 연결대상 회사 간에 내부거래가 발생하지 않았다고 할 때, 연결결산을 위해 연결대상 회사 간의 내부거래를 조정해보자.

우선 질문에서 요구하는 대로 20X1년도에 발생하는 미실현이익을 구해보자. 종속회사 A가 찰스종합회사에 원재료를 판매하고 찰스종합회사가 제품을 만들어 외부에 판매하는 구조이므로, 연결회계 관점에서 찰스종합회사의 재고자산 ₩1,000은 종속회사 A로부터 찰스종합회사로 이동하면서 종속회사의 제품판매 또는 이동에 따른 마진만큼 과대계상되었다는 것을 알 수 있다. 이 과대계상된 금액이 '미실현이익'이다.

따라서 앞에서 제시한 공식에 따라

① = 찰스종합회사의 재고자산 ₩1,000 × 찰스종합회사의 원재료비율 100%(사례를 간략하게 하기 위해 원재료비율을 100%로 가정)

② = ₩1,000 × 100% × 찰스종합회사의 종속회사 A에 대한 평균매입률 80%

③ = ₩1,000 × 100% × 80% × 종속회사 A의 매출총이익률 20%

∴ ₩160

미실현이익은 ₩160이 발생하였다. 그리고 한 가지 더 알아둬야 할 사실은 종속회사 A에서 발생한 미실현이익이므로 '상향판매'라는 것이다.

두 번째로, 계산한 미실현이익을 제거하는 분개를 해보자.

우선 사례의 재무정보를 통해 종속회사 A와 찰스종합회사 간에 20X1년도에 ₩80,000의 매출-매입거래가 발생했다는 사실을 알 수 있으므로 이를 먼저 제거해보면 아래와 같은 연결조정 분개가 발생한다.

• 종속회사 A와 찰스종합회사 간의 매출-매입거래의 제거 •

Dr) 매출	80,000	Cr) 매출원가	80,000

여기서 한 가지 재미있는 사실은 매출–매입과 관련된 내부거래를 제거하기 위해 매출과 상대되는 계정은 매입이 아니라 매출원가라는 사실이다. 하지만 해당 이유도 잘 생각해보면 결산 과정에서 매입은 단순히 매출원가 또는 재고자산으로 가는 중간과정이기 때문에 결국에는 매입은 매출원가 또는 재고자산으로 변경되어야 한다. 또한 판매되지 않은 매입거래는 이미 개별회계에서 재고자산으로 인식하였기 때문에 연결결산에서 연결대상 법인 간 매입은 매출원가 기준으로 연결조정 사항을 반영한다.

그리고 실제 찰스종합회사가 종속회사 A로부터 매입한 제품 중에 외부에 판매되지 않고 남아 있는 재고는 종속회사 A가 인식한 매출총이익만큼 과대계상되었기 때문에 이를 제거하는 아래 분개를 추가로 수행한다.

• 찰스종합회사가 과대계상한 재고자산의 가치, 즉 미실현이익의 제거 •

■ 미실현이익의 제거

Dr) 매출원가	160	Cr) 재고자산	160

우선 계산된 미실현이익 ₩160을 찰스종합회사의 과대계상된 재고자산에서 제거한다. 또한 미실현이익이란 이익의 차감계정이므로 이를 위해 '매출원가'를 추가로 인식한다. 실제 미실현이익을 제거하는 방법은 매출원가를 가산하는 방식으로 계산된다는 의미이다.

또한 여기서 잊지 말아야 할 사실은 해당 거래는 '상향판매'라는 것이다. '상향판매'가 발생한 경우에는 앞에서 언급한 것처럼 미실현이익도 지배지분당기순이익과 비지배지분당기순이익으로 배부하는 절차를 수행해야 한다. 비지배지분당기순이익을 별도로 배부하지 않으면 개별재무제표를 합산하는 과정에서 자연스럽게 지배지분당기순이익에서만 이익을 차감하는 방식으로 영향을 미치므로 비지배지분의 지분율만큼 비지배지분의 당기순이익을 차감하는 배부절차가 수행되어야 한다.

• 상향판매 미실현이익을 지배지분과 비지배지분으로 배부 •

■ 비지배지분의 자본변동분 배부

Dr) 비지배지분-당기순이익	64*	Cr) 지배지분당기순이익	64

* 미실현이익 ₩160×비지배지분의 지분율 40%

마지막으로 20X2년도의 내부거래를 조정하는 절차를 살펴보자. 사례에서 20X2년도에 종속회사 A와 찰스종합회사 간에 내부거래가 없다고 해서 조정할 연결절차가 없다고 오해해서는 안 된다. 미실현이익은 결국 실현되기 때문이며, 실무에서는 재고자산에서 발생한 미실현이익은 별다른 가정이 없는 한 차년도에는 실현된다고 가정한다. 따라서 20X2년도에는 20X1년도에 발생한 미실현이익이 실현되는 연결조정을 별도로 실행해야 한다.

• 20X1년도에 발생한 미실현이익의 20X2년도 실현 •

■ 20X1년도 발생 미실현이익의 20X2년도 차기이월

Dr) 이익잉여금-지배지분	160	Cr) 재고자산	160
Dr) 비지배지분-이익잉여금	64	Cr) 이익잉여금-지배지분	64

■ 20X1년도 발생 미실현이익의 20X2년도 실현

Dr) 재고자산	160	Cr) 매출원가	160

■ 비지배지분 자본변동분의 배부

Dr) 지배지분당기순이익	64	Cr) 비지배지분-당기순이익	64

20X2년도 연결조정 사항으로 제일 먼저 고려할 부분은 20X1년도 미실현이익 분개의 차기이월이다. 연결결산 과정에서 연결조정 분개는 차년도로 넘어가면 개별회계에서처럼 자연스럽게 차기이월되지 않는 단점이 있다. 연결재무제표를 작성하는 처음 단계가 개별재무제표를 합산하는 것이며, 개별재무제표에는 전년도에 발생한 연결조정 분개가 반영되지 않기 때문이다. 따라서 20X1년도에 발생한 매출원가, 지배지분당기순이익 및 비지배지분당기순이익은 각각 20X2년도에 이익잉여금으로 조정해야 한다. 그리고 두 번째로 미실현이익을 실현시켜야 하는데, 해당 조정은 미실현이익의 발생에 대한 반대 분개를 생성하면 된다. 두 번째 분개만 보면 재고자산이 발생한 것으로 보일 수도 있지만 20X1년에 이월된 분개와 합쳐서 본다면 결국 재고자산은 '₩0'이라는 사실을 알 수 있다.

따라서 일부 연결회계 책에서는 20X1년도의 차기이월 및 20X2년도의 미실현이익의 실현 분개를 합쳐서 아래와 같이 표현하기도 한다.

• 20X1년도에 발생한 미실현이익의 20X2년도 실현 •

■ 20X1년도 발생 미실현이익의 20X2년도 차기이월 및 미실현이익의 실현

Dr)	이익잉여금-지배지분	96	Cr) 매출원가	160
	비지배지분-이익잉여금	64		

■ 비지배지분 자본변동분의 배부

Dr)	지배지분당기순이익	64	Cr) 비지배지분-당기순이익	64

요약정리

- 연결대상 회사 간에 발생한 내부거래는 연결실체 관점에서는 하나의 회사 간 거래이므로 해당 거래를 발생한 거래로 인정하지 않는다. 따라서 내부거래는 제거되어야 한다.
- 특히나 연결대상 회사 간에 내부거래를 통해 한쪽에서 이익이 발생한 경우 해당 이익도 제거해야 하는데 이를 '미실현이익'이라고 하며, 연결대상 회사 간에는 재고거래를 통해 미실현이익이 자주 발생한다.
- 다만, '미실현이익'은 영원히 남아 있는 것이 아니라 내부거래가 외부에 판매되는 경우에는 실현된다. 즉, 연결대상 회사 A가 연결대상 회사 B에 일정 마진을 붙여 재고자산을 판매한 경우에

  ① 회사 B가 외부에 판매한 경우에는 '미실현이익'이 발생하지 않으며,

  ② 회사 B가 내부에 재고자산으로 소유하고 있는 경우에는 회사 B의 재고자산이 회사 A가 인식한 마진만큼 과대평가되기 때문에 '미실현이익'으로 인식한다.

  ③ 다만, 회사 B가 해당 재고자산을 외부에 판매한 경우에는 '미실현이익'이 실현된다.
- '미실현이익'은 '하향판매'와 '상향판매'로 구분되는데, '하향판매'의 경우 미실현이익은 전부 지배지분당기순이익에서 차감된다. 이에 반하여 '상향판매'의 경우 미실현이익은 지배지분당기순이익과 비지배지분당기순이익에서 지분율에 따라 각각 차감된다.

  ① '하향판매'란 지배회사가 종속회사에 제품 등을 판매하여 '미실현이익'이 발생한 경우를 의미하며,

  ② '상향판매'란 종속회사가 지배회사에 또는 종속회사 간에 제품 등을 판매하여 '미실현이익'이 발생한 경우를 의미한다.

04

네? 설비만 이전했는데도 내부거래라고요?

고정자산 미실현손익 제거

찰스종합회사는 일부 사업부를 종속회사 A로 이전하면서 해당 사업부의 설비자산도 종속회사 A로 이전하였다. 찰스종합회사는 설비이전거래를 고정자산매각거래로 처리하고 처분이익을 인식하였는데, 연말에 연결관련 회계감사를 받는 중에 회계감사인이 해당 거래를 왜 내부거래로 제거하지 않았냐는 질문을 받았다.

내심 회계부서를 도와 연결결산을 지원했던 진표는 그 어렵다던 연결결산을 잘 끝낸 것 같아서 기분이 좋았는데 회계감사인의 지적을 받아 약간 당황스러웠다. 그리고 재고자산거래처럼 매출-매입이 발생한 것도 아니고 사업부 이전에 따라 설비자산을 종속회사로 이전했을 뿐인데 이런 것도 다 내부거래로 인식해야 하나 싶었다.

회계감사인의 지적이라 내부거래로 인식하겠지만 여전히 수긍이 잘 가지 않는다.

“ 연결대상 회사 간 모든 거래는 내부거래이다. ”

연결대상 회사 간 내부거래의 대부분은 매출-매입거래에서 발생하지만 내부거래 유형에는 한계가 없다. 즉, 어쩌다 한 번 발생한 거래도 연결대상 회사 간 거래는 내부거래로 인식하고 제거해야 한다.

또한, 내부거래가 발생하면 해당 거래에서 미실현이익이 발생하지는 않았는지도 유심히 살펴보아야 한다. 매출-매입거래처럼 자주 발생하지는 않지만 고정자산거래에서 발생하는 내부거래에서는 일반적으로 미실현이익이 발생한다. 연결대상 회사 간에 설비자산을 이전하거나 고정자산을 판매하는 경우에 원가 그대로 넘기기는 현실적으로 쉽지 않기 때문이다.

따라서 연결대상 회사 간에 고정자산거래를 통해 한 회사에서 이익이 발생하고 또한 해당 고정자산이 외부에 팔리지 않고 다른 회사에 남아 있는 경우에는 매출-매입거래처럼 고정자산거래에서도 미실현이익이 발생하게 된다.

연결대상 회사 간 고정자산거래로 발생한 미실현이익의 기본적인 개념은 앞에서 설명한, 재고자산거래로 발생한 미실현이익과 유사하다. 다만, 고정자산거래는 재고자산거래와는 미실현이익이 실현되는 방식에서 차이가 존재한다는 점에 유의하여야 한다.

“고정자산 관련 내부거래는 상각대상 자산인지 여부에 따라 구분한다.”

고정자산거래로 발생한 미실현손익은 내부거래대상 자산이 상각대상 자산인지 여부에 따라 구분한다. 고정자산거래를 이렇게 구분하는 이유는 미실현이익이 실현되는 방식이 비상각대상 자산이냐 또는 상각대상 자산이냐에 따라 다르기 때문이다.

우선 비상각대상 자산과 상각대상 자산은 미실현손익이 발생한 해당 고정자산이 외부에 팔릴 때 미실현이익이 실현되는 것은 공통적인 사항이다. 다만, 상각대상 자산은 외부에 판매되지 않더라도 내용연수에 따라 감가상각을 하는 기간에 미실현이익이 실현된다는 또 다른 특징이 있다.

그 외에 고정자산거래 또한 '하향판매' 또는 '상향판매'인지 여부에 따라 미실현이익을 지배지분과 비지배지분으로 나누는데 이는 재고자산 미실현이익의 회계처리 방식과 동일하다.

| 고정자산 미실현이익의 거래유형 |

- **비상각대상 자산**: 내부거래액은 조정할 필요가 없고, 내부미실현손익의 제거여부만 판단
  → 개별회계상 재고자산과 달리 고정자산처분손익으로 '순액'으로 인식하기 때문임
- **상각대상 자산**: 내부거래의 매각거래가 총액으로 회계처리되지 않았다면 내부거래액은 제거하지 않음
  → 비상각대상 자산과 달리, 외부에 처분되지 않아도 감가상각을 통해 미실현손익이 실현됨

“ 비상각대상 고정자산거래에 대한 내부거래 및 미실현이익의 제거 ”

비상각대상 고정자산거래의 대표적인 예는 토지 관련 거래이다. 사례를 통해 조금 더 구체적으로 어떻게 내부거래가 관리되는지 '하향판매' 거래부터 살펴보자.

지분 60%를 소유하여 지배-종속관계에 있는 찰스종합회사는 종속회사 A에게 20X1년 초에 ₩10,000짜리 토지를 ₩12,000에 판매하였다. 그리고 종속회사 A는 20X3년까지 토지를 보유하고 있다가 20X3년 말에 외부거래처에 ₩15,000에 처분하였다고 하자. 20X1년, 20X2년 및 20X3년에 연결재무제표를 작성하기 위한 각각의 연결조정 분개를 알아보자.

개별결산 구조상 토지는 찰스종합회사에서 종속회사 A로, 그리고 종속회사 A에서 외부거래처로 이동하면서 20X1년 및 20X3년도에 각각 ₩2,000 및 ₩3,000의 유형자산처분이익을 인식한다. 하지만 찰스종합회사에서 종속회사 A로의 토지 매각은 연결실체 입장에서는 단순히 연결실체 내에서의 사업장 이동이므로 토지가치가 변동되어서는 안 된다. 따라서 개별회계에서 인식한 유형자산처분이익은 취소되어야 한다. 즉, 미실현이익이므로 연결결산 관점에서는 제거되어야 한다는 의미이다. 그리고 종속회사 A에서 외부거래처로 토지를 매각하는 시점에서야 비로소 ₩3,000이 아닌 ₩5,000의 유형자산처분이익을 인식하게 된다.

| 개별결산 및 연결결산 구조하에서의 연도별 토지가치의 변화 : 하향판매 |

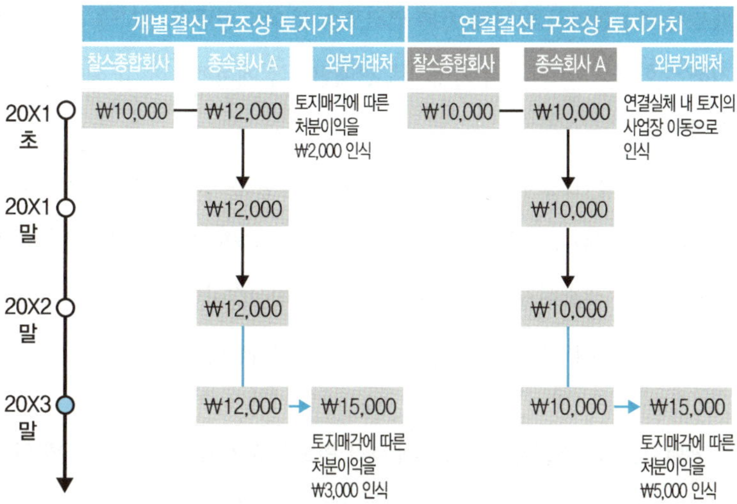

해당 구조를 연결조정 분개 입장에서 정리해보면 아래와 같다.

• 20X1년 말 •

■ 찰스종합회사에서 인식한 유형자산처분이익의 취소

Dr) 유형자산처분이익 2,000 Cr) 토지 2,000

• 20X2년 말 •

■ 찰스종합회사에서 인식한 유형자산처분이익 취소 분개의 차기이월

Dr) 이익잉여금 2,000 Cr) 토지 2,000

• 20X3년 말 •

■ 찰스종합회사에서 인식한 유형자산처분이익 취소 분개의 차기이월

Dr) 이익잉여금 2,000 Cr) 토지 2,000

■ 외부거래처 판매로 기존에 발생한 미실현이익의 실현

Dr) 토지 2,000 Cr) 유형자산처분이익 2,000*

* 개별회계에서 종속회사 A의 유형자산처분이익 ₩3,000을 합치면 총 ₩5,000의 유형자산처분이익이 20X3년도에 인식된다.

상기 연결조정 분개를 잘 살펴보면, 유형자산이 실제로 외부에 처분될 때까지 미실현이익 발생에 따른 연결조정 분개와 관련된 정보를 그대로 유지해야 한다. 그리고 외부거래처로 판매된 시점에서야 비로소 해당 거래가 실현된다.

비상각대상 고정자산거래와 관련하여 '상향판매'의 경우에도 미실현이익의 발생 및 실현 분개는 기본적으로 동일하다. 다만, 미실현이익이 지배회사가 아니라 종속회사에서 발생했기 때문에 미실현이익이 발생하고 실현되었을 때 비지배지분으로 배부하는 절차만 추가된다.

| 개별결산 및 연결결산 구조하에서의 연도별 토지가치의 변화 : 상향판매 |

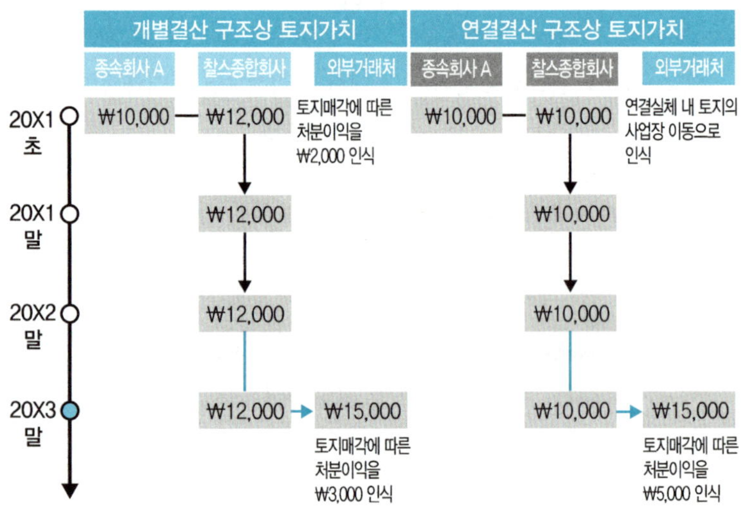

사례에서 찰스종합회사가 종속회사 A의 지분을 60% 취득하여 지배-종속관계가 성립된 상황에서 종속회사 A는 찰스종합회사에 20X1년 초에 ₩10,000짜리 토지를 ₩12,000에 판매하였다. 그리고 찰스종합회사는 토지를 20X3

년까지 보유하고 있다가 20X3년 말에 외부거래처에 ₩15,000에 처분하였다고 하자. 20X1년, 20X2년 및 20X3년에 연결재무제표를 작성하기 위한 각각의 연결조정 분개는 아래와 같다.

• 20X1년 말 •

■ 종속회사 A에서 인식한 유형자산처분이익의 취소

Dr) 유형자산처분이익 2,000 Cr) 토지 2,000

■ 미실현이익의 비지배지분 배부

Dr) 비지배지분-당기순이익 800* Cr) 지배지분당기순이익 800

* 미실현이익 ₩2,000×비지배지분의 지분율 40%

• 20X2년 말 •

■ 종속회사 A에서 인식한 유형자산처분이익 취소 분개의 차기이월

Dr) 이익잉여금 2,000 Cr) 토지 2,000

■ 미실현이익의 비지배지분 배부의 차기이월

Dr) 비지배지분-이익잉여금 800 Cr) 이익잉여금-지배지분 800

• 20X3년 말 •

■ 종속회사 A에서 인식한 유형자산처분이익 취소 분개의 차기이월

Dr) 이익잉여금 2,000 Cr) 토지 2,000

■ 미실현이익의 비지배지분 배부의 차기이월

Dr) 비지배지분-이익잉여금 800 Cr) 이익잉여금-지배지분 800

■ 외부거래처 판매로 기존에 발생한 미실현이익의 실현

Dr) 토지 2,000 Cr) 유형자산처분이익 2,000

■ 미실현이익의 실현에 따른 비지배지분 배부

Dr) 지배지분당기순이익 800 Cr) 비지배지분-당기순이익 800

“ 상각대상 고정자산거래에 대한 내부거래 및 미실현이익의 제거 ”

상각대상 고정자산거래를 통해 발행한 미실현이익은 두 가지 방법으로 실현된다. 우선 비상각대상 고정자산 또는 재고자산과 마찬가지로 해당 자산이 외부거래처에 판매될 때 실현된다. 그리고 그 외에도 상각대상 고정자산의 경우에는 내용연수에 따른 상각을 통해 미실현이익이 실현되기도 한다.

미실현이익이 상각을 통해 실현된다는 것은 어떤 의미일까? 상각대상 고정자산거래를 잘 살펴보면, 우선 연결대상 회사 간에 고정자산이 이동하면서 판매회사가 인식한 고정자산처분이익만큼 매입회사의 고정자산 취득원가가 증액되는 게 일반적이다. 그리고 고정자산을 매입한 연결대상 회사는 증액된 고정자산 취득원가를 기초로 내용연수에 따라 감가상각을 비용으로 인식하게 된다.

이때 연결실체 입장에서는 연결대상 회사 간에 발생한 고정자산처분이익은 미실현이익으로 제거되어야 한다. 또한 판매회사가 계속 가지고 있었더라면 매년 인식했을 감가상각비보다 매입회사가 매년 인식할 감가상각비는 더 크게 마련이다. 하지만 연결실체 입장에서 매입회사가 인식하는 감가상각비는 판매회사의 고정자산 취득원가 기준으로 인식하는 것이 적정하므로 이를 초과한 감가상각비 부분은 취소해주어야 하는데, 이 과정을 통해 미실현이익이 실현된 것으로 간주한다는 의미이다. 사례를 통해 조금 더 구체적으로 어떻게 내부거래가 관리되는지 '하향판매' 거래부터 살펴보자.

지배-종속관계에 있는 찰스종합회사는 20X1년 초에 내용연수가 10년인 기계장치를 ₩10,000에 취득하자마자 종속회사 A에게 ₩12,000에 판매하였다. 그리고 종속회사 A는 매입한 기계장치를 외부에 처분하지 않고 계속 보유하고 있다고 하자. 20X1년, 20X2년 및 20X3년에 연결재무제표를 작성하기 위한 각각의 연결조정 분개를 알아보자.

개별결산 구조상 기계장치는 찰스종합회사에서 종속회사 A로 이동하면서 유형자산처분이익을 인식한다. 하지만 연결회계 입장에서 지배-종속관계에 있는 찰스종합회사에서 종속회사 A로의 이동은 단순히 연결실체 내에서의 사업장 이동으로 유형자산처분이익 ₩2,000은 미실현이익으로 간주된다. 따라서 개별회계에서 인식한 유형자산처분이익 ₩2,000은 취소되어야 한다.

또한 개별회계에서 종속회사 A는 찰스종합회사가 판매한 금액인 ₩12,000을 기준으로 매년 ₩1,200의 감가상각비를 인식할 예정이므로 찰스종합회사에 그대로 있었더라면 매년 인식했을 감가상각비 ₩1,000보다 많게 인식한다. 이렇게 매년 ₩200씩 과대하게 인식된 감가상각비는 취소하여야 하는데, 이러한 과정을 거쳐서 미실현이익 ₩2,000은 10년 동안 ₩200이 매년 실현된다고 보는 것이다.

| 개별결산 및 연결결산 구조하에서의 연도별 기계장치가치의 변화 : 하향판매 |

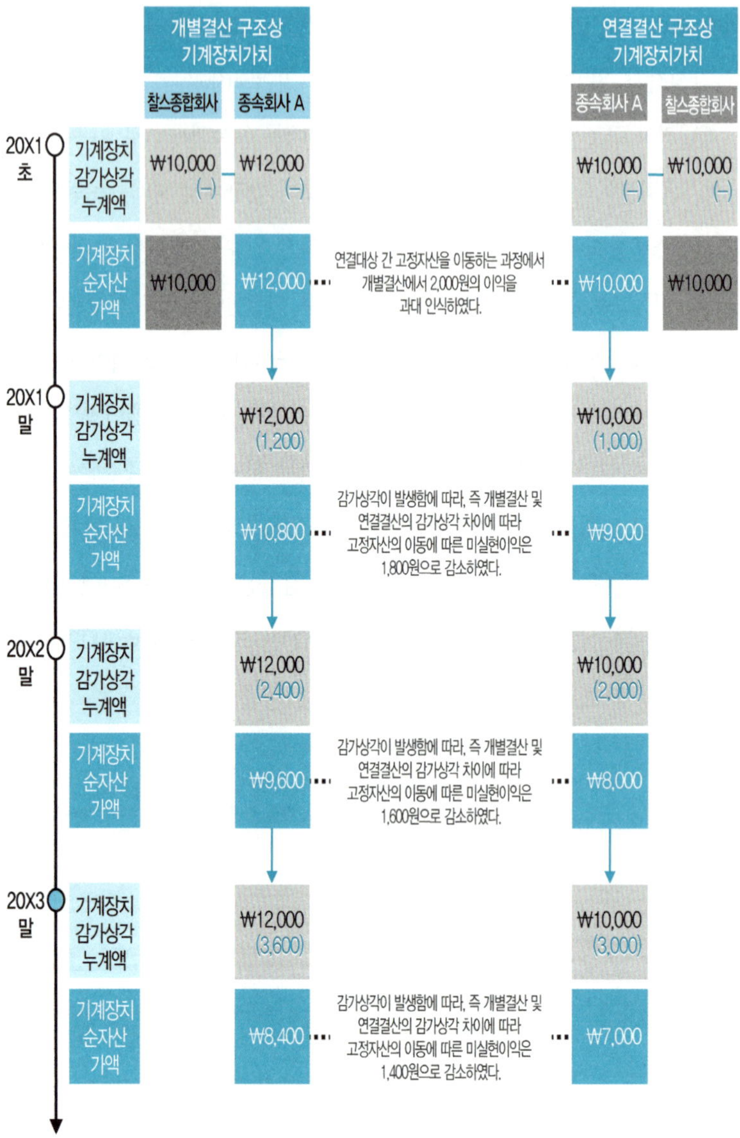

해당 구조를 연결조정 분개 입장에서 정리해보면 아래와 같다.

• 20X1년 말 •

■ 찰스종합회사에서 인식한 유형자산처분이익의 취소

Dr) 유형자산처분이익	2,000	Cr) 기계장치	2,000

■ 종속회사 A에서 과대인식한 감가상각비의 취소

Dr) 감가상각누계액	200	Cr) 감가상각비	200

• 20X2년 말 •

■ 찰스종합회사 및 종속회사 A에서 인식한 미실현이익 관련 분개의 차기이월

Dr) 이익잉여금	2,000	Cr) 기계장치	2,000
Dr) 감가상각누계액	200	Cr) 이익잉여금	200

■ 당기에 인식한 종속회사 A에서 과대인식한 감가상각비의 취소

Dr) 감가상각누계액	200	Cr) 감가상각비	200

• 20X3년 말 •

■ 찰스종합회사 및 종속회사 A에서 인식한 미실현이익 관련 분개의 차기이월

Dr) 이익잉여금	2,000	Cr) 기계장치	2,000
Dr) 감가상각누계액	400	Cr) 이익잉여금	400

■ 당기에 인식한 종속회사 A에서 과대인식한 감가상각비의 취소

Dr) 감가상각누계액	200	Cr) 감가상각비	200

한편 20X4년 초에 해당 기계장치를 종속회사 A가 외부에 ₩15,000에 판매했다면 어떨까? 이런 경우 20X1년에 발생한 ₩2,000의 미실현이익 중 감가상각비의 취소를 통해 실현된 ₩600을 제외한 미실현이익 잔액 ₩1,400은 즉시 실현된 것으로 간주한다. 이를 연결조정 분개로는 다음과 같이 표현된다.

• 20X4년 •

■ 찰스종합회사 및 종속회사 A에서 인식한 미실현이익 관련 분개의 차기이월[13)]

Dr) 이익잉여금	2,000	Cr) 기계장치	2,000
Dr) 감가상각누계액	600	Cr) 이익잉여금	600

■ 종속회사 A의 기계장치 외부 처분에 따른 미실현이익의 실현

Dr) 기계장치	2,000	Cr) 유형자산처분이익	1,400[14)]
		감가상각누계액	600

'상향판매'의 경우에는 '하향판매'와 기본적인 개념은 동일하다. 다만, 유형자산처분이익의 취소 및 감가상각비의 취소는 종속회사의 자본변동이므로 비지배지분 배부 과정이 추가된다는 점만 다르다. 이를 사례 및 연결조정 분개를 통해 다시 한 번 알아보자.

---

13) 연결조정 분개는 매년 누적관리를 해야 한다는 점을 다시 한 번 강조한다. 따라서 차기이월 분개는 매년 누적적으로 관리되어야 한다.

14) 종속회사가 기계장치를 외부에 판매함에 따라 인식하는 순이익은 종속회사의 개별결산에서 인식한 유형자산처분순이익을 포함하면 총 ₩8,000원이 된다.
- 종속회사에서 개별결산에서는 기계장치의 순자산가액이 ₩8,400원으로 기록되었기 때문에 ₩6,600원의 처분이익을 인식하고
- 연결결산에서는 내부거래로 남아있는 ₩1,400원의 미실현이익을 실현이익으로 인식한다. (연결조정상 유형자산처분이익은 미실현이익의 실현분만을 조정한다는 사실이라는 점에서 오해가 없기를 바란다)

개별결산 및 연결결산 구조하에서의 연도별 기계장치가치의 변화 : 상향판매

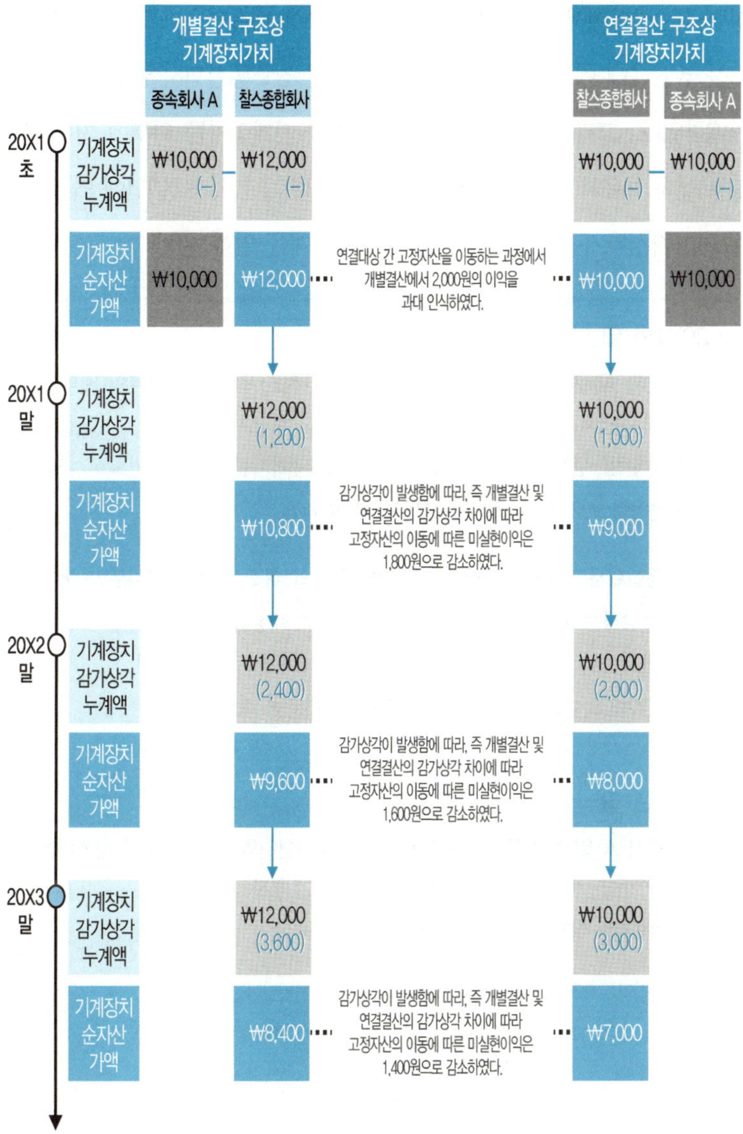

찰스종합회사가 종속회사 A의 지분을 60% 취득하여 지배-종속관계가 성립되는 상황에서 종속회사 A는 20X1년 초에 내용연수가 10년인 기계장치를 ₩10,000에 취득하자마자 지배회사인 찰스종합회사에 ₩12,000에 판매하였다. 그리고 찰스종합회사는 매입한 기계장치를 외부에 처분하지 않고 계속 보유하고 있다고 하자. 20X1년, 20X2년 및 20X3년에 연결재무제표를 작성하기 위한 각각의 연결조정 분개를 알아보자.

• 20X1년 말 •

■ 종속회사 A에서 인식한 유형자산처분이익의 취소 및 비지배지분의 배부

Dr) 유형자산처분이익	2,000	Cr) 기계장치	2,000
Dr) 비지배지분-당기순이익	800*	Cr) 지배지분당기순이익	800

* 미실현이익 ₩2,000×비지배지분의 지분율 40%

■ 찰스종합회사[15]에서 과대인식한 감가상각비의 취소 및 비지배지분의 배부

Dr) 감가상각누계액	200	Cr) 감가상각비	200
Dr) 지배지분당기순이익	80**	Cr) 비지배지분-당기순이익	80

** 미실현이익의 실현 ₩200×비지배지분의 지분율 40%

• 20X2년 말 •

■ 종속회사 A 및 찰스종합회사에서 인식한 미실현이익 관련 분개의 차기이월

Dr) 이익잉여금-지배지분	1,200	Cr) 기계장치	2,000
비지배지분-이익잉여금	800		
Dr) 감가상각누계액	200	Cr) 이익잉여금-지배지분	120
		비지배지분-이익잉여금	80

15) 찰스종합회사의 과대된 감가상각비를 취소한다는 관점에서 보면 지배회사의 자본이 변동하는 것으로 오해할 수 있지만 종속회사 A의 미실현이익이 실현되는 것이므로 종속회사의 자본이 변동되는 것이다. 따라서 비지배지분의 배부 절차는 필수적이다.

■ 찰스종합회사에서 과대인식한 감가상각비의 취소 및 비지배지분의 배부

Dr)	감가상각누계액	200	Cr) 감가상각비	200
Dr)	지배지분당기순이익	80	Cr) 비지배지분-당기순이익	80

• 20X3년 말 •

■ 종속회사 A 및 찰스종합회사에서 인식한 미실현이익 관련 분개의 차기이월

Dr)	이익잉여금-지배지분	1,200	Cr) 기계장치	2,000
	비지배지분-이익잉여금	800		
Dr)	감가상각누계액	400	Cr) 이익잉여금-지배지분	240
			비지배지분-이익잉여금	160

■ 찰스종합회사에서 과대인식한 감가상각비의 취소 및 비지배지분의 배부

Dr)	감가상각누계액	200	Cr) 감가상각비	200
Dr)	지배지분당기순이익	80	Cr) 비지배지분-당기순이익	80

“고정자산 관련 미실현이익도 재고자산처럼 비율법 등의 적용이 가능할까?”

앞서 재고자산과 관련된 미실현이익은 실무에서는 비율법을 통해 미실현이익을 인식하는 간편법을 허용한다고 이야기하였다. 그렇다면 고정자산도 유사한 간편법 적용이 가능하지 않을까?

결론부터 이야기하자면 고정자산은 재고자산처럼 간편법 적용이 어려운데, 재고자산과 달리 연결대상 회사 간 고정자산거래는 자주 발생하지 않기 때문에 매입률, 매출총이익률 등을 평균화하기 어렵기 때문이다. 즉, 연결

대상 회사 간 고정자산거래는 자주 발생하지 않기 때문에 매입률 적용이 어려우며, 고정자산거래 시 인식하는 유형자산처분이익도 일정하지 않기 때문에 판매회사의 매출총이익률을 적용하는 것은 합리적이지 않다.

따라서 불편하지만 연결대상 회사 간 고정자산거래는 발생 건을 하나하나 확인하여 관리할 수밖에는 없다.

요약 정리

- 연결대상 회사 간 내부거래는 한계가 없다. 따라서 연결대상 회사 간의 설비 이전 등도 고정자산 내부거래이며, 해당 거래를 통해 연결대상 회사 한쪽에서 이익을 얻고 외부에 판매되지 않았다면 미실현이익이 발생한다.
- 고정자산 내부거래는 해당 자산이 상각대상인지 여부에 따라 ① 비상각대상 고정자산 내부거래와, ② 상각대상 고정자산 내부거래로 분류한다.
  ① 비상각대상 고정자산의 경우에는 발생한 미실현이익이 해당 고정자산이 외부에 처분될 때까지 계속 연결실체 내부에 그대로 남아 있는다.
  ② 상각대상 고정자산의 경우에는 외부에 처분되는 경우 이외에도 해당 고정자산의 감가상각을 통해 내용연수 동안 미실현이익이 실현되는데, 연결대상 회사 내에서 고정자산을 매입한 회사의 개별재무제표상에 감가상각비가 과대계상되기 때문이다.
- 고정자산 내부거래는 재고자산 내부거래와 달리 '비율법' 등 간편법이 적용되기 어렵기 때문에 연결대상 회사 간에 발생한 고정자산 내부거래는 발생 건을 하나하나 관리하여야 하는 불편함이 있다.

05

투자-자본거래도 내부거래인가요?

투자-자본상계와 영업권

연결회계에서 제일 어려운 부분은 '투자-자본상계'이다. 실제 연결결산에 대해 조언을 하는 필자도 투자-자본상계까지 오면 상대적으로 어려움을 겪는다. 투자와 자본은 그 유형이 무궁무진하지만, 실제 투자와 자본의 변동은 자주 발생하지 않기 때문에 실무자 입장에서 익숙하지 않아 더욱더 어려워 보이는 것도 사실이다.

특히 연결회계에 대한 감사를 수행하는 외부감사인들도 생각보다 투자-자본거래에 대해서는 애를 먹는 경우가 허다하다. 투자-자본상계를 '연결회계의 꽃'이라고까지 부르기도 하지만, 실제 연결재무정보를 관리하는 실무자의 입장에서는 앞에서 이야기한 재고자산 미실현거래, 고정자산 미실현거래 등에 비추어 중요도는 상대적으로 떨어지는 것도 사실이다.

따라서 투자-자본거래의 모든 유형을 다 커버하기보다는 기본적인 개념을 명확히 이해하고 나중에 여러 유형의 투자와 자본의 변동이 발생했을 경우에도 동일한 방식으로 접근하면 충분하다고 생각한다.

“ 투자–자본거래도 결국에는 내부거래이다. ”

투자–자본상계는 개념적으로 아래와 같이 정의될 수 있다.

> 투자–자본상계란 연결대상 회사 간 지분을
> ① 투자한 회사의 투자주식 계정과 종속회사의 자본 계정을 상계하는 것과
> ② 연결대상이 된 이후에 종속회사의 자본변동내역을 지배지분과 비지배지분으로 배부하는 것을 의미한다.

①의 의미는 결국 연결대상 회사 간의 투자와 자본은 내부거래이기 때문에 둘 간의 거래는 취소되어야 한다는 의미이다. 예를 들어, 지배회사인 찰스종합회사가 자본총액이 ₩100,000인 종속회사 A의 지분 60%를 ₩60,000에 취득하여 지배–종속관계가 성립했다고 하자.

해당 경우는 연결실체 입장에서는 단순히 지배회사인 찰스종합회사의 현금 ₩60,000이 종속회사로 이전된 것과 다름없다. 개별회계에서는 지배회사는 투자주식 ₩60,000을 인식하고 종속회사는 자본 ₩60,000을 인식하게 되는데, 이러한 거래는 내부거래 관점에서 제거되어야 한다는 것이다. 따라서 지배회사의 투자주식과 종속회사의 자본 ₩60,000을 각각 제거하는 분개가 발생한다. 이때 한 가지 더 주의할 점은 종속회사의 자본 ₩100,000 중에 ₩60,000을 제외한 지분은 비지배지분[16)] 이므로 이를 별도로 표현해주어야 한다는 점이다.

---

16) 해당 과정은 '다섯 번째 이야기의 01. 비지배지분의 몫은 어떻게 나눠줄까?'를 참조하자.

| 투자-자본상계의 기본적인 흐름 |

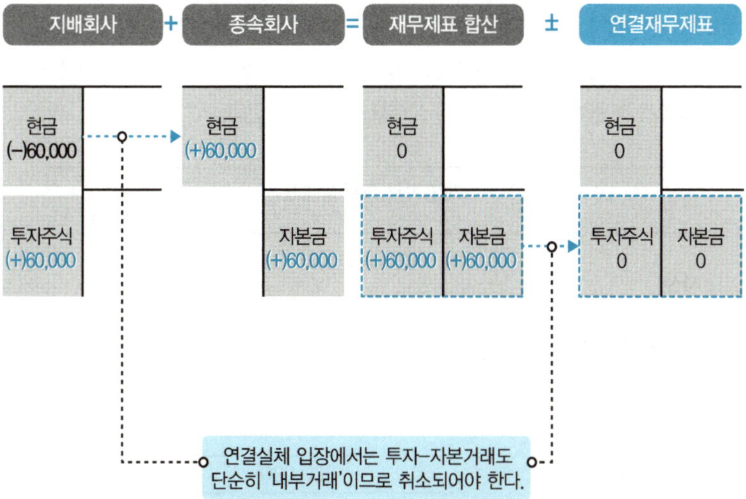

■ 투자주식과 종속회사 자본의 상계

Dr) 자본-지배지분	60,000	Cr) 투자주식	60,000

■ 종속회사 자본의 비지배지분 배부

Dr) 자본-지배지분	40,000	Cr) 비지배지분	40,000

또한 ②는 '**다섯 번째 이야기의 01. 비지배지분의 몫은 어떻게 나눠줄까?**'에서 이야기한 것처럼 연결결산상 개별재무제표를 합산하는 과정에서 비지배지분으로 별도로 배부하지 않으면 자동으로 지배지분으로 인식되는 문제를 해결하기 위한 절차이다.

사례를 통해 투자-자본상계 ①과 ②가 어떻게 반영되는지를 자세히 살펴보자.

사례

20X1년 1월 1일에 찰스종합회사는 종속회사 A의 주식 60%를 ₩60,000에 취득하여 지배–종속관계가 성립되었다. 또한 20X1년 12월 31일 현재 찰스종합회사와 종속회사 A의 재무상태표는 다음과 같다.

개별회사 재무상태표

20X1.12.31.

	찰스종합회사	종속회사 A
자산		
현금	250,000	100,000
재고자산	350,000	20,000
투자주식	60,000	0
유형자산	500,000	50,000
감가상각누계액	(300,000)	(10,000)
소계	**860,000**	**160,000**
부채와 자본		
부채	510,000	50,000
자본금	300,000	100,000
당기순이익	50,000	10,000
소계	**860,000**	**160,000**

20X1년간 종속회사 A의 당기순이익이 ₩10,000 증가한 것 이외에는 연결조정을 위한 어떠한 변동사항도 없다.

20X1년 연결을 위한 연결조정 분개를 처리하고, 20X1년 12월 31일 현재의 연결재무상태표를 작성해보자.

20X1년 연결조정 분개는 ① 최초 취득 시 조정분개와, ② 20X1년 동안 종속회사 자본변동에 따른 비지배지분 배부에 따른 분개가 발생한다.

• 20X1년 1월 1일 최초 취득 시 •

■ 투자주식과 종속회사 자본의 상계

Dr) 자본-지배지분	60,000	Cr) 투자주식	60,000

■ 종속회사 자본의 비지배지분 배부

Dr) 자본-지배지분	40,000	Cr) 비지배지분	40,000

• 20X1년 종속회사의 자본변동 •

■ 종속회사 자본의 비지배지분 배부

Dr) 지배지분당기순이익	4,000	Cr) 비지배지분-당기순이익	4,000

투자-자본상계에 따른 연결재무상태표 : 영업권이 없는 경우

	개별 F/S		연결결산 절차		20X1.12.31.
	지배회사	종속회사	단순합산	연결조정	연결재무상태표
자산					
현금	250,000	100,000	350,000		350,000
재고자산	350,000	20,000	370,000		370,000
투자주식	60,000	0	60,000	② (60,000)	0
유형자산	500,000	50,000	550,000		550,000
감가상각누계액	(300,000)	(10,000)	(310,000)		(310,000)
소계	860,000	160,000	1,020,000	(60,000)	960,000
부채와 자본					
부채	510,000	50,000	560,000		560,000
자본금	300,000	100,000 ①			
자본금-지배지분			400,000	② (60,000) ③ (40,000)	340,000 (40,000)
자본금-비지배지분				③ 40,000	40,000
					0
당기순이익	50,000	10,000 ①			
당기순이익-지배지분			60,000	④ (4,000)	56,000
당기순이익-비지배지분				④ 4,000	4,000
소계	860,000	160,000	1,020,000	(60,000)	960,000

① 지배회사와 종속회사의 개별재무제표를 합산하는 과정에서 자본과 당기순이익은 지배회사의 자본과 당기순이익으로 자연스럽게 전환되며, 이는 연결조정 분개로는 표현되지 않는다.
② 투자-자본거래도 내부거래이므로 상계되어야 한다.
③ 종속회사의 자본은 지배지분과 비지배지분으로 구분되어야 하며, 개별재무제표 합산 과정에서 지배회사 자본으로 과대 인식된 부분을 연결조정 분개로 조정해주어야 한다.
④ 종속회사의 자본변동은 지배지분과 비지배지분으로 배부되어야 한다.

연결 후 투자주식은 항상 '0'이 된다.

연결 후 지배지분 자본금은 개별재무제표상 지배회사의 자본금과 동일하다.

“ 영업권이 발생하면 어쩌나? ”

투자–자본상계에 대한 이야기를 쉽게 소개하기 위해 지배회사가 종속회사의 장부가액을 기준으로 주식을 취득하여 투자주식을 인식했다고 가정했다. 하지만 실제 지배회사가 종속회사의 주식을 장부가액 그대로 취득하는 경우[17)]는 드물다.

대부분의 경우 지배회사는 종속회사의 자산 및 부채의 장부가액과 공정가치가 동일한 경우에도 종속회사의 주식을 장부가액과 다른 금액으로 취득한다. 종속회사 주식의 취득은 단순히 투자목적이 아니라 회사의 전략, 시장환경 등이 고려되므로 영업권 등이 별도로 산정되기 때문이다.

문제를 통해 조금 더 자세히 알아보자.

문제

20X1년 1월 1일에 찰스종합회사는 종속회사 A의 주식 60%를 ₩90,000에 취득하여 지배–종속관계가 성립되었다. 또한 20X1년 12월 31일 현재 찰스종합회사와 종속회사 A의 재무상태표는 다음과 같다.

개별회사 재무상태표		20X1.12.31.
	찰스종합회사	종속회사 A
자산		
현금	220,000	100,000
재고자산	350,000	20,000
투자주식	90,000	0
유형자산	500,000	50,000
감가상각누계액	(300,000)	(10,000)
소계	**860,000**	**160,000**
부채와 자본		
부채	510,000	50,000
자본금	300,000	100,000
당기순이익	50,000	10,000
소계	**860,000**	**160,000**

17) '세 번째 이야기의 03. 내가 소유하고 있는 종속회사의 가치는 실제 얼마인 거죠?'에서 자세히 설명하고 있으니 해당 내용을 참조하기를 바란다.

20X1년간 종속회사 A의 당기순이익이 ₩10,000 증가한 것 이외에는 연결조정을 위한 어떠한 변동사항도 없다.
20X1년 연결을 위한 연결조정 분개를 처리하고, 20X1년 12월 31일 현재의 연결재무상태표를 작성해보자.

앞에서 한 것과 동일하게 20X1년 1월 1일 최초 취득 시의 투자-자본상계 분개를 해보면 뭔가 이상한 점을 발견할 수 있다. 투자주식 ₩90,000에 대응하는 종속회사 자본은 종속회사의 총 자본 ₩100,000 중에 지배회사 지분율인 ₩60,000이다. 문제는 이렇게 투자-자본을 상계하면 대차가 맞지 않는다는 것이다.

• 20X1년 1월 1일 최초 취득 시 •

■ 투자주식과 종속회사 자본의 상계

Dr) 자본-지배지분	60,000*	Cr) 투자주식	90,000

* 종속회사 자본 ₩100,000 중 60%가 지배회사 부분이므로 ₩60,000만 제거되어야 한다.

■ 종속회사 자본의 비지배지분 배부

Dr) 자본-지배지분	40,000	Cr) 비지배지분	40,000

지배회사의 지분율에 해당하는 종속회사의 자본과 지배회사의 투자주식 가액에 차이가 발생하는 이유는 종속회사의 자산 및 부채의 장부가액과 공정가치가 동일함에도 지배회사가 종속회사를 장부가액과 다르게 샀기 때문이며, 이 차이를 '투자차액'이라고 한다. 그리고 비싸게 산 경우를 '영업권', 싸게 산 경우를 '염가매수차익'이라고 한다.

따라서 지배회사의 투자주식과 종속회사의 자본을 상계할 때에는 그 차액은 '영업권' 또는 '염가매수차익'으로 메워 주어야 한다. 따라서 20X1년 1월 1일 최초 취득 시 연결조정 분개는 아래와 같이 발생한다.

· 20X1년 1월 1일 최초 취득 시 ·

■ 투자주식과 종속회사 자본의 상계

Dr) 자본-지배지분	60,000*	Cr) 투자주식	90,000
영업권	30,000**		

* 종속회사 자본 ₩100,000 중 60%가 지배회사 부분이므로 ₩60,000만 제거되어야 한다.

** 영업권 = 투자주식가액(₩90,000) − [종속회사의 자본(₩100,000) × 지배회사의 지분율(60%)]

■ 종속회사 자본의 비지배지분 배부

Dr) 자본-지배지분	40,000	Cr) 비지배지분	40,000

❙ 투자-자본상계에 따른 연결재무상태표 : 부분영업권을 인식하는 경우 ❙

	개별 F/S		연결결산 절차		20X1.12.31.
	지배회사	종속회사	단순합산	연결조정	연결재무상태표
자산					
현금	220,000	100,000	320,000		320,000
재고자산	350,000	20,000	370,000		370,000
투자주식	90,000	0	90,000	② (90,000)	0
유형자산	500,000	50,000	550,000		550,000
감가상각누계액	(300,000)	(10,000)	(310,000)		(310,000)
영업권-지배지분				② 30,000	30,000
영업권-비지배지분					0
소계	860,000	160,000	1,020,000	(60,000)	960,000
부채와 자본					
부채	510,000	50,000	560,000		560,000
자본금	300,000	100,000 ①			
자본금-지배지분			400,000	② (60,000) ③ (40,000)	340,000 (40,000)
자본금-비지배지분				③ 40,000	40,000 0
당기순이익	50,000	10,000 ①			
당기순이익-지배지분			60,000	④ (4,000)	56,000
당기순이익-비지배지분				④ 4,000	4,000
소계	860,000	160,000	1,020,000	(60,000)	960,000

① 지배회사와 종속회사의 개별재무제표를 합산하는 과정에서 자본과 당기순이익은 지배회사의 자본과 당기순이익으로 자연스럽게 전환되며, 이는 연결조정 분개로는 표현되지 않는다.
② 투자-자본거래도 내부거래이므로 상계되어야 한다.
③ 종속회사의 자본은 지배지분과 비지배지분으로 구분되어야 하며, 개별재무제표 합산 과정에서 지배회사 지분으로 과대 인식된 부분을 연결조정 분개로 조정해주어야 한다.
④ 종속회사의 자본변동은 지배지분과 비지배지분으로 배부되어야 한다.

영업권은 전부 지배회사에 귀속된다. 그런데 좀 이상하다는 생각이 들지 않는지?

연결 후 투자주식은 항상 '0'이 된다.

연결 후 지배지분 자본금은 개별재무제표상 지배회사의 자본금과 동일하다.

투자-자본상계와 관련된 연결조정 분개를 도출할 때 실무에서는 대부분 상기와 같은 방식으로 영업권을 계산한다. 하지만 앞에서 지속적으로 필자가 이야기한 연결회계의 개념을 살펴볼 때 무엇인가 이상한 점이 있다.

그동안 지배-종속관계가 성립되면 지분율과 상관없이 지배지분 및 비지배지분으로 구성된 하나의 연결실체로 본다고 하였다. 따라서 지배회사와 종속회사의 자산 및 부채를 합산할 때에도 지분율과 관계없이 100% 관점에서 합산하였다. 즉, 지배-종속관계가 성립되면 100% 취득했다는 관점에서 연결실체가 구성되었는데 갑자기 영업권, 즉 투자차액을 계산할 때에는 왜 지배회사의 지분율만 고려하는 걸까?

투자차액을 계산할 때 지배회사의 지분율만을 고려하는 것은 실무적인 한계 때문이다. 실제 종속회사의 경우 비상장인 경우가 많다. 비상장인 경우에는 적절한 지분가치를 계산하기가 생각보다 어렵다. 상기 사례를 기준으로 이야기를 해보면, 지배회사가 종속회사의 주식 60%를 ₩90,000에 구입한 것은 실제 구입내역이 있기 때문에 명확한 사실이라고 볼 수 있다. 다만, 지배-종속관계가 성립되는 시점에 종속회사의 주식 40%를 비지배지분이 얼마에 구입할 것인지를 추정하기는 현실적으로 쉽지 않다. 지배-종속관계가 성립되는 시점에 종속회사의 주식 40%를 비지배지분이 구입하는 행위가 실제로 발생하지 않았기 때문이다.

연결회계는 대부분 연결실체이론을 따르지만 이러한 현실적인 이유 때문에 영업권에 한해서는 지배회사의 지분율만을 고려한 '부분영업권' 방식도 예외적으로 인정하고 있다.

앞으로 모든 사례는 '부분영업권'을 기준으로 이야기하겠지만 비지배지분의 영업권을 고려한 '전부영업권'이 어떻게 계산되는지를 짚고 넘어갈 필요가 있다.

우선 지배회사가 종속회사의 지분 60%를 취득하기 위해 ₩90,000을 지불했다면 당시 종속회사의 공정가치는 ₩90,000÷60%로 계산되어 ₩150,000이 될 것이라고 추정할 수 있다. 따라서 비지배지분이 소유하고 있는 40% 주식에 대한 공정가치는 ₩60,000일 것이라고 추정할 수 있다. 따라서 비지배지분에 귀속될 영업권은 비지배지분의 공정가치 ₩60,000에서 종속회사 자본의 장부가액 중 비지배지분에 해당하는 ₩40,000을 제외한 ₩20,000으로 계산된다.

• 20X1년 1월 1일 최초 취득 시 •

■ 투자주식과 종속회사 자본의 상계

Dr) 자본-지배지분	60,000*	Cr) 투자주식	90,000
영업권	30,000**		

* 종속회사 자본 ₩100,000 중 60%가 지배회사 부분이므로 ₩60,000만 제거되어야 한다.

** 영업권 = 투자주식가액(₩90,000) − [종속회사의 자본(₩100,000) × 지배회사의 지분율(60%)]

■ 종속회사 자본의 비지배지분 배부

Dr) 자본-지배지분	40,000	Cr) 비지배지분	60,000
영업권	20,000***		

*** 영업권 = 비지배지분의 공정가치(₩60,000) − [종속회사의 자본(₩100,000) × 비지배지분율(40%)]

투자-자본상계에 따른 연결재무상태표 : 전부영업권을 인식하는 경우

	개별 F/S		연결결산 절차		20X1.12.31.
	지배회사	종속회사	단순합산	연결조정	연결재무상태표
자산					
현금	220,000	100,000	320,000		320,000
재고자산	350,000	20,000	370,000		370,000
투자주식	90,000	0	90,000	② (90,000)	0
유형자산	500,000	50,000	550,000		550,000
감가상각누계액	(300,000)	(10,000)	(310,000)		(310,000)
영업권-지배지분				② 30,000	30,000
영업권-비지배지분				③ 20,000	20,000
소계	860,000	160,000	1,020,000	(40,000)	980,000
부채와 자본					
부채	510,000	50,000	560,000		560,000
자본금	300,000	100,000 ①			
자본금-지배지분			400,000	② (60,000) ③ (40,000)	340,000 (40,000)
자본금-비지배지분				③ 40,000 ③ 20,000	40,000 20,000
당기순이익	50,000	10,000 ①			
당기순이익-지배지분			60,000	④ (4,000)	56,000
당기순이익-비지배지분				④ 4,000	4,000
소계	860,000	160,000	1,020,000	(40,000)	980,000

① 지배회사와 종속회사의 개별재무제표를 합산하는 과정에서 자본과 당기순이익은 지배회사의 자본과 당기순이익으로 자연스럽게 전환되며, 이는 연결조정 분개로는 표현되지 않는다.
② 투자-자본거래도 내부거래이므로 상계되어야 한다.
③ 종속회사의 자본은 지배지분과 비지배지분으로 구분되어야 하며, 개별재무제표 합산 과정에서 지배회사 지분으로 과대 인식된 부분을 연결조정 분개로 조정해주어야 한다.
④ 종속회사의 자본변동은 지배지분과 비지배지분으로 배부되어야 한다.

'전부영업권'에 따르면, 영업권은 지배지분과 비지배지분에 각각 귀속된다.

연결 후 투자주식은 항상 '0'이 된다.

연결 후 지배지분 자본금은 개별재무제표상 지배회사의 자본금과 동일하다.

연결대상에 편입될 당시, 종속회사의 공정가치를 기준으로 비지배지분이 배분된다.

"종속회사의 자산과 부채가 재평가되는 경우에는 또 어쩌나?"

지금까지는 투자-자본상계와 영업권에 대한 이해를 돕기 위해서 종속회사의 자산과 부채는 장부가액과 동일하다고 가정하였다. '세 번째 이야기의 03. 내가 소유하고 있는 종속회사의 가치는 실제 얼마인 거죠?'에서 이야기한 것처럼 최초 지배-종속관계가 성립할 때에는 종속회사의 자산과 부채를 재평가하여 그 가치를 연결재무제표상에 기록할 수 있게 되어 있는데, 이 규정을 적용하면 실제 연결재무제표상 종속회사의 자산과 부채는 장부가액과 차이가 있게 마련이다.

따라서 이번에는 해당 문제를 통해 종속회사의 장부가액과 공정가치가 다른 경우에 투자-자본상계를 하고 영업권을 계산하는 절차를 살펴보자.

문제

20X1년 1월 1일에 찰스종합회사는 종속회사 A의 주식 60%를 ₩90,000에 취득하여 지배-종속관계가 성립되었다. 또한 20X1년 12월 31일 현재 찰스종합회사와 종속회사 A의 재무상태표는 다음과 같다.

개별회사 재무상태표

20X1.12.31.

	찰스종합회사	종속회사 A
자산		
현금	220,000	100,000
재고자산	350,000	20,000
투자주식	90,000	0
유형자산	500,000	50,000
감가상각누계액	(300,000)	(10,000)
소계	**860,000**	**160,000**

부채와 자본		
부채	510,000	50,000
자본금	300,000	100,000
당기순이익	50,000	10,000
소계	**860,000**	**160,000**

추가정보

지배-종속관계 성립 시 종속회사 A의 자산 및 부채의 공정가치

	장부가액	공정가치
재고자산	20,000	30,000
유형자산	40,000	60,000

재고자산은 20X1년에 모두 판매된 것으로 가정.
유형자산의 잔여내용연수는 10년

20X1년간 종속회사 A의 당기순이익이 ₩10,000 증가한 것 이외에는 연결조정을 위한 어떠한 변동사항도 없다. 또한 영업권은 '부분영업권'만을 인정한다고 하자.

20X1년 연결을 위한 연결조정 분개를 처리하고, 20X1년 12월 31일 현재의 연결재무상태표를 작성해보자.

우선 제일 먼저 살펴볼 부분은 투자차액이다. 영업권을 계산하기 위해서는 투자주식 대비 종속회사 장부가액의 차이를 분석해야 하는데, 이 차이에는 영업권만 있는 것이 아니라 종속회사의 자산 및 부채의 공정가치와 장부가액의 차이도 포함되어 있기 때문이다. 따라서 투자차액을 먼저 확인하고 투자차액 내에서 종속회사의 공정가치 및 장부가액의 차이와 영업권을 구분하는 절차가 필요하다.

| 투자차액 및 영업권을 계산하는 절차 |

① 투자차액

투자주식		90,000
종속회사의 장부가액	₩100,000 X 60%	60,000
총 투자차액		**30,000**

② 투자차액의 배부

재고자산	10,000	
유형자산	20,000	
100% 기준 평가차액	30,000	
60% 기준 평가차액		18,000
영업권		**12,000**

여기서 한 가지 유의할 점은 '부분영업권'인 지배회사의 영업권을 인식하기 위해서는 투자차액이 지배회사의 지분율을 기준으로 산출되었기 때문에 종속회사의 공정가치 및 장부가액의 차이도 지배회사의 지분율을 기준으로 계산되어야 한다는 점이다. 다만, 연결실체 입장에서 종속회사의 공정가치 및 장부가액의 차이는 지배회사의 지분율이 아니라 100%를 기준으로 연결재무제표에 반영된다. 해당 내역을 반영한 지배-종속관계 성립 시에 연결조정 분개는 아래와 같다.

• 20X1년 1월 1일 최초 취득 시 •

■ 투자주식과 종속회사 자본의 상계

Dr)	자본-지배지분	100,000	Cr) 투자주식	90,000
	재고자산	10,000	비지배지분	52,000
	유형자산	20,000		
	영업권	**12,000**		

종속회사의 공정가치 및 장부가액의 차이를 조정하는 경우에는 후속 작업을 잊지 말아야 한다. 자주 이야기하는 연결재무제표 작성 시의 한계는, 연결재무제표의 시작은 개별재무제표의 합산인데 합산된 개별재무제표에는 종속회사의 공정가치가 반영되지 않은 재무제표가 합산된다는 것이다.

따라서 시간이 지나면 재고자산이 팔려서 매출원가가 발생하고 유형자산 또한 내용연수에 따라 감가상각이 발생하기 마련이니 이러한 효과를 연결조정사항으로 반영하는 것이 필요하다.

| 최초 취득 시 인식한 종속회사 공정가치 관련 변동 내역 |

	20X1 초	20X1 말	20X2 말	20X3 말
재고자산	₩10,000	₩10,000 (−10,000)	−	−
유형자산	₩20,000 (−)	₩20,000 (−2,000)	₩20,000 (−4,000)	₩20,000 (−6,000)

→ 재고자산가치의 증가분은 재고자산 판매 시에 '매출원가'로 인식된다.

→ 유형자산가치의 증가분은 내용연수에 따라 일정금액이 '감가상각비'로 인식된다.
또한, 유형자산이 처분되는 경우에는 '증가분 − 감가상각누계액'만큼 유형자산처분이익에서 차감된다.

그리고 종속회사의 공정가치 및 장부가액 차이의 후속 효과를 반영하는 경우에는 해당 내용은 종속회사의 자본변동이므로 비지배지분에 대한 배분도 발생한다는 사실도 기억해야 한다. 해당 내역을 반영한 20X1년 말의 연결조정 분개는 아래와 같다.

• 20X1년 말 종속회사의 공정가치 반영에 따른 연결조정 •

■ 재고자산은 1년이 지나면 판매되어 매출원가가 발생한다.

Dr) 매출원가	10,000	Cr) 재고자산	10,000

■ 유형자산은 1년이 지나면 내용연수만큼 감가상각비를 인식해야 한다.

Dr) 감가상각비	2,000	Cr) 감가상각누계액	2,000

■ 재고자산 및 유형자산의 변동은 종속회사의 순자산 변동이므로 비지배지분 만큼 배부하여야 한다.

Dr) 비지배지분–당기순이익	4,800*	Cr) 지배지분당기순이익	4,800

* (₩10,000 + 2,000) × 40%로 계산된다.

그리고 마지막으로 종속회사의 개별재무제표상 당기순이익, 즉 자본변동에 따른 효과도 비지배지분으로 배부하여야 한다.

• 20X1년 말 종속회사의 순자산 변동(=당기순이익)에 따른 연결조정 •

Dr) 지배지분당기순이익	4,000	Cr) 비지배지분–당기순이익	4,000

상기 연결조정 분개를 반영한 20X1년 말 연결재무제표는 아래와 같이 작성된다.

투자–자본상계에 따른 연결재무상태표 : 종속회사의 순자산장부가액≠공정가치

	개별 F/S		연결결산 절차			20X1.12.31.
	지배회사	종속회사	단순합산	연결조정		연결재무상태표
				지배-종속관계 성립 시	지배-종속관계 성립 후	
자산						
현금	220,000	100,000	320,000			320,000
재고자산	350,000	20,000	370,000	② 10,000	⑤ (10,000)	370,000
투자주식	90,000	0	90,000	③ (90,000)		0
유형자산	500,000	50,000	550,000	② 20,000	⑤ (2,000)	550,000
감가상각누계액	(300,000)	(10,000)	(310,000)			(310,000)
영업권-지배지분				③ 12,000		12,000
영업권-비지배지분						0
소계	**860,000**	**160,000**	**1,020,000**	(48,000)	(12,000)	**960,000**
부채와 자본						
부채	510,000	50,000	560,000			560,000
자본금	300,000	100,000 ①				
자본금-지배지분			400,000	③ (60,000)		340,000
				④ (40,000)		(40,000)
자본금-비지배지분				④ 40,000		40,000
				④ 12,000		12,000
당기순이익	50,000	10,000 ①				
당기순이익-지배지분			60,000		⑥ (11,200)	48,800
당기순이익-비지배지분					⑦ (800)	(800)
소계	**860,000**	**160,000**	**1,020,000**	(48,000)	(12,000)	**960,000**

① 지배회사와 종속회사의 개별재무제표를 합산하는 과정에서 자본과 당기순이익은 지배회사의 자본과 당기순이익으로 자연스럽게 전환되며, 이는 연결조정 분개로는 표현되지 않는다.
② 지배력 성립 당시, 종속회사의 장부가액과 공정가치에 차이가 있다면 차이분은 연결조정 사항으로 반영되어야 한다.
③ 투자-자본거래도 내부거래이므로 상계되어야 한다.
이때 종속회사의 순자산장부가치와 순자산공정가치는 자산 및 부채항목별로 반영되었기 때문에, 영업권은 종속회사의 순자산공정가치와 투자주식과의 차이는 연결조정 분개에서 '영업권' 또는 '염가매수차익'으로 표현된다.
④ 종속회사의 자본은 지배회사와 비지배지분으로 구분되어야 하는데, 종속회사의 순자산공정가치 증가분 ₩30,000 중에 비지배지분율 40%에 해당되는 부분은 비지배지분으로 배부되어야 한다.
⑤ 공정가치로 재평가된 종속회사의 자산 및 부채는 시간이 지남에 따라 변동되기 마련이며, 이 효과 또한 반영되어야 한다.
⑥ 종속회사 당기순이익 증가에 따른 비지배지분 배부 ₩(–)4,000 + 종속회사 공정가치 증가분에 대한 매출원가 및 감가상각비 발생분 ₩(–)12,000을 반영 + 종속회사 공정가치 변동에 의한 매출원가 및 감가상각비 발생분에 대한 비지배지분 배부 ₩4,800
⑦ 종속회사 당기순이익 증가에 따른 비지배지분 배부 ₩4,000 + 종속회사 공정가치 변동에 의한 매출원가 및 감가상각비 발생분에 대한 비지배지분 배부 ₩(–)4,800

요약 정리

- 투자–자본상계란 연결대상 회사 간 지분을
  ① 투자한 회사의 투자주식 계정과 종속회사의 자본 계정을 상계하는 것과
  ② 연결대상이 된 이후에 종속회사의 자본변동내역을 지배지분과 비지배지분으로 배부하는 것을 의미한다.
- 종속회사의 자산 및 부채의 장부가액과 공정가치가 일치하는 경우에도 지배회사의 지분율에 해당하는 종속회사의 자본과 지배회사의 투자주식가액이 일치하지 않는 경우가 있는데, 이는 영업권 또는 염가매수차익으로 인식한다.
  ① 원칙적으로는 영업권은 지배지분뿐만 아니라 비지배지분에도 귀속된다.
  ② 다만, 실무상 측정의 이슈 때문에 예외적으로 지배지분에 귀속되는 영업권만을 계산할 수 있는데 이러한 방식을 '부분영업권'이라고 한다.
- 지배–종속관계가 성립되는 시점에 종속회사의 자산 및 부채의 공정가치를 재평가할 수 있는데, 일반적으로 평가 결과 종속회사의 자산 및 부채의 장부가액과 공정가치는 차이가 발생하게 된다.
  ① 해당 경우에 종속회사의 자산 및 부채의 공정가치와 장부가액과의 차이를 연결재무제표상에 반영할 수 있는데, 해당 차이는 후속작업을 통해 지속적으로 관리되어야 한다.
  ② 또한 영업권 또는 염가매수차익은 지배회사의 지분율에 해당하는 종속회사의 자산 및 부채의 공정가치와 지배회사의 투자주식가액과의 차이로 계산된다.

06

영업권은 영원히 한 번만 발생한다고요?

단계적 취득 시 회계처리

지금까지는 지배회사가 종속회사의 주식을 한 번에 취득하여 지배-종속관계가 성립한 경우만 가정하였다. 하지만 지배회사가 종속회사의 주식을 여러 번 취득하여 지배력을 획득하는 경우도 실무에서는 종종 발생한다. 그리고 지배-종속관계가 성립된 이후에도 지배회사가 종속회사의 주식을 추가로 취득하기도 한다.

이런 경우에 지배회사가 종속회사의 주식을 종속회사의 장부가액과 동일한 금액으로 취득하면 좋으련만, 현실적으로는 지배회사의 주식취득가액과 종속회사의 장부가액이 다른 경우가 대부분이며 투자차액이 발생하기 마련이다.

이번 주제에서는 여러 번 주식을 취득하여 지배력을 획득하는 경우 영업권을 어떻게 계산해야 하는지에 대해 구체적으로 알아보고자 한다.

“ 지배-종속관계는 평생 한 번만 발생한다. ”

2회 이상에 걸쳐 주식을 취득하여 지배력을 획득하는 경우, 즉 단계적 취득으로 지배력을 획득하는 경우 연결회계에서는 지배력 취득일에 지배회사가 종속회사의 주식을 일괄적으로 취득했다고 간주한다. 이를 '일괄취득법'이라고도 하는데, 예를 들어 찰스종합회사가 20X1년 초에 종속회사 A의 주식을 10% 취득하고, 20X2년 초에 추가로 50%를 취득하여 총 60% 지분율로 지배력을 획득했다고 하자.

이런 경우에 찰스종합회사는 20X2년 초에 종속회사 A의 주식 60%를 취득하여 지배력을 획득했다고 가정하라는 것이다. 이러한 '일괄취득법'의 논리에 따라 투자차액 및 영업권도 아래와 같이 계산되어야 한다.

> 영업권(염가매수차익)
> =투자주식의 일괄취득원가* −(종속회사의 순자산공정가치×지배회사의 일괄지분율)
>
> * 기존 주식의 지배력 획득일 현재의 공정가치+추가 취득주식의 지배력 획득일 현재의 공정가치

문제를 통해 조금 더 자세히 알아보자.

문제

찰스종합회사는 20X1년 초 및 20X2년 초에 종속회사 A의 주식을 각각 10% 및 50%를 취득하여 20X2년 1월 1일에 지배-종속관계가 성립되었다. 또한 20X2년 12월 31일 현재 찰스종합회사와 종속회사 A의 재무상태표는 다음과 같다.

개별회사 재무상태표

20X2.12.31.

	찰스종합회사	종속회사 A
자산		
현금	220,000	100,000
재고자산	350,000	20,000
투자주식	130,000	0
유형자산	120,000	50,000
감가상각누계액	(80,000)	(10,000)
소계	**740,000**	**160,000**

부채와 자본

부채	390,000	10,000
자본금(@100)	300,000	100,000
당기순이익	50,000	50,000
소계	**740,000**	**160,000**

추가정보

찰스종합회사의 종속회사 A의 주식 취득 기록

	취득 주식수	취득원가
20X1.1.1.	100주	10,000
20X2.1.1.	500주	120,000

20X1년간 종속회사 A의 자본금 변동은 없다. 또한, 영업권은 '부분영업권'만을 인정한다고 하자.

20X2년 연결을 위한 연결조정 분개를 처리하고, 20X2년 12월 31일 현재의 연결재무상태표를 작성해보자.

우선 해당 사례를 기준으로 투자차액을 계산하기 위해 20X1년에 취득한 10% 주식에 대한 20X2년 초 현재의 공정가치를 추정해야 한다. '일괄취득법'에 의하면 지배-종속관계가 성립되는 20X2년 초에 찰스종합회사가 종속회사 A의 주식을 60% 취득한 것으로 가정해야 하기 때문이다. 따라서 실제 20X1년도에 취득한 10% 주식가액과 20X2년 초에 취득한 50% 주식가액은 전부 20X2년 초의 공정가치로 계산되어야 한다. 이에 따라 영업권을 산출해 보면 아래 계산과 같이 ₩84,000이 발생한다는 사실을 알 수 있다.

기존 투자주식의 공정가치

20X2년 초 투자주식의 공정가치	500주 X @240* =	₩120,000
20X1년 초 투자주식의 공정가치	100주 X @240* =	24,000

* 20X2년 초에 취득한 주식가치를 공정가치로 가정하면 ₩120,000/500주가 된다.

투자차액 계산

투자주식가액	600주 X @240 =	₩144,000
종속회사 장부가액 중 지배지분	₩100,000 X 60%	60,000
영업권(종속회사의 순자산장부가액 = 종속회사의 순자산공정가치)		84,000

영업권 계산 방식을 살펴보면 한 가지 궁금한 사항이 떠오른다. 20X1년 초에 찰스종합회사가 취득한 종속회사 A의 10%에 해당하는 취득가액은 ₩10,000인데, 영업권 계산을 위해 공정가치가 ₩24,000으로 평가된다면 이 차이는 어떻게 조정될 수 있을까? 연결회계기준에서는 '일괄취득법'에 따라 평가된 주식가액과 개별재무제표에 기록된 기존 주식가액과의 차액을 '투자주식처분손익[18]'으로 관리하도록 되어 있다.

'투자주식처분손익'으로 관리하라는 의미는 찰스종합회사가 20X1년 초에 취득한 종속회사 A의 10% 주식 ₩10,000을 20X2년 초에 ₩24,000에 처분하고, 지배력 획득을 목적으로 50%의 주식과 함께 10%의 주식을 ₩24,000에 다시 산 것으로 회계처리하라는 것과 동일한 의미이다.

해당 내용을 포함한 20X2년도의 연결조정 분개는 아래와 같다.

• 20X2년 초 지배-종속관계 성립 시 기존 주식의 평가 •

Dr)	투자주식	14,000	Cr) 투자주식처분이익	14,000

• 20X2년 초 지배-종속관계 성립 시 투자-자본의 상계 •

Dr)	자본금	100,000	Cr) 투자주식	144,000
	영업권	84,000	Cr) 비지배지분	40,000

• 20X2년 말 지배-종속관계 성립 후 종속회사 자본 증가에 따른 비지배지분 배부 •

Dr)	지배지분당기순이익	4,000	Cr) 비지배지분-당기순이익	4,000

18) 여기서는 논의의 단순화를 위해 '투자주식'이라고 표기하였지만 K-IFRS 기준에 따라 투자주식이 '기타포괄손익공정가치측정금융자산'으로 분류된다면 '투자주식처분이익'은 '기타포괄손익(평가이익)'으로 인식된다. 또한, 해당 투자주식이 '당기손익공정가치측정금융자산'으로 분류된다면 '투자주식처분이익'은 '당기순이익(평가이익)'으로 인식된다.

또한 상기 연결조정 분개를 반영한 20X2년 말 연결재무제표는 다음과 같이 작성된다.

┃ 단계적 취득 시 연결조정 분개를 반영한 연결재무제표 ┃

연결결산

20X2.12.31.

	단순합산	연결조정: 기존 주식의 평가	연결조정: 지배-종속관계 성립 시	연결조정: 지배-종속관계 성립 후	연결재무상태표
자산					
현금	320,000				320,000
재고자산	370,000				370,000
투자주식	130,000	14,000	(144,000)		0
유형자산	170,000				170,000
감가상각누계액	(90,000)				(90,000)
영업권-지배지분			84,000		84,000
소계	**900,000**	**14,000**	**(60,000)**	**0**	**854,000**
부채와 자본					
부채	400,000				400,000
자본금					
자본금-지배지분	400,000		(100,000)		300,000
자본금-비지배지분	0		40,000		40,000
당기순이익					
당기순이익-지배지분	100,000	14,000		(4,000)	110,000
당기순이익-비지배지분	0			4,000	4,000
소계	**900,000**	**14,000**	**(60,000)**	**0**	**854,000**
자산-(부채+자본)	0	0	0	0	0

지배-종속관계가 성립하기 이전에 취득한 주식은 지배-종속관계가 성립된 시점에 공정가치로 처분하고 재취득한 것으로 가정한다.

투자-자본상계 시에 제거되는 투자주식가액은 일괄취득법에 의해 재계산된 공정가치인 ₩144,000이 제거되어야 한다.

연결 후 투자주식은 항상 '0'이 된다.

“영업권은 평생 한 번만 발생한다.”

이번에는 지배-종속관계가 성립된 이후에 지배회사가 종속회사의 주식을 추가로 취득하는 경우를 살펴보자. 앞에서 본 사례와 유사하게 지배회사는 종속회사의 장부가액과는 무관하게 종속회사의 주식을 취득할 수 있는데, 이런 경우에 발생하는 투자차액은 영업권 또는 염가매수차익이 아니라 연결자본의 변동으로 인식한다.

연결회계 입장에서 지배-종속관계는 '지배력의 획득' 및 '지배력의 상실'이라는 단 두 가지 거래유형만 존재한다. 즉, 사례를 기준으로 보면 찰스종합회사가 종속회사 A의 주식 60%를 취득하여 지배력을 획득한 이후에는 찰스종합회사가 소유한 종속회사 A의 지분율이 증가 또는 감소하는 경우에도 지배력을 유지하는 한 '지배력의 획득'이라는 상태는 그대로 지속되기 때문이다.

따라서 지배-종속관계가 지속되는 환경하에서 찰스종합회사가 종속회사 A의 주식을 추가로 취득하거나 처분하는 경우에는 지배주주와 비지배주주 간의 단순 자본이동으로 처리하여, 지배-종속관계가 유지되는 환경하에서 지배회사가 종속회사의 지분을 추가로 취득 또는 처분하는 경우에 발생하는 투자차액은 '연결자본잉여금'으로 표시된다. 또한 투자차액도 '일괄취득법'을 적용하지 않으며, 종속회사에 대한 자산과 부채의 공정가치 평가도 인정하지 않는다.

> 투자차액
> = 투자주식의 추가 취득원가 - (종속회사의 순자산공정가치 × 지배회사의 추가 지분율)

문제를 통해 조금 더 자세히 알아보자.

문제

찰스종합회사는 20X1년 초에 종속회사 A의 주식 60%을 취득하여 지배-종속관계가 성립되었다. 그 이후 20X1년 말에 찰스종합회사는 종속회사 A의 주식 20%를 추가로 취득하였다. 20X1년 12월 31일 현재 찰스종합회사와 종속회사 A의 재무상태표는 다음과 같다.

개별회사 재무상태표

20X1.12.31.

	찰스종합회사	종속회사 A
자산		
현금	190,000	100,000
재고자산	350,000	20,000
투자주식	110,000	0
유형자산	30,000	50,000
감가상각누계액	(20,000)	(10,000)
소계	**660,000**	**160,000**
부채와 자본		
부채	310,000	50,000
자본금(@100)	300,000	100,000
당기순이익	50,000	10,000
소계	**660,000**	**160,000**

추가정보

찰스종합회사의 종속회사 A의 주식 취득 기록

	취득 주식수	취득원가
20X1.1.1.	600주	80,000
20X1.12.31.	200주	30,000

영업권은 '부분영업권'만을 인정한다고 하자.

20X1년 연결을 위한 연결조정 분개를 처리하고, 20X1년 12월 31일 현재의 연결재무상태표를 작성해보자.

20X1년 초에 발생한 투자차액은 앞에서 이야기한 최초 취득 투자차액 계산 방법과 별다른 차이가 없다. 또한 20X1년 초에 발생한 투자차액은 영업권으로 계상된다.

여기서 주목할 것은 20X1년 말에 추가로 취득한 주식에 대한 투자차액이다. 만약 20X1년 초에 지배-종속관계가 성립되지 않고 20X1년 말에 성립되었다고 한다면 지배회사인 찰스종합회사가 종속회사 A의 주식을 20%가 아닌 80%를 일괄취득했다는 관점에서 투자차액을 계산해야 한다. 하지만 실제 20X1년 초에 이미 지배-종속관계가 성립되었기 때문에 20X1년 말에 추가 취득한 20% 지분 대상 투자주식가액과 20X1년 말 종속회사의 장부가액을 기준으로 투자차액을 계산한다. 그리고 계산된 투자차액은 지배주주와 비지배주주와의 단순 자본거래이기 때문에 영업권이 아니라 '연결자본잉여금'으로 인식된다.

20X1년 초 투자차액

투자주식가액		₩80,000
종속회사 장부가액 중 지배지분	₩100,000 X 60% =	60,000
총 투자차액(= 영업권)		₩20,000

20X1년 말 투자차액

투자주식의 추가 취득 가액		₩30,000
종속회사 장부가액 중 지배지분	₩110,000 X 20% =	22,000
총 투자차액(= 연결자본잉여금)		₩8,000

해당 내용을 포함한 20X1년도의 연결조정 분개는 다음과 같다.

• 20X1년 초 지배-종속관계 성립 시 투자-자본의 상계 •

Dr) 자본금	100,000	Cr) 투자주식	80,000
영업권	20,000	비지배지분	40,000

• 20X1년 종속회사 자본변동에 따른 비지배지분의 배부 •

Dr) 지배지분당기순이익	4,000	Cr) 비지배지분-당기순이익	4,000

• 20X1년 말 추가 취득에 따른 연결자본의 변동 •

Dr) 비지배지분	22,000	Cr) 투자주식	30,000
연결자본잉여금	8,000		

또한 상기 연결조정 분개를 반영한 20X1년 말 연결재무제표는 아래와 같이 작성된다.

❙ 지배—종속관계 성립 후 추가 취득 시 연결조정 분개를 반영한 연결재무제표 ❙

연결결산

20X1.12.31.

	단순합산	연결조정: 지배-종속관계 성립 시	연결조정: 20X1년 자본변동	연결조정: 추가 취득	연결재무상태표
자산					
현금	290,000				290,000
재고자산	370,000				370,000
투자주식	110,000	(80,000)		(30,000)	0
유형자산	80,000				80,000
감가상각누계액	(30,000)				(30,000)
영업권-지배지분		20,000			20,000
소계	**820,000**	**(60,000)**	**0**	**(30,000)**	**730,000**
부채와 자본					
부채	360,000				360,000
자본금					
자본금-지배지분	400,000	(100,000)			300,000
자본금-비지배지분	0	40,000		(20,000)	20,000
연결자본잉여금				(8,000)	(8,000)
당기순이익					
당기순이익-지배지분	60,000		(4,000)		56,000
당기순이익-비지배지분	0		4,000	(2,000)	2,000
소계	**820,000**	**(60,000)**	**0**	**(30,000)**	**730,000**
자산-(부채+자본)	**0**	**0**	**0**	**0**	**0**

20X1년 말 현재 종속회사 A의 주식 20%를 추가 취득하기 위해서는 종속회사 A의 장부가액 ₩110,000의 20%만 필요하지만, 취득가액 ₩30,000에 따른 초과부분인 ₩8,000은 연결자본잉여금으로 인식한다.

비지배지분의 자본은 20X1년 말 종속회사의 장부가액 ₩110,000의 20%가 지배지분으로 이동하였다.

연결 후 투자주식은 항상 '0'이 된다.

| 20X1년 말 지배회사의 주식 취득 전후의 종속회사 자본의 구성내역 |

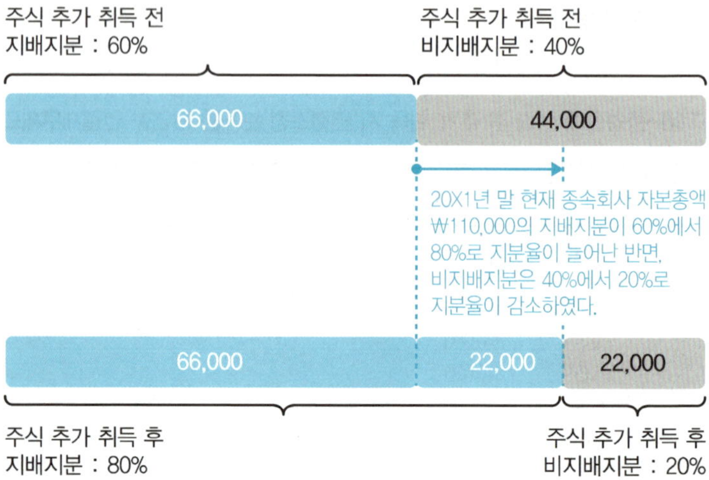

요약정리

- 지배회사가 2회 이상 주식을 취득하여 지배력을 획득하는 경우에는 지배력을 취득한 시점에 종속회사의 주식을 일괄취득한 것으로 간주하여 투자주식을 재평가하여 투자차액을 계산하고, 영업권 또는 염가매수차익으로 인식한다.
  - 즉, 지배력을 취득한 시점 직전까지의 투자주식가액을 지배력을 취득한 시점에 공정가치로 처분하고, 그 당시에 일괄취득한 것으로 투자주식을 인식하여 연결회계처리를 수행한다.
- 지배-종속관계가 성립된 이후에 지배회사가 주식을 추가로 취득한 경우에는 추가로 취득한 지분을 기준으로 투자차액을 계산한다. 또한 투자차액은 지배지분과 비지배지분과의 단순 자본거래로 간주하여 '연결자본잉여금'으로 인식한다.

07

종속회사 주식을 처분했다면 잠시 Stop!

주식 처분 시 회계처리

"주식의 일부 처분과 단계적 취득의 논리는 동일하다?"

앞에서는 주식을 취득하는 경우에 한정하여 연결회계에 대한 이야기를 진행하였다. 이번에는 주식을 처분하는 경우에 대해서도 이야기해보고자 한다.

연결회계에서는 주식 처분의 논리도 주식 취득의 논리와 동일하다. 지배회사가 종속회사의 주식을 일부 처분한 경우에도 여전히 지배–종속관계가 성립되면 지배회사의 지분 감소는 단순 자본거래로 회계처리하고 종속회사 장부상 비지배지분의 가치 변동분과 주식 처분대가의 차이는 '연결자본잉여금'으로 별도 표시한다. 이와는 반대로 지배회사가 종속회사의 주식을 일부 처분하여 더 이상 지배–종속관계가 성립되지 않으면 지배회사가 종속회사의 주식을 일부 처분한 것이 아니라 전부 처분한 것으로 간주하고 주식 처분에 따른 처분손익을 인식한다.

“ 주식 처분 후 지배–종속관계가 유지된다면…. ”

지배회사가 종속회사의 주식을 일부 처분했지만 여전히 지배–종속관계가 유지된다면 지배력 획득 후 주식의 추가 취득과 동일하게 처리된다고 하였는데, 문제를 통해 구체적으로 살펴보자.

문제

찰스종합회사는 20X1년 초에 종속회사 A의 주식 80%를 취득하여 지배–종속관계가 성립되었다. 그 이후 20X2년 초에 찰스종합회사는 종속회사 A의 주식 20%를 처분하였다. 20X1년 12월 31일 현재 찰스종합회사와 종속회사 A의 재무상태표는 다음과 같다.

개별회사 재무상태표

20X1.12.31.

	찰스종합회사	종속회사 A
자산		
현금	190,000	100,000
재고자산	350,000	20,000
투자주식	80,000	0
유형자산	0	50,000
감가상각누계액	(20,000)	(10,000)
소계	**600,000**	**160,000**
부채와 자본		
부채	250,000	50,000
자본금(@100)	300,000	100,000
당기순이익	50,000	10,000
소계	**600,000**	**160,000**

추가정보

찰스종합회사의 종속회사 A의 주식 취득 기록

	취득 주식수	취득원가
20X1.1.1.	800주	80,000

찰스종합회사의 종속회사 A의 주식 처분 기록

	처분 주식수	처분대가
20X2.1.1.	200주	35,000

찰스종합회사는 투자주식처분이익 15,000을 인식.
찰스종합회사의 개별재무제표상 회계처리는 아래와 같음

Dr) 현금	35,000	Cr) 투자주식	20,000
		투자주식처분이익	15,000

20X1년 연결을 위한 연결조정 분개를 처리하고, 20X1년 12월 31일 현재의 연결재무상태표를 작성해보자.
또한 20X2년 초 주식 처분에 따른 연결조정 분개를 작성해보자.

20X1년 초 투자차액 계산 및 20X1년 연결조정 분개는 앞서 이야기했던 일반적인 사항과 별반 다를 게 없으며, 20X1년 연결조정 분개 및 연결재무제표는 다음과 같다.

20X1년 초 투자차액

투자주식가액		₩80,000
종속회사 장부가액 중 지배지분	₩100,000 X 80% =	80,000
총 투자차액(=영업권)		₩0

• 20X1년 초 지배-종속관계 성립 시 투자-자본의 상계 •

Dr) 자본금	100,000	Cr) 투자주식	80,000
영업권	0	비지배지분	20,000

• 20X1년 종속회사 자본변동에 따른 비지배지분의 배부 •

Dr) 지배지분당기순이익	2,000	Cr) 비지배지분-당기순이익	2,000

❙ 20X1년 연결조정 분개를 반영한 연결재무제표 ❙

연결결산

20X1.12.31.

	단순합산	연결조정		연결재무상태표
		지배-종속관계 성립 시	20X1년 자본변동	
자산				
현금	290,000			290,000
재고자산	370,000			370,000
투자주식	80,000	(80,000)		0
유형자산	50,000			50,000
감가상각누계액	(30,000)			(30,000)
영업권-지배지분		0		0
소계	**760,000**	**(80,000)**	**0**	**680,000**
부채와 자본				
부채	300,000			300,000
자본금				
자본금-지배지분	400,000	(100,000)		300,000
자본금-비지배지분	0	20,000		20,000
연결자본잉여금				0
당기순이익				
당기순이익-지배지분	60,000		(2,000)	58,000
당기순이익-비지배지분	0		2,000	2,000
소계	**760,000**	**(80,000)**	**0**	**680,000**
자산-(부채+자본)	0	0	0	0

그리고 20X2년 초에 찰스종합회사는 개별재무제표상에서 종속회사 A의 주식을 20% 처분하고 처분대가 ₩35,000과 종속회사 A의 취득원가 ₩20,000[19]의 차이인 ₩15,000을 투자주식처분이익으로 인식하였다.

하지만 연결회계 입장에서 해당 투자주식은 처분이 아니라 지배지분에서 비지배지분으로의 단순 자본이동이므로 처분손익은 취소되어야 한다. 또한

19) 찰스종합회사는 종속회사 A의 주식을 80% 취득한 대가로 ₩80,000을 지급하였으므로 20% 처분 시 장부가액은 ₩20,000으로 계산된다.

지배회사가 비지배지분으로 주식을 이전하는 대가, 즉 처분대가와 당시 지배지분에서 비지배지분으로 이동하는 가액인 종속회사의 장부가액 기준 처분비율에 해당하는 금액이 다른데, 이 차이는 연결자본잉여금으로 표시되어야 한다. 해당 내용을 반영한 연결조정 분개는 아래와 같이 작성된다.

20X2년 초 투자차액

투자주식가액		₩(−)35,000
종속회사 장부가액 중 지배지분	₩110,000 X 20% =	(−)22,000
총 투자차액(=연결자본잉여금)		₩(−)13,000

• 20X2년 초 지배-종속관계 유지 시 종속회사 주식의 처분 •

Dr)	투자주식	20,000	Cr) 비지배지분	22,000
	투자주식처분이익	15,000*	연결자본잉여금	13,000

* 연결회계 입장에서는 개별회계에서 인식한 투자주식처분이익을 취소하여야 한다.

"주식 처분 후 지배-종속관계가 성립되지 않는다면 …."

반면에 지배회사가 종속회사의 주식을 처분하여 지배-종속관계가 성립되지 않는 경우, 즉 지배력을 상실하는 경우에는 지배회사가 종속회사의 주식을 일부 처분했을지라도 전부 처분한 것으로 간주하여 지배회사에서 투자주식처분손익을 인식한다.

사례를 통해 조금 더 자세히 알아보자.

사례

찰스종합회사는 20X1년 초에 종속회사 A의 주식 80%를 취득하여 지배-종속관계가 성립되었다. 그 이후 20X2년 초에 찰스종합회사는 종속회사 A의 주식 60%를 처분하였다. 20X1년 12월 31일 현재 찰스종합회사와 종속회사 A의 재무상태표는 다음과 같다.

개별회사 재무상태표 20X1.12.31.

	찰스종합회사	종속회사 A
자산		
현금	190,000	100,000
재고자산	350,000	20,000
투자주식	80,000	0
유형자산	0	50,000
감가상각누계액	(20,000)	(10,000)
소계	**600,000**	**160,000**
부채와 자본		
부채	250,000	50,000
자본금(@100)	300,000	100,000
당기순이익	50,000	10,000
소계	**600,000**	**160,000**

추가정보

찰스종합회사의 종속회사 A의 주식 취득 기록

	취득 주식수	취득원가
20X1.1.1.	800주	80,000

찰스종합회사의 종속회사 A의 주식 처분 기록

	처분 주식수	처분대가
20X2.1.1.	600주	120,000

찰스종합회사는 투자주식처분이익 60,000을 인식,
찰스종합회사의 개별재무제표상 회계처리는 아래와 같음

Dr) 현금	120,000	Cr) 투자주식	60,000
		투자주식처분이익	60,000

영업권은 '부분영업권'만을 인정한다고 하자.

20X1년 연결을 위한 연결조정 분개를 처리하고, 20X1년 12월 31일 현재의 연결재무상태표를 작성해보자.

또한 20X2년 초 주식의 일부처분과 관련된 연결조정 분개를 작성해보자.

20X1년 초 투자차액 계산 및 20X1년 연결조정 분개는 앞서 이야기했던 일반적인 사항과 별반 다를 게 없으며, 20X1년 연결조정 분개 및 연결재무제표는 다음과 같다.

20X1년 초 투자차액

투자주식가액		₩80,000
종속회사 장부가액 중 지배지분	₩100,000 X 80% =	80,000
총 투자차액(=영업권)		₩0

• 20X1년 초 지배-종속관계 성립 시 투자-자본의 상계 •

Dr)	자본금	100,000	Cr)	투자주식	80,000
	영업권	0		비지배지분	20,000

• 20X1년 종속회사 자본변동에 따른 비지배지분의 배부 •

Dr)	지배지분당기순이익	2,000	Cr)	비지배지분-당기순이익	2,000

❙ 20X1년 연결조정 분개를 반영한 연결재무제표 ❙

연결결산				20X1.12.31.
	단순합산	연결조정		연결재무상태표
		지배-종속관계 성립 시	20X1년 자본변동	
자산				
현금	290,000			290,000
재고자산	370,000			370,000
투자주식	80,000	(80,000)		0
유형자산	50,000			50,000
감가상각누계액	(30,000)			(30,000)
영업권-지배지분		0		0
소계	760,000	(80,000)	0	680,000
부채와 자본				
부채	300,000			300,000
자본금				
자본금-지배지분	400,000	(100,000)		300,000
자본금-비지배지분	0	20,000		20,000
연결자본잉여금				0
당기순이익				
당기순이익-지배지분	60,000		(2,000)	58,000
당기순이익-비지배지분	0		2,000	2,000
소계	760,000	(80,000)	0	680,000
자산-(부채+자본)	0	0	0	0

그리고 20X2년 초에 찰스종합회사는 개별재무제표상에서 종속회사 A의 주식을 60% 처분하고 처분대가 ₩120,000과 종속회사 A의 취득원가 ₩60,000[20)]의 차이인 ₩60,000을 투자주식처분이익으로 인식하였다.

하지만 연결회계 입장에서 해당 투자주식의 처분손익은 재산출되어야 한다. 즉, 투자주식의 처분이란 연결재무제표상에서 계산된 지배지분의 몫을 외부에 처분하는 것이므로 처분 직전 연결재무제표를 작성하여 지배지분에 해당하는 몫을 정확하게 산정해야 한다. 또한 종속회사 A의 주식 처분으로 찰스종합회사는 종속회사 A에 대한 지배력을 상실하였으므로 60%가 아닌 80% 전체를 처분하는 것으로 간주하여야 한다. 따라서 종속회사의 처분손익은 아래와 같이 계산된다.

20X2년 초 종속회사 처분손익

종속회사 처분대가 : 80% 처분	₩120,000 ÷ 60% X 80% =	₩160,000
종속회사 장부가액 : 80% 처분	자산(160,000) – 부채(50,000) – 비지배지분(22,000) =	88,000
종속회사 처분손익		₩72,000

또한 찰스종합회사에 남아 있는 20% 지분은 처분 당시 공정가치로 재평가되어 찰스종합회사의 투자주식취득원가로 인식되어야 한다. 따라서 종속회사 A의 주식 60%를 처분한 대가로 ₩120,000을 받았으므로 20%에 대해서는 ₩40,000의 투자주식가액을 인식하게 된다.

더불어 20X2년 초에 발생하는 연결조정 분개는 ① 종속회사 A에 대한 자산과 부채 그리고 비지배지분을 전부 제거하고, ② 찰스종합회사의 개별재무제표에서 인식한 투자주식처분과 관련된 회계처리를 제거하고, ③ 연

20) 찰스종합회사는 종속회사 A의 주식을 80% 취득한 대가로 ₩80,000을 지급하였으므로 60% 처분 시 장부가액은 ₩60,000으로 계산된다.

결기준으로 재산정한 투자주식처분손익과 20%에 대한 투자주식취득원가를 인식하는 방식으로 전개되며, 결과는 아래와 같다.

| 연결조정 분개 |

• 20X2년 초 종속회사 주식 처분으로 지배력 상실 시 •

① 종속회사의 자산과 부채 및 비지배지분의 제거

Dr)	감가상각누계액	10,000	Cr) 현금	100,000
	부채	50,000	재고자산	20,000
	비지배지분	22,000	유형자산	50,000

② 지배회사의 투자주식처분 관련 회계처리의 제거

Dr)	투자주식 60%	60,000		
	투자주식처분이익	60,000		

③ 연결기준 종속회사 처분손익 인식 및 잔여 20%의 투자주식가액 재산정

Dr)	투자주식 잔여분	40,000	Cr) 종속회사처분이익	72,000

사례에서는 다루지 않았지만 처분 시점의 종속회사 장부가액에서 지배지분에 해당하는 부분이 처분 당시의 처분대상가액인데, 이를 산정할 때 주의할 점이 몇 가지 있다

우선 지배력 상실 시점의 영업권을 포함한 종속회사의 자산과 부채의 장부가액을 제거해야 한다. 지배력을 상실한 종속회사의 개별재무제표는 더 이상 연결재무제표에 포함되지 않고, 관련된 영업권도 더 이상 유효하지 않기 때문이다.

두 번째로 지배력 상실일 직전의 종속회사에 대한 비지배지분이 있다면 해당 장부가액도 제거하여야 한다. 지배력을 상실한 종속회사는 더 이상 연결재무제표 작성대상이 아니므로 해당 종속회사와 연계된 비지배지분도

동일한 논리로 제거하여야 한다.

세 번째로 지배력을 획득한 당시 종속회사의 순자산장부가액과 공정가치의 차이분을 반영하고 지배력을 상실한 시점에 차이가 여전히 존재하는 경우에는 해당 부분도 제거하여야 한다.

마지막으로 지배회사와 종속회사 간의 미실현손익이 존재하는 경우에는 지배력을 상실한 시점에 실현된 것으로 간주한다.

요약 정리

- 기본적으로 종속회사의 주식 처분 논리는 단계적 취득 시 발생하는 논리와 동일하다.
- 종속회사의 주식을 처분했는데도 지배-종속관계가 유지되는 경우에는 지배지분과 비지배지분과의 단순 자본거래로 간주한다.
  - 따라서 주식 처분대가와 처분 당시 연결재무제표상 지배지분가액과의 차이는 '연결자본잉여금'으로 인식한다.
- 종속회사의 주식 처분에 따라 지배-종속관계가 더 이상 성립되지 않는 경우에는 종속회사 주식의 처분으로 인식한다.
  ① 다만, 종속회사의 주식을 일부 처분했을지라도 전부 처분한 것으로 간주하여 종속회사 주식 처분에 따른 손익을 인식한다.
  ② 또한 처분손익을 인식하기 위한 종속회사에 대한 지배지분가액은 연결재무제표에 인식된 가액으로 계산되어야 한다.
  ③ 그리고 남아 있는 종속회사의 투자주식은 처분 당시 공정가치 기준으로 재평가되어야 한다.

08

그 외 투자-자본거래가 발생하면 어떡하죠?

기타 투자-자본거래의 유형

연결회계상 투자 및 자본과 관련된 내부거래는 취득, 처분 이외에 다양한 유형이 발생한다. 아무리 많은 사례를 가지고 설명할지라도 항상 새로운 유형이 발생하기 때문에 다 담아내기는 어렵다. 하지만 그렇다고 낙담할 필요는 없다. 투자-자본거래에 따른 연결조정 분개의 기본적인 개념은 앞서 이야기한 추가 취득 및 일부 처분과 다르지 않기 때문이다.

즉, 지배회사와 종속회사의 투자-자본거래를 통해 지분율이 변동하는 경우에 가장 먼저 해야 할 일은 지분율 변동에 따른 지배-종속관계가 유지되는지, 아니면 더 이상 유지되지 않는지를 판단하는 것이다.

그리고 지배력을 상실한 경우에는 종속회사 주식 처분에 따른 처분손익을 인식하고, 만일 지배-종속관계가 그대로 유지되는 경우에는 지분율 상승 또는 하락에 따른 대가와 연결재무제표상 장부가액의 차이를 연결자본잉여금으로 반영하는 것이다. 이는 앞서 이야기한 지배-종속관계가 성립되는 당시의 추가 취득 또는 추가 처분과 동일하다.

실무에서는 다양한 사례가 존재하겠지만 기본적인 투자-자본 유형을 정리해보면 다음과 같다.

| 투자-자본의 변동 유형 |

유형	내용
최초 취득	• 취득시점의 투자와 자본을 상계하고 • 발생하는 투자차액은 영업권 또는 염가매수차익으로 계상
유상증자 · 감자	• 지분율이 변동하는 경우 발생하는 투자차액은 연결자본잉여금으로 계상
무상증자 · 감자 / 주식배당	• 기본적으로 유상증자, 유상감자와 동일
외부 추가 취득	• 투자주식을 외부에서 추가로 구입한 경우 투자 및 자본의 변동이 발생하며, • 투자차액은 연결자본잉여금으로 계상
연결대상 회사 간 매매	• 연결실체 입장에서는 경제적 실질의 변동이 전혀 없으므로 • 개별회계에서 인식한 회계처리를 모두 취소하는 연결조정 분개를 수행
투자주식의 일부 · 전부 처분	• 처분 후 연결대상으로 존속하는 경우에는 처분손익을 연결자본잉여금으로 반영 • 처분 후 연결대상에서 제외되는 경우에는 처분손익을 당기손익으로 인식하고 당해 종속회사에 대한 미실현손익 중 처분비율에 해당하는 부분은 당기 실현으로 인식

09

법인세도 고려해야 한다고요?

주식의 법인세 효과의 반영

연결회계에서 마지막으로 다룰 주제는 법인세 효과이다. 연결재무제표상 법인세비용을 산출하기 위해서는 지배회사 및 종속회사의 개별재무제표에 표시된 법인세비용과의 연관성을 고려하는 것이 필요하다.

우선, 지배-종속관계가 성립될 당시에 종속회사의 자산 및 부채는 연결재무제표상 공정가치로 측정되어 표시되기 때문에 법인세비용도 이를 기준으로 작성될 것이라고 생각하나, 아직까지 연결재무제표 기준으로 법인세를 산출하는 것을 인정하지 않기 때문에 이에 대한 차이를 고려하여 법인세 효과를 이연법인세자산 또는 이연법인세부채로 인식해야 한다.

두 번째로 내부미실현손익이 존재하는 경우인데, 지배회사와 종속회사의 개별재무제표를 단순합산한 상태에서 내부미실현손익에 따른 차이를 조정해야 한다. 또한 내부미실현손익을 제거함으로써 연결재무제표의 순자산과, 지배회사와 종속회사의 개별재무제표를 단순합산한 법인세법상 세무기준액이 달라지므로 이에 대한 차이를 이연법인세자산 또는 이연법인세부채로 인식해야 한다.

마지막으로 종속회사의 이익이 쌓이는 경우 향후 이익잉여금에 대한 배당 또는 처분가능성을 고려하여 법인세 효과를 산출해야 한다. 만약 종속회사의 이익에 대하여 이연법인세부채를 인식하지 않으려면 ① 지배회사가 종속회사의 주식을 처분하지 않고, ② 종속회사는 배당을 하지 않는다는 가정이 충족되어야 한다.

현실적으로 연결회계를 이해하는 입장에서 법인세 효과를 고려한다는 것은 무척 힘든 일이다. 따라서 연결회계에서는 앞서 설명한 바와 같이 법인세 효과를 세 가지 방향에서 조정한다는 개념만 이해하면 충분할 것으로 생각된다.

알아두면 좋은 실전 연결회계 실무

01

연결결산시스템, 도입해도 좋을까?

연결결산시스템의 도입 조건

새해가 밝았다. 신년 계획도 세워보고 마음가짐도 고쳐볼라치면 다들 바쁘겠지만, 한 해 농사를 수확해야 하는 재무부서 직원들은 손은 바쁘고 마음이 무거울 시기이다. 바로 감사시즌이 다가왔기 때문이며, 여전히 익숙하지 않은 연결결산을 해야 하기 때문이다.

연결회계에 대한 이론을 잘 설명해주는 책은 여기저기서 쉽게 찾아볼 수 있어 연결결산에 대한 막막함은 나름 쉽게(?) 해결할 수도 있겠지만, 실제 연결결산을 직접 해보려고 하면 쉽지만은 않다는 사실을 느끼게 된다. 실무적으로 부딪히는 다양한 고민들과 이에 대한 해결책을 제시하는 내용들을 언급하는 책들은 생각보다 찾아보기 어렵기 때문이다.

이러한 관점에서 연결결산 진행 시에 – 지엽적일 수도 있지만 – 실무적으로 문제가 되는 다양한 고민을 하나하나 짚어보는 것 또한 의미가 있어 보여 연결회계 실무에 대한 이야기를 해보고자 한다. 그 첫 번째 시간으로 '연결결산시스템을 도입하는 것이 좋은가'에 대한 고민부터 시작해보자.

“ 연결결산시스템을 도입하면 연결결산이 잘 될까? ”

회계와 관련된 강의나 컨설팅을 하다 보면 - 특히 연결회계에 대한 강의를 하다 보면 자주 듣는 질문 중에 하나가 연결결산시스템을 언제 도입하면 좋은 지에 대한 것이다. 경영진들과도 다양한 논의를 하다 보면, 기업 실무에서도 재무회계 관점뿐만 아니라 관리회계 관점에서도 연결재무정보[1)]에 대한 필요성을 느끼곤 한다. 최근에는 컨설팅을 진행하던 회사에서 CFO가 새로 부임하게 되었는데, 부임하자마자 재무부서 인원들에게 ‘연결결산시스템’ 도입을 가장 먼저 하자고 했다는 이야기를 전해 듣기도 하였다. 경영컨설팅을 하면서 느끼는 이러한 사례들은 K-IFRS가 도입된 이후 연결재무정보에 대한 임직원의 관심이 부쩍 높아지고 연결재무정보가 회사 내에서 주요 재무정보로 정착되고 있다는 반증이라고 생각한다.

그리고 이러한 흐름에 맞추어 많은 기업들이 연결재무제표를 작성하기 위해 예산이 허락한다면 연결결산시스템을 도입하려는 다양한 시도를 하고 있다. 그런데 연결결산시스템을 도입만 한다면 연결결산에 대한 문제는 자연스럽게 해결되는 것일까? 연결결산시스템에서 제공하는 절차에 따라 결산을 하면 연결결산이 될 테니 말이다.

그 대답을 알기 위해서는 연결결산시스템을 도입한 회사의 도입 후 현황을 살펴볼 필요가 있다. 그런데, 연결결산시스템을 도입한 많은 회사들이

---

1) 실제 영업출신 대표이사와 식사 자리였는데, 회사의 매출을 이야기하면서 ‘연결 매출’이 얼마라고 언급을 하길래 넌지시 ‘연결 매출’의 의미를 물어봤더니 정확한 개념을 이야기해서 놀랐던 경험이 있다.

2~3년이 채 지나기도 전에 '연결결산 고도화'라는 명목으로 연결결산시스템과 관련된 프로젝트를 수행하는 것을 볼 수 있다. 재미있는 사실은 '연결결산 고도화' 프로젝트의 대부분은 그 실질을 살펴보면 '연결결산 정상화'라고 볼 수 있다. 그렇다면, 왜 연결결산시스템을 도입한 회사들이 소위 '정상화' 프로젝트를 진행하는 것일까? 그 이유는 바로 아무런 준비 없이 구축한 연결결산시스템은 결국 사용할 수 없게 되기 때문이다.

" 연결결산시스템이 잘 작동되지 않는 이유 "

연결결산시스템을 도입하는 과정 또한 쉽지는 않았을 텐데, 힘들게 도입한 연결결산시스템을 잘 활용하지 못하는 이유는 무엇일까?

첫 번째 이유는 연결결산시스템만 따라 하면 연결결산이 자연스럽게 해결될 거라는 오해에 있다. 언젠가 연결결산시스템 구축을 위한 프로젝트 제안 현장에 따라간 적이 있다. 이때 회사 재무임원 중에 한 분이 자신들은 아무것도 모르니 알아서 연결재무정보가 산출되는 시스템을 구축해달라는 요구를 들은 적이 있다. (당연히 무리한 요구다!) 당시 업무를 제안하던 컨설턴트는 시스템에는 무언가를 넣어야 무언가가 나온다며 회사에서 연결결산시스템 도입에 적극적인 참여가 필요하다고 대답을 했었다.

연결결산시스템 또한 다른 결산시스템과 유사한데 연결결산을 잘 모른다는 이유 하나만으로 연결결산을 시스템에만 의존하는 것은 굉장히 위험한 생각이다. 여타의 결산시스템을 도입하는 과정에 참여해본 분들이라면 알겠지만, 결산시스템을 도입하는 과정에서 소위 '커스터마이징'이라고 하는 회사만의 특징을 반영하는 절차가 존재한다. 이는 회사가 원하는 방향을 설정하고 이에 따라 결산시스템이 구축된다는 의미이다. 연결결산시스템 또한 회사가 원하는 방향으로 설정해야 하는 '커스터마이징'이라는 과정을 거치게 되는 데 이때 정확한 회사의 방향이 설정되지 않으면 구축된 연결결산시스템이 제대로 작동하기는 만무하다.

연결결산시스템 그 자체로는 완벽하지 않다는 점을 두 번째 이유로 들 수 있다. 연결결산시스템에 대한 의존도가 높은 이유는 연결회계가 어렵다는 데에 그 이유가 있는데, 연결회계가 속한 영역이 재무회계에서도 '고급회계'로 분류된다는 사실만 봐도 알 수 있다. 특히나 연결회계에서 가장 어려운 부분이 '투자자본 상계'인데, 투자-자본의 유형이 다양하고 자주 접할 수 없는 거래이기 때문에 연결회계를 강의하는 필자 또한 어렵기는 마찬가지다. 그 외에도 평소에는 겪어보지 못한 연결회계에 필요한 거래는 다양하며, 이러한 거래는 수시로 발생하고 소멸한다. 시중에 다양한 연결결산시스템이 있지만, 이러한 연결회계와 관련된 거래를 전부 포괄할 수 있는 연결결산시스템을 필자는 본 적이 없다. 따라서 일부 거래는 수기로 연결결산을 수행해야 할 때도 있으며, 구축 당시 존재하지 않았던 연결거래를 반영하기 위해 연결결산시스템을 수정해야 할 때도 있다. 즉, 연결결산시스템을 제대로 이해하지 않는다면 정확한 연결재무정보를 산출하기는 쉽지 않다.

마지막으로 연결회계에 대한 이해 자체가 없이 연결결산시스템을 운영하는 것은 생각보다 위험하다. 일반적으로 시스템에 의한 연결결산 절차는 연결결산시스템에서 설계된 과정에 따라 재무정보를 입력하고 시스템에서 산출된 연결결산정보를 기준으로 연결재무제표를 작성하는 것으로 진행된다. 연결재무제표 작성으로 모든 업무가 끝난다면 문제는 없겠지만, 작성된 연결재무정보에 대한 분석이 필요하기 마련이다. 작년 대비 연결매출이 왜 줄었는지, 연결기준 재고자산은 왜 증가했는지 및 개별당기순이익의 합과 연결당기순이익에 차이가 발생하는 이유가 무엇인지 등. 이러한 분석결과를 임원이나 외부이해관계자가 궁금해할 텐데 이때마다 연결결산시스템에서 계산된 결과이기 때문에 담당자는 모른다고 대답을 할 수는 없다. 그리고 앞서 이야기한 것처럼 연결결산시스템이 완벽하지도 않다. 담당자라면 시스템에서 산출된 연결재무정보를 이해하고 해석해야 하는데, 연결회계 자체에 대한 이해가 없다면 이 또한 어려운 일이다. 따라서 연결결산시스템에서 연결결산을 수행하는 각 단계에 대한 이해가 중요하며, 연결재무정보가 제대로 산출되었는지를 검증할 수 있는 능력이 있어야 한다.

“ 연결결산시스템, 도입해도 좋을까? ”

연결회계가 어려워서 시스템의 도움을 받고자 연결결산시스템을 도입하는 건데, 연결회계를 잘 안다면 연결결산시스템을 도입할 이유가 있는 걸까? 이를 위해서는 연결결산시스템 도입을 통해 얻을 수 있는 이점을 명확히 이해할 필요가 있다.

2020년 말 기준으로 감사보고서상 삼성전자의 연결대상 종속회사는 240여 개 회사이며, ㈜두산은 130여 개 회사이다. 연결대상 종속회사가 많은 경우에는 연결결산을 수행하기 위해 종속회사의 재무정보를 취합하는 것만도 쉽지 않다. 이처럼 연결결산시스템의 가장 큰 장점 중 하나는 대량의 데이터를 체계적으로 취합 및 관리할 수 있다는 점이다. 만약 100여 개가 넘는 종속회사의 재무정보를 엑셀 등으로 하나하나 취합 및 관리한다면 그 어려움은 상상할 수도 없다. 또한, 종속회사의 재무정보가 한 번에 취합되리라는 보장이 없다. 수정에 수정을 거쳐야 하기 때문에 종속회사의 재무정보에 대한 버전 관리도 필요하다. 연결결산시스템은 이러한 과정을 보다 쉽게 해결해줄 수 있다는 장점이 있다.

두 번째로는 연결결산 과정과 결과에 대한 체계적인 관리가 된다는 장점이 있다. 엑셀 등으로 진행된 연결결산 자료를 보면 'xxx_최종.XLS', 'xxx_최최종.XLS', 'xxx_정말 최종.XLS' 및 'xxx_이제 정말 마지막.XLS' 등 다양한 버전이 존재한다. 연결결산은 연결담당자만 잘한다고 해결되는 문제가 아니기 때문이며 연결결산이 완료될 때까지 지속적으로 연결결산 결과가 수정되기 때문이다. 이러한 과정에서 다양한 오류 등이 발생하기도 하는데, 시스템을 도움을 받는다면 휴먼에러 등을 방지할 수 있다.

마지막으로 회사에서 도입한 연결결산시스템은 회사의 프로세스에 맞게 '커스터마이징' 되어 있기 때문에 연결결산을 잘 모르는 초보자가 접근하기에 용이하다. 시스템에 내재되어 있는 연결결산과정을 매뉴얼에 따라 진행하면 되기 때문이다. 따라서 연결결산을 해야 하지만, 연결회계에 익숙하지 않은 담당자에게는 그나마 의지할 수 있는 수단이 되기도 한다. 하지만 여전히 연결회계에 대한 이해가 없으면 연결결산을 제대로 수행하기도 어려우며 해석하기도 어렵다는 사실에는 변함이 없다.

이처럼 연결결산시스템은 대량의 데이터와 복잡한 상황을 체계적으로 관리할 수 있는데 도움이 될 수 있다. 따라서 연결회계에 대한 이해도가 충분하다면 연결결산시스템의 활용은 다양한 측면에서 도움이 될 수 있다. 하지만 연결결산시스템에만 의존한다면 정작 연결결산을 제대로 이해하기는 쉽지 않다.

필자의 경우, 회사에서 연결결산시스템 도입에 대한 조언을 요구한다면 우선 종속회사의 개수를 물어본다. 만약 종속회사의 개수가 10개 미만이라면 먼저 엑셀 등을 통한 수작업 연결결산 수행을 권고한다. 이미 템플릿을 통해 체계화된 엑셀이라도 연결결산을 진행하다 보면 수작업이 많기 때문에 혼자서 고민해야 할 기회가 많아지기 때문이다. 그러고 나서 회사에서 연결결산에 대한 이해가 어느 정도 쌓이게 되면 그때 업무 효율성을 위해 연결결산시스템 도입을 권한다.

그리고 만약 종속회사가 너무 많거나 이미 회사에서 도입된 연결결산시스템을 운용해야 하는 담당자라면 연결결산시스템에만 너무 의존하지 말고 연결회계를 이해할 수 있도록 이론적으로도 무장하도록 별도 공부를 하기를 권한다.

02

연결결산이 정말 어려운 이유

개별결산이 중요한 이유

컨설팅을 하다 보면 연결결산이 어렵다는 하소연을 자주 듣게 되는데, 그 이유는 크게 두 가지 유형으로 정리되는 것 같다. 우선, 연결회계 자체에 대한 두려움으로 연결결산이 어렵다고 생각하는 유형이 있으며, 실제 연결회계에 대해서는 어느 정도 익숙하지만 연결결산 절차상에 챙겨야 할 부분이 많아 어렵다고 생각하는 유형도 있다.

그런데 연결결산 실무를 하는 입장에서 조금 더 깊게 살펴보면 정작 연결결산이 잘 되려면 본사의 역할도 중요하지만 종속회사 담당자들의 역할이 중요하다는 사실을 절실히 느끼게 되는데, 연결결산은 지배회사인 본사에서 혼자 진행하면 되는 것이 아니라, 종속회사들의 지원이 절실하기 때문이다.

이러한 경험을 바탕으로 필자는 의뢰받은 연결결산 체계 도입 또는 연결결산 체계 고도화 프로젝트를 시작할 때 회사 임원진이나 회사 담당자에게 '연결결산의 핵심은 종속회사의 개별결산에 달려있다'라고 이야기를 할라치면 연결결산을 처음 접해본 분들이나 연결결산 초보자들은 무슨 소리를 하는 거냐며 고개를 갸우뚱하기도 한다. 연결결산을 하자는 데 개별결산을 언급하는 이유를 모르겠다는 표정으로 말이다.

하지만 성공적인 연결결산 운영을 위해서는 개별결산의 완결성이 무엇보다 중요한데, 그 이유를 지금부터 차근차근 살펴보기로 하자.

“ 연결결산 프로젝트를 시작하면 듣게 되는 요구 사항들… ”

연결결산과 관련된 프로젝트를 의뢰 받는 이유는 다양하다. 처음으로 연결재무제표를 작성해야 하는 회사도 있지만, 엑셀로만 진행하던 연결을 조금 더 효율적으로 수행하기 위해서 연결결산시스템 도입을 고려하는 경우도 있다. 또한, 기존에 구축했던 연결결산시스템을 정상화하고자 하거나 개선하려는 이유도 포함된다.

그런데 막상 연결결산 프로젝트를 시작하게 되면 회사 임원진이나 담당자들로부터 하나같이 공통적인 요구 사항을 듣게 되는데, 신기하게도 누구라도 할 것 없이 처음 미팅에서 연결결산을 포함한 마감일정을 줄이는 게 목표[2]라고 이야기한다. 실제 본사의 개별결산 일정조차도 현시점에서 목표로 하는 연결결산을 포함한 마감일정을 지키지 못하는데도 말이다.

▌A사의 개별 및 연결결산 현황▐

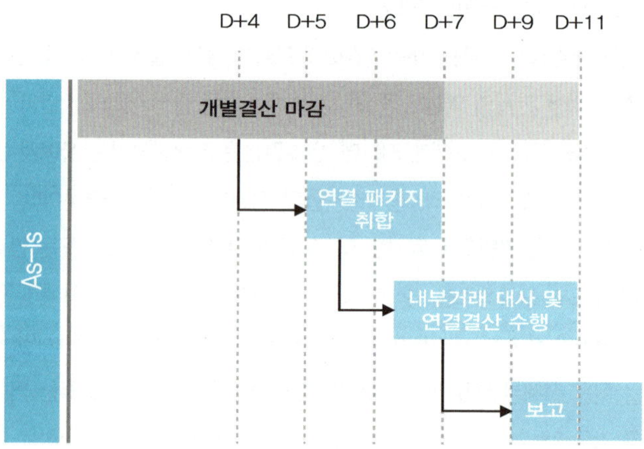

2) 우리나라에서 '결산일정 단축'이라는 요구사항은 회계관련 컨설팅에서는 빠질 수 없는 주제 중의 하나이다. 소위 MNC(Multi-National Company)라고 불리는 다국적기업과의 회계 컨설팅에서도 관련 주제가 언급되기는 하지만, 필자의 경험상 우리나라만큼 해당 주제를 중요하게 다루는 회사들을 찾아보기는 쉽지 않았다.

10여 년 전에 A회사에서 Excel을 통해 진행하던 연결결산을 시스템화하자는 요구사항이 있어 컨설팅을 한 적이 있다. 프로젝트를 시작하기에 앞서 임원진의 요구사항을 들어봤더니 제일 먼저 이야기하는 부분이 연결결산 일정을 'D+5일'까지 맞춰달라는 것이었다. 당시 본사 및 자회사의 개별결산 일정이 'D+7일'이었으며, 연결결산은 'D+5일'부터 시작하여 'D+11일'까지 연결결산결과를 보고하는 것이었다. 이것 또한 회사의 목표였으며, 실제 일정은 더 늦어지는 게 일상이었다. 이러한 사실을 아는지 모르는 지 빠른 의사결정을 위해서는 연결결산 일정을 'D+5일'이 되어야 한다고 힘있게 주장하는 임원진과 그 옆에서 재무담당자들의 굳어져가는 얼굴을 지켜봤던 기억이 난다.

연결결산 일정을 단축하기 위해서는 연결결산 자체를 빠르게 하는 것도 필요하지만, 회사의 개별결산 일정을 정확히 이해하고 단축하는 방안을 찾는 것이 더 중요하다. 개별결산이 확정되어야 연결결산이 시작될 수 있기 때문이며, 연결결산 수행 그 자체에는 그리 오랜 시간이 걸리지 않기 때문이다. 연결결산 절차를 잘 생각해보면 지배회사 및 종속회사의 재무정보를 취합하고 내부거래 대사가 완료된다면 주어진 자료를 가지고 본연의 연결결산을 수행하면 되는데, 연결결산 절차는 연결결산 자체의 이슈보다는 개별재무정보가 일치하지 않기 때문에 그 차이를 확인하는 데 많은 시간이 소요된다는 사실을 안다면 충분히 이해할 수 있다.

A회사의 연결결산 프로젝트를 진행하면서 경영진들과 최종적으로 연결결산 일정을 'D+7일'로 단축하는 것을 실현 가능한 목표로 삼자고 이야기하였다. 그리고 그 전제로는 연결결산시스템 구축을 통해 3일 내 연결결산을 수행하는 것을 목표로 하지만, 개별결산 자체가 'D+4일'까지 완성되어야 하며 이는 중장기 과제로 가져가야 한다고 하였다.

| A사의 개별 및 연결결산 To-be[3)] |

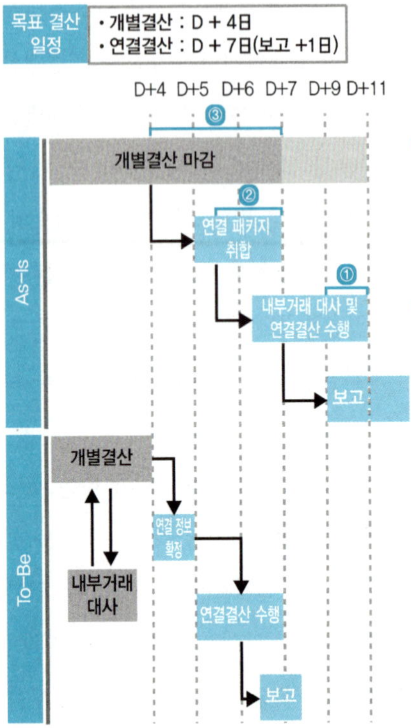

단계적 접근 방법 및 필요 과제

①단계. 연결결산 체계 구축
- 연결결산 Process 표준화
- 연결결산 시스템 구축 : 자동화 확대
  - 내부거래 자동 대사율 확대
  - 재고미실현, 투자자본 상계 등 자동 산출

②단계. 연결 기초 Data I/F 구축
- 연결기초 Data Interface 시스템 개선
  - 시산표, 내부거래 등 자회사 재무정보 자동 I/F

③단계. 결산 효율화 체계 구축
- 본사 및 자회사 GAAP 및 결산 Process 표준화
  → 회계기준 통일, 결산 Process 통합 등
- 법인별 개별결산 지연 Issue 분석 및 개선
  → 결산조직 재정비, 비효율 업무 개선, 노후화된 시스템 개선 등
- 관계사간 내부거래 사전 대사 체계 구축
  → 내부거래 사전대사를 통한 대사 업무 최소화

비슷한 시기에 연결결산 프로젝트를 의뢰했던 B회사의 상황은 조금 달랐다. A회사와는 다르게 기존에 연결결산시스템을 구축하여 잘 활용하고 있었는데, 회사의 사업구조가 변경되면서 연결결산 절차를 재정립하는 게 주요 목적이었다. 그런데, 프로젝트를 시작하기 위해 만났던 경영진의 요구사항은 A회사와 마찬가지로 연결결산 일정 단축이었다. 문제는 A회사와 다르

3) 어떻게 보면 연결결산 일정 단축을 개별결산 이슈로 이전했다는 생각을 할 수도 있겠다. 하지만 실제 연결결산 일정 단축은 경험상 연결결산의 문제보다는 개별결산 그 자체에 문제가 있는 경우가 대부분이다.

게 B회사는 이미 연결결산시스템을 운영하고 있었으며, 프로젝트에 투입된 지 2주에 걸쳐 현황을 살펴보니 연결결산 절차 그 자체에는 더 이상 개선할 효율이 많지 않다는 것이었다.

이에 프로젝트 팀원들과 지난 2년간 연결결산이 진행되었던 과정과 결과를 하나하나 살펴보면서 재미있는 사실을 하나 알게 되었는데, 그 동안 경영진이 우려하던 연결결산이 지연되었던 이유의 대부분이 연결대상 종속회사에서 재무정보를 늦게 제출하거나 제출된 재무정보에 오류가 있어 다시 제출하는 과정에서 연결결산 일정이 지연되었다는 사실이다. 그리고 개별재무정보를 늦게 제출하는 회사도 대부분 정해져 있었으며, 오류가 발생하는 개별재무정보를 제공하는 회사 또한 항상 정해져 있다는 사실이었다.

이러한 사실을 정리한 뒤에 경영진과 논의 끝에 '연결결산 고도화 프로젝트'는 '개별결산 개선 프로젝트'로 그 명칭을 변경하였다. 그리고 3개월이 넘는 시간 동안 60여 개가 넘는 종속회사의 현황을 일일이 분석하고 개별결산 일정이 지연되는 이유를 하나하나 확인하고 개선하는 것을 목적으로 하는 업무로 전환되었다. 연결결산 일정 단축을 위해서는 개별결산 일정 단축 및 정확한 개별재무 정보가 그만큼 중요했기 때문이었다.

❙ B사의 법인별 개별결산 현황 분석 보고서 예시 ❙

구분	현황
일반 현황	• 소재지 : 미국 • 영업부문 : 무역법인 • 개별System : XXX • 연결대상 편입시기 : 20XX년 이전 • F/S 작성법인 : XXX
재무 현황 ('XX年)	• 자산총계 : XXX 백만원 • 부채총계 : XXX 백만원 • 매출액 : XXX 백만원 • 당기순이익 : XXX 백만원
재무 조직	• 재무팀 인원 24명, 결산수행 인력 9명 : CFO,Controller2, 경리12, 관리5, 세무1, RM1, 자금2

구분	성명	근속연수		업무수행능력	
		자회사	결산	회계 이해도	System 이해도
XX	XXX	7	2	중	상
	XXX	13	1	중	중
XX	XXX	2	1	중	중
XX	XXX	6.5	6.5	상	상
	XXX	8	8	중	상
	XXX	8	8	중	중
	XXX	4	4	중	중
	XXX	4	4	중	상
	XXX	0.25	0.25	중	중

구분	현황
교육 현황	• 20XX 자체 교육 내용 - N/A

관리자

구분	주재원	출신부서	비고
XX	XXX	관리	관리담당(CFO)
XX	XXX	경리 / 관리	
XX	XXX	관리	

지분 구조

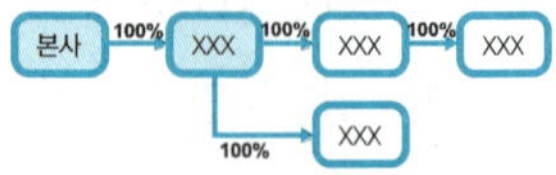

결산 일정

항목	결산일정	
	월/분/반기	연말
매출마감	D+1	D+3
구매/재고마감	D+1	D+3
비용마감	D+0	D+3
원가마감	D+1	D+3
결산조정	D+3	D+5
본사 결산data 송부	D+3	D+7
연결 Package 송부	D+13	D+13
외부감사인 감사/검토	일정미정	D-10, D+10, D+35

외부 감사 /검토

	Group GAAP		Local GAAP	
	반기	연말	반기	연말
감사인	XXX		XXX	
감사/검토	검토	검토	N/A	검토

구분	현황
결산 일정	• 월별 결산일정 지연 현황

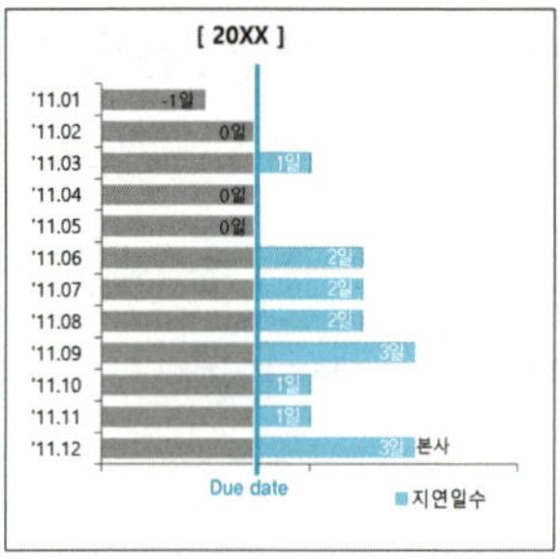

(*1)20XX년 System Log상 최종수정일자 기준 지연일수

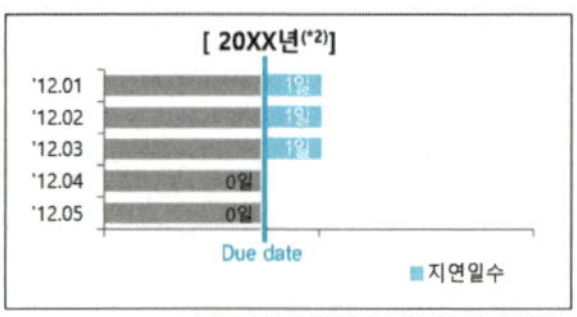

(*2)20XX년 본사집계 결산완료일 기준 지연일수

결산 오류

• 결산 오류 항목

오류유형	발생여부		
	XX.X	XX.X	XX.X
자산/부채 잔고가 (-)인 계정	O		
투자주식 계정 사용 오류	O		
투자주식 평가손익 계정 오류			O
수익 차변, 비용 대변인 계정	O	O	O
외화환산이익 차변, 외화환산손실 대변인 경우 계정대체 미수행		O	
비용의 정확한 기능별 분류 오류	O	O	O

GAAP 차이

• Group GAAP과의 GAAP 차이 존재여부

Local GAAP	GAAP 차이 유무
US GAAP	有

• GAAP 차이 항목

차이항목	차이유무	반영여부
매출채권 대손설정	○	●
재고자산 저가평가	○	●
골프회원권	○	X
누적유급휴가 부채계상	○	●
이연법인세	○	●
세무조정 및 법인세 산정 Process	X	X

• GAAP차이 관리방법
- Global ledger에 반영

“연결결산이 잘 진행되기 위한 전제조건”

연결회계 자체가 어렵다 보니 많은 사람들이 간과하고 있는 부분이 바로 연결결산이 잘 진행되기 위해서는 지배회사 및 종속회사의 개별결산이 잘 관리되어야 한다는 것이다. 그리고 연결결산의 어느 절차보다도 개별결산의 완결성이 중요하다.

만약에 개별결산 정보가 부정확하다면 어떨까? 가령, 100개의 종속회사가 있는 그룹사에서 연결결산을 마무리하는 단계에서 99번째 종속회사가 개별결산 정보가 틀렸다며 손을 든다면 어떨까? 이런 경우에는 연결결산 담당자가 아무리 연결결산을 잘 진행했다고 할지라도 수정된 99번째 종속회사의 개별결산 정보를 반영하여 연결결산을 재 수행해야 한다. 그리고 99번째 종속회사가 수정한 개별결산 정보가 지배회사 또는 종속회사 간의 내부거래[4]에 해당된다면 99번째 종속회사뿐만 아니라 내부거래가 연관된 회사 또한 개별결산 정보가 수정되어야 한다. 어찌되었든 개별결산 정보가 수정된다면 그 효과는 연결결산 절차에 영향을 미치기 마련이다. 따라서 연결결산이 잘 되기 위한 가장 중요한 전제조건은 지배회사 및 종속회사의 개별결산 정보의 정확성이다. 이를 위해 연결결산 담당자는 연결결산을 수행하기 전에 개별결산 정보와 관련된 다양한 Check point를 지배회사 및 종속회사의 개별결산 담당자에게 공유할 필요도 있다.

두 번째로 연결결산을 수행하기 위해서 제공받는 개별결산 정보의 형식도 통일되어야 한다. 연결회계에서 이야기하고 있는 지배회사와 종속회사

4) 개별결산 중에 가장 중요한 정보 중에 하나가 ‘내부거래’인데, ‘내부거래’에 대해서는 추후에 별도 칼럼에서 자세하게 언급하고자 한다.

의 회계기준 또한 통일되어야 하지만, 그 뿐만이 아니라 다양한 기준정보 또한 통일되어야 한다. 결산을 위해 사용하는 계정과목의 종류와 구분 방식은 회사마다 다양하다. 만약 개별결산 정보를 통일해서 받지 않는다면 연결 담당자는 종속회사로부터 받은 개별결산 정보를 연결결산에 맞도록 재조정해야 하고, 그 과정에서 해석이 안 되는 정보나 연결결산을 위해 보완해야 할 정보가 발생한다면 그 만큼 연결결산 과정은 지연되기 마련이다 따라서 연결결산을 시작하는 단계에서는 연결결산 담당자들이 종속회사의 개별결산 담당자에게 '연결 Package[5)]'라는 이름으로 연결결산 형식에 맞는 다양한 개별재무 정보를 통일해서 제공할 필요가 있다. '연결 Package'를 얼마나 잘 구성하느냐에 따라 연결결산 과정의 어려움이 더해질 지 또는 덜 해질지가 결정된다고 해도 과언이 아니기 때문이다.

마지막으로 빠르고 정확한 연결결산을 위해서는 개별결산에 대한 일정관리가 중요하다. 앞서 이야기했지만, 아무리 연결결산을 빠르고 정확하게 한다고 해도 나중에 개별결산 정보가 틀어진다면 연결결산을 처음부터 다시 시작해야 한다. B회사의 사례에서도 이야기했듯이 개별결산 정보를 늦게 제공하는 회사는 대부분 정해져 있으며, 개별결산 정보에 오류가 있는 회사 또한 항상 동일한 회사일 가능성이 높다. 따라서 연결결산을 잘 진행하기 위해서는 종속회사 하나하나가 연결결산에 맞는 개별결산 정보를 제시간에 그리고 제대로 제출하고 있는 지를 잘 관리하는 것이 무엇보다 중요하다. B회사 또한 그러한 관점에서 접근하여 연결결산절차를 개선한 사례라고 볼 수 있다.

---

5) '연결 Package'라고 명명하니 뭔가 대단한 양식일 거라고 생각할 수도 있겠지만, 말 그대로 연결결산을 하기 위해 연결결산 담당자가 받아야 할 정보를 표준화한 양식일 뿐이다. 따라서 연결 Package 작성에 대해서도 어렵게 생각할 필요는 없다.

연결결산이 어려운 이유는 말 그대로 '연결회계'라는 개념 자체가 낯설기 때문일 수도 있다. 하지만 연결회계를 이론적으로 충분히 숙지한 사람이라도 실무적으로 연결결산을 수행하는 데 많은 어려움을 겪는데 그 이유는 바로 종속회사의 개별결산 정보가 잘 관리되지 않은 데에 있다고 해도 과언이 아니다. 개별결산 정보가 제때에 정확하게 연결결산 담당자에게 전달이 된다면 그 다음의 몫은 오로지 연결결산 담당자의 것이다. 만약 중간에 연결결산에 실수가 있다면 그 부분만 고치면 된다. 개별결산 정보가 틀린 것과는 그 영향에 차이가 있다는 의미이다.

03

연결결산, 공시목적 말고 어디에 쓰나?

관리연결 회계

K-IFRS 도입으로 연결재무제표가 주재무제표가 된 이후로 많은 기업들이 연결회계를 자주 접하고 있다. 다만, 기업의 현실을 돌아볼 때 여전히 아쉬운 점은 회계전문인력이 풍부한 일부 대기업을 제외하고는 연결회계를 내부관리목적으로 사용하는 데에는 여전히 제한이 있다는 사실이다.

연결결산이 어렵다는 이유로, 또는 연결회계 기준으로 재무제표를 작성해서 임원에게 보고해도 막상 임원들이 연결회계에 대한 개념을 이해하지 못한다는 이유로 많은 기업들이 내부관리목적으로는 연결회계가 아닌 개별회계 기준으로 성과를 관리하고 있다.

상황이 이렇다 보니 일부 결산담당자들은 연결회계는 공시라는 의무사항으로만 수행해야 한다고 생각하며 막상 기업 실무에는 전혀 도움이 되지 않는다는 생각을 하는 경우를 듣게 되는데, 이번 시간에는 연결회계를 내부관리목적으로도 적극적으로 활용하고 있는 사례들을 통해 내부관리목적으로도 연결결산이 유의미하다는 사실을 소개하고자 한다.

“Point 1. 지주회사 등 공통비용은 어떻게 관리해야 할까?”

연결회계의 기본 사상은 법률적으로 독립된 여러 회사가 실질적으로 하나의 회사처럼 운영될 때에는 그 실질에 따라 여러 회사를 ‘경제적 단일체’로 본다는 개념이다. 이에 따라 연결대상 회사 간의 거래는 경제적 실질에 따라 한 회사 내에서 이루어지는 거래라고 간주하므로 이를 ‘내부거래’로 보고 연결대상회사 간에 발생한 거래를 제거한다는 것이 그 핵심이다.

기본적인 연결회계를 재무회계 개념과 더불어 관리회계 관점으로 확장할 때에 고려할 중요한 요소 중 하나가 ‘공통비 배부’이다. ‘공통비’는 ‘간접비’라고도 불리며 관리회계에서 상당히 중요한 개념인데, 원가대상[6]의 성과를 정확히 관리하기 위해서는 발생한 모든 원가를 집계해야 한다. 이때 원가대상에 직접적으로 연관되는 비용도 존재하지만, 여러 원가대상에 간접적 또는 공통적으로 연관되는 비용도 존재하는데, 이를 ‘간접비’ 또는 ‘공통비’라고 한다.

연결대상 회사가 복수인 경우에 지주회사를 설립하기도 하는데, 지주회사에서 발생하는 비용은 대부분 ‘공통비’에 속하게 된다. 그리고 성과관리를 위해서 공통비는 수익이 발생하는 곳에 배부되어야 하는데, 법률적으로 독립된 회사일지라도 경제적 실질이 동일하다면 수익이 발생하는 각각의 회사에 배부되어야 한다. 따라서 관리회계 관점에서는 지주회사에서 발생하는 비용은 연결대상에 해당하는 회사에 비용으로 배부할 필요가 있다.

6) 원가대상(Cost Object)이란 원가를 계산하기 위한 대상을 의미하며, 일반적으로 제품이 이에 해당된다. 하지만, 실제 제품뿐만 아니라 프로젝트 및 활동 등도 원가대상이 될 수 있다.

또한, 지주회사에서 발생하는 비용만 '공통비'에 해당되는 것은 아니다. 그룹사의 규모가 커지게 되면 각 지역별로 한 회사가 지주회사[7]의 역할을 하는 경우가 종종 존재하는 데, 이럴 때도 지역별 지주회사에서 발생한 '공통비' 또한 연결입장에서 배부되어야 할 '공통비'에 해당된다. 또한, 한 회사 내에서도 다양한 원가대상이 존재할 수 있기 때문에 한 회사 내에서도 '공통비'가 존재할 수 있고 이 또한 '배부대상[8]'에 속하게 된다.

| 연결기준 공통비 유형 |

공통비 유형	정 의
Global Function Cost	일반적으로 Group H.Q에서 발생하는 비용으로, Group Marketing, R&D 등 제품 생산을 위해 Group H.Q 관점에서 발생하는 비용이 이에 해당한다.
Regional Function Cost	MNC가 Regional H.Q를 운영하는 경우에 발생하는 비용으로 Region내 회사들을 관리하기 위해 발생하는 비용이 이에 해당한다.
Company Function Cost	한 회사 내에서도 제품 생산에 직접적으로 참여하지는 않지만, 제품 생산을 위해 간접적으로 발생하는 비용이 이에 해당한다.

7) 정확하게 매칭되는 개념은 아니지만, 지주회사의 경우 대부분 Head Quarter의 역할을 하기 때문에 Group H.Q라고 부르기도 하며, 지역별 지주회사 또한 Regional H.Q라고 부르기도 한다.

8) 공통비의 배부기준은 기존에 관리회계에서 개별결산 기준과 차이가 없기 때문에 여기서는 설명을 생략하고자 한다.

"Point 2. Global SCM으로 운영되는 경우 어떻게 성과를 관리해야 할까?"

이제는 한 회사에서 제품 생산을 기획하고 원재료 구매, 제품 생산 및 판매를 하는 시대는 지났다. 자동차를 생산할 때도 원재료는 재료 유형별로 자원이 풍부한 곳에서 구매하며, 제품 생산은 상대적으로 인건비가 싼 동남아시아나 전략적인 목적으로 미국 등에서 생산한다. 그리고 생산된 제품은 생산한 지역에서만 소비하는 것이 아니라 다양한 지역에서 판매한다. 그리고 제품 기획은 유럽에서 진행되기도 한다. 이처럼 제품 기획 단계부터 판매까지 다양한 지역을 마치 하나의 회사처럼 운영하는 방식을 Global SCM이라고 하는데, 이때 지역과 회사를 넘나들며 하나의 Supply Chain 관점에서 제품의 수익성을 정확하게 평가 및 관리하고 싶은 Needs들이 존재하며, 이때 필요한 개념 또한 연결회계이다.

문제는 이때 Global SCM에 묶여 있는 개별회사들의 재무제표를 단순 합산한다고 해서 Global SCM 관점에서의 순이익을 알 수 없다는 데에 있다. 법률적으로 독립된 한 회사가 다른 회사에게 물건을 판매하거나 서비스를 이전할 때에는 적정한 마진을 붙이는 것이 일반적이기 때문이다. 또한, 세무상으로도 적정한 마진을 붙이지 않는다면 '불공정거래[9)]'로 간주되기도 한다.

하지만 연결회계 관점에서는 Global SCM하의 회사 간 거래로 발생하는 이익은 '실현이익'이 아니라 '미실현이익'이다. 따라서 외부에 판매될 때까

9) 세무 용어로는 '부당행위'라고도 한다.

지는 해당 이익은 제거되어야 하는 데, 바로 여기서 필요한 개념이 연결회계이다.

Global SCM 관점에서의 연결회계

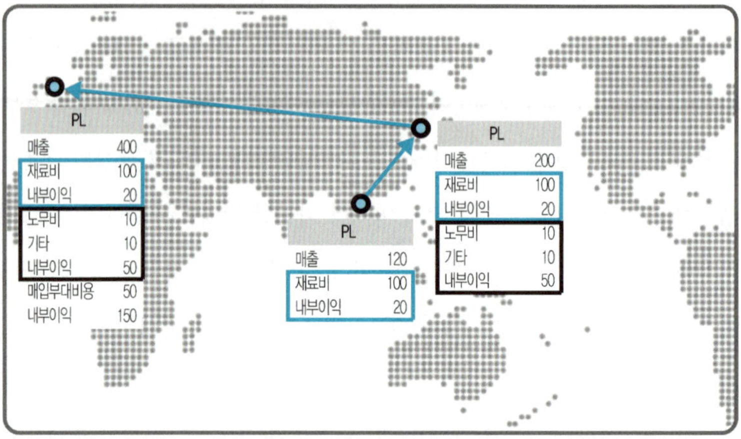

가령 ① 원재료는 태국회사에서 구입하고 ② 제품은 한국회사에서 생산하며 ③ 실제 판매는 영국회사에서 발생한다고 해보자. 이때 태국회사에서 한국회사로 원재료를 제공할 때 발생하는 (내부)마진과 한국회사에서 생산한 제품을 영국회사에 제공할 때 발생하는 (내부)마진이 연결관점에서 이익인지 아닌지는 영국회사에 달려 있다. 즉, 영국회사가 해당 제품을 판매하면 '실현이익'이지만 만약 영국회사가 해당 제품을 판매하지 않으면 '미실현이익'에 해당된다. 결국 생산한 제품이 판매되어야 진정한 이익이 발생하기 때문에 Global SCM 관점에서도 – 회사 자체에서 (내부)이익을 인식했는지 여부에 상관없이 – 외부에 판매되어야 진정한 이익이라는 것이다.

Global SCM 관점에서의 연결기준 손익

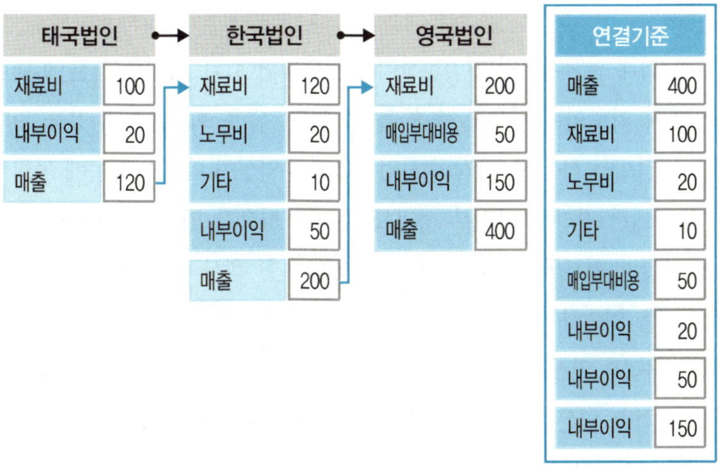

사례에서 개별회사 기준으로는 태국회사, 한국회사 및 영국회사가 각각 외부에서 구입한 재료비 또는 제품구매비용이 존재한다. 하지만 연결결산 기준에서는 태국회사에서 구입한 재료비만 순수하게 재료비로 포함된다. 또한, 연결기준에서는 전체 매출은 - 태국회사 또는 한국회사에서 인식한 매출은 제외하고 - 영국회사에서 외부에 판매한 매출만 해당된다. Global SCM 아래 소속된 각 개별회사의 손익 현황을 (내부거래를 제거한) 연결회계 기준으로 다시 작성해보면 하나의 제품을 만들기 위해 얼마의 재료비가 발생했고 얼마의 노무비가 발생했는지 등을 정확히 알 수 있어, 어디에서 재료를 구입하고 어디에서 가공할 지 등을 전략적으로 판단할 수 있는 데에도 도움이 된다.

실제 일부 대기업들은 Global SCM 관점에서의 성과를 관리하기 위해 이와 유사한 방식으로 연결손익을 관리하기도 하는데, 이를 위해서는 Global SCM 관점에서의 연결기준 원가자료를 잘 관리하는 것이 필수적이다.

“Point 3. 사업부 간 거래는 어떻게 성과를 관리해야 할까?”

재무회계 관점에서의 연결결산이 안정화되면 소위 ‘사업부 연결’에 대한 고민까지 확장되는 경우도 종종 볼 수 있다. 많은 회사들이 성장을 위해 사업 다각화를 하는데, 각각의 사업부별로 수익성이 다르기 때문에 독립적인 관점에서 각각의 사업부 성과를 분석할 필요가 있기 때문이다.

다양한 사업부를 운영하는 많은 회사들이 한 회사 내에서의 ‘사업부 결산[10)]’에는 익숙하지만, 연결관점으로의 확장에는 꽤 불편한 경우를 볼 수 있다. ‘사업부 연결’로 확장을 위해서는 내부거래의 개념을 기존 재무회계에서 언급하고 있는 ‘회사 간 내부거래’뿐만 아니라 재무회계에서는 찾아볼 수 없는 ‘사업부 간 내부거래’도 고려해야 하기 때문이다.

❙ 사업부 연결 기준의 내부 거래 유형 ❙

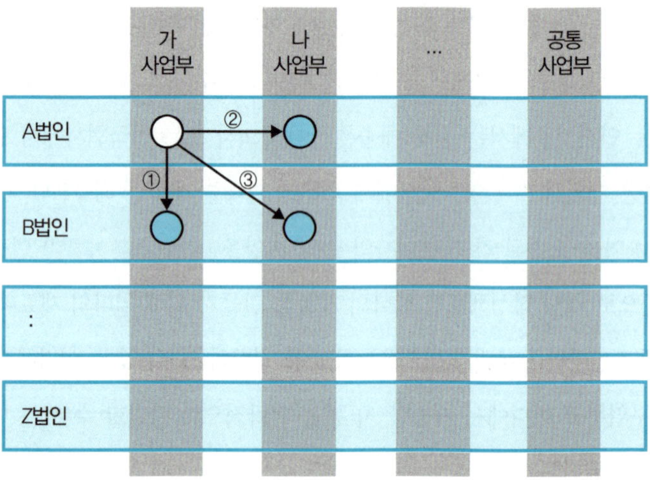

10) 일반적으로 관리회계에서 사업부 결산이라고 하면, 한 회사 내의 거래일지라도 사업부가 다르다면 사업부 간 주고받은 거래는 별도 거래로 인식해서 수익과 비용 등을 관리한다는 의미이다. 재무회계 관점에서는 사업부 간 거래일지라도 해당 거래가 한 회사 내에서 발생한다면 해당 거래는 거래로 인식하지 않는다는 점에서 사업부 결산은 지극히 내부관리 목적인 관리회계 영역에 해당한다.

거래 유형	개별 결산 (회사 결산)	재무 연결 (회사별 연결)	관리 연결 (사업부 연결)
① 동일 사업부 내 회사 간 내부 거래	외부거래	내부거래로 제거	내부거래로 제거
② 동일 회사 내 사업부 간 내부 거래	미인식	미인식	외부거래로 인식
③ 타 회사 및 타 사업부 간 내부 거래	외부 거래	내부거래로 제거	외부거래로 인식

연결관점에서 사업부 결산을 할 경우에는 재무연결과는 차이가 있는데, 그 유형은 크게 세 가지로 나뉠 수 있다. 우선 연결그룹 내에서 회사 간의 거래이지만 사업부 관점에서는 동일 사업부내 거래인 경우(①)이다. 해당 거래는 개별회계 관점에서는 외부거래로 인식된다. 다만, 재무연결 관점에서는 회사 간 거래이므로 개별회계에서 인식한 거래는 내부거래로 제거되어야 하며, 사업부 연결관점에서도 한 사업부 내의 거래이므로 개별회계에서 인식한 거래를 사업부 내 거래로 인식하여 제거하여야 한다.

두 번째로는 한 회사 내에서 발생한 거래이지만, 한 사업부에서 다른 사업부로 발생한 거래인 경우(②)이다. 이때 개별회계 관점에서는 회사 내의 거래이므로 거래 자체를 인식하지 않는다. 재무연결 관점에서도 한 회사 내의 거래이므로 내부거래로 분류되지만, 개별회계에서 거래 자체가 인식되지 않았기 때문에 제거할 내부거래 자체가 존재하지 않는다. 사업부 연결 관점에서는 해당 거래는 사업부 간 거래이므로 내부거래가 아니라 외부거래로 인식되어야 하므로 개별회계에서 인식하지 않았던 거래를 별도 거래로 표시해야 한다는 차이점이 있다.

세 번째로는 연결그룹 내에서 회사 간의 거래이면서 사업부 관점에서도 다른 사업부 간 거래에 해당되는 경우(③)이다. 개별결산 관점에서는 회사 간 거래이므로 외부거래로 인식된다. 재무연결 관점에서는 연결그룹 내 회사 간 거래이므로 내부거래로 제거되어야 한다. 다만, 사업부 연결 관점에서는 사업부 간 거래는 내부거래로 제거되는 것이 아니라 외부거래로 개별회계의 거래를 그대로 인정하게 된다.

사업부 관점에서의 내부거래의 유형을 재정의하게 되면 재무연결과 사업부연결에서 산출된 재무 정보는 불일치하게 된다. 더구나 관련된 내부거래가 미실현거래에 해당될 경우에는 당기순이익도 불일치하게 된다. 따라서 사업부연결의 결괏값은 재무연결에 활용될 수 없으며, 내부관리 목적을 고도화하는 관점에서만 활용될 수 있다는 특징도 있다.

또한 사업부 연결에서도 '공통비'를 어떻게 배부할 지에 대한 문제가 발생하는데, 일부 사업부의 경우에는 전체 또는 일부 그룹을 아우르는 활동을 수행하기 때문이다. 해당 '공통비'는 앞서 이야기한 공통비와 유사하기 때문에 상세한 설명은 넘어가기로 하자.

“ ‘관리연결’의 핵심은 다 할 필요가 없다는 것! ”

이 뿐만 아니라 연결개념은 관리 목적으로 다양하게 활용될 수 있고 실제 활용되고 있다. 문제는 연결회계에 익숙하지 않은 결산담당자들에게 관리회계 목적의 연결결산은 너무나 먼 이야기로 들릴지도 모른다. 하지만 다년간 연결회계 강의와 연결결산 컨설팅을 한 결과, 연결회계에서 가장 어려운 부분은 투자–자본 거래에 대한 상계 부분이다. 이 부분을 제외한다면 연결결산과 관련해서 어려운 부분은 생각보다 많지 않다. 그리고 재미있는 사실은 앞서 이야기한 관리회계 관점에서 투자–자본 거래는 기업의 성과를 분석하는 데 중요하지 않다는 데에 있다.

따라서 재무회계에서 볼 수 없었던 다양한 성과 view를 활용하기에 유용한 관리목적의 연결회계는 재무관점의 연결회계에서 이야기하는 모든 절차를 다 따를 필요는 없다. 경우에 따라서는 연결대상 회사 간에 자주 발생하지 않는 ‘고정자산 거래에 따른 미실현손익’을 제거하는 절차를 생략해도 별 무리가 없다. 결국 관리회계는 기업 내부의 목적에 맞도록 구성하면 되기 때문이다.

실제 일부 회계를 활용하여 다양한 사업의 의사결정에 활용하는 회사들은 연결회계를 공시목적을 넘어 자신의 사업에 맞게 다각도로 활용하고 있다. 하지만 대다수의 연결회계 실무자들은 이러한 활용도가 있다는 사실조차도 모르고 있다는 아쉬움에, 그리고 조금 어렵지만 연결회계가 충분히 확장 가능하다는 점을 알려주고 싶은 욕심에 이번 사례를 소개해본다.

04
회사마다 계정과목이 다르다면….
기준정보 표준화가 필요한 이유

연결결산 대상이 확정되면 지배회사와 종속회사의 재무제표를 합산하면서 실질적인 연결결산이 시작된다. 언뜻 보면 재무제표를 합치는 것이 쉬워 보일 수도 있겠지만, 종속회사의 재무제표를 그대로 합치기만 하면 부족하다는 함정이 숨어있다.

연결회계의 본질이 지배회사와 종속회사를 하나의 회사 - 연결 개념으로 이야기하면 '연결 실체' - 로 보기 때문에 지배회사와 종속회사 간에 재무제표를 표기하는 방식에 차이가 있다면 그 차이를 표준화하는 절차도 필요하기 때문이다. 표준화 절차의 대표적인 예는 '회계정책의 통일'인데, 이에 대해서는 필자를 포함하여 많은 연결회계 전문서적에서도 다루었기 때문에 별도로 이야기하는 것을 생략한다. 다만, 실무적인 관점에서 계정과목의 통일 또한 생각보다 중요한 표준화 절차 중에 하나인데, 이에 대해서는 타 서적 등에서는 자세히 언급하지 않기에 이번 기회를 통해 해당 이야기를 집중적으로 소개하고자 한다.

“ 계정과목을 그대로 쓸 수 없다고? ”

지배회사와 종속회사의 재무제표를 합산하다 보면 생각보다 계정과목의 분류 체계가 많이 달라 그대로 합치기가 어렵다는 사실을 알 수 있다. 특히나 다양한 비용을 열거해놓는 포괄손익계산서상 판매비와관리비를 합치려고 하면 그 차이가 극명하다.

| 회사마다 다른 계정과목 분류 |

삼성전자

22. 판매비와관리비:

당기 및 전기 중 판매비와관리비의 내역은 다음과 같습니다.

(단위 : 백만원)

구 분	당기	전기
(1) 판매비와관리비:		
급여	7,245,981	6,763,143
퇴직급여	310,823	279,711
지급수수료	6,192,568	5,678,703
감가상각비	1,529,507	1,593,365
무형자산상각비	543,544	492,314
광고선전비	5,376,015	4,269,043
판매촉진비	6,286,159	5,861,954
운반비	2,792,690	2,218,422
서비스비	4,039,642	3,368,401
기타판매비와관리비	4,840,946	4,688,270
소 계	39,157,875	35,213,326
(2) 경상연구개발비:		
연구개발 총지출액	22,595,434	21,220,972
개발비 자산화	(193,708)	(109,482)
소 계	22,401,726	21,111,490
계	61,559,601	56,324,816

LG전자

30. 일반영업비용(판매비, 관리비, 연구개발비 및 서비스비) :

(단위: 백만원)

구 분	2020년	2019년
급여	3,213,599	3,187,279
퇴직급여	242,686	235,622
복리후생비	702,856	690,098
운반비	2,049,144	1,698,586
지급임차료	86,902	144,155
지급수수료	2,547,142	2,440,143
감가상각비	499,804	445,311
무형자산상각비	161,266	185,768
세금과공과	103,568	98,709
광고선전비	1,197,722	1,208,385
판매촉진비	631,621	762,052
경상연구개발비	505,656	405,784
서비스활동비	673,527	698,548
대손상각비	4,774	27,170
기타	501,689	671,820
합 계	13,121,956	12,899,430

K-IFRS가 도입되면서 K-GAAP으로 표시하던 때보다 판매비와관리비의 계정과목이 덜 상세하게 표현되고 있다.
그럼에도 불구하고, 같은 업종을 영위하고 있는 기업들도 저마다 계정과목에 대한 분류가 상이하다.

회사마다 계정과목의 분류 체계를 다르게 적용할 수 있는 이유는 재무제표를 작성하는 기준이 되는 회계기준[11)]에서 대부분의 계정과목 - 특히 수익과 비용과 관련된 계정과목 - 을 별도로 규정하고 있지 않기 때문이다. 이는 발생 가능한 모든 거래에 대해 계정과목을 일일이 규정할 수 없는 현실적인 이유도 포함되어 있는데, 회계에서는 이와 더불어 '중요성 기준'에 따라 중요하지 않은 계정과목에 대해서는 통합하여 공시하는 것도 허용하고 있다. 따라서 회사는 회계기준에서 규정하고 있지 않은 세부 계정과목에 대해서는 회사의 재무현황을 잘 설명할 수 있는 계정과목을 선택하여 표기할 수 있다.

이러한 관점을 연결회계 입장에서 바라보면, 지배회사 또는 종속회사에서 개별적으로는 중요하게 표시된 계정과목들이 지배회사와 종속회사를 하

11) K-IFRS 뿐만 아니라 K-GAAP도 포함된다.

나의 연결실체를 기준으로는 그 중요성이 재산정되어 연결재무제표상 계정과목 또한 재분류될 수 있다고 볼 수 있다.

▎동일 연결그룹 내 연결 및 개별재무제표의 계정과목 표시 예시 ▎

연결 FS

셀트리온

27. 판매비와관리비

구분	2021년
급여, 상여 및 퇴직급여	35,381,621
복리후생비	4,927,914
감가상각비	1,691,277
무형자산상각비	4,407,727
지급임차료	51,982
여비교통비	528,258
지급수수료	15,575,004
용역비	2,611,100
접대비	982,942
광고선전비	5,331,162
주식보상비용	8,712,167
경상연구개발비	113,088,478
교육훈련비	74,126
기타판매관리비	19,342,818
합계	212,706,576

동일한 연결실체지만, 개별재무제표를 살펴보면 연결재무제표와 계정과목의 구성이 다르게 표현된다.
셀트리온의 경우에도 셀트리온 제약을 종속회사로 지배하고 있으며, 셀트리온 제약의 판관비의 구성항목은 연결재무제표상 구성항목과 차이가 있다는 것을 알 수 있다.
또한, 셀트리온의 경우 지배회사의 규모가 크기 때문에 판관비의 구성항목은 지배회사인 셀트리온의 구성항목과 동일하게 작성되었다.

개별 FS

셀트리온

27. 판매비와관리비

구분	2021년
급여, 상여 및 퇴직급여	66,200,379
복리후생비	6,190,775
감가상각비	2,795,362
무형자산상각비	34,254,085
지급임차료	336,615
여비교통비	2,100,056
지급수수료	40,630,887
용역비	22,635,997
접대비	1,291,836
광고선전비	12,765,912
주식보상비용	9,460,783
경상연구개발비	125,769,269
교육훈련비	167,077
기타판매관리비	24,338,171
합계	348,937,204

셀트리온 제약

24. 판매비와관리비

당기 및 전기의 판매비와관리비의 세부내역은 다음과 같습니

구분	당기
급여	23,852,572
퇴직급여	2,775,002
복리후생비	921,890
차량유지비	73,909
접대비	305,426
소모품비	73,591
통신비	154,084
세금과공과	2,213,570
여비교통비	1,484,451
수도광열비	77,149
도서인쇄비	47,237
운반비	285,896
광고선전비	7,160,838
지급수수료	22,956,337
임차료	160,263
수선비	155,383
보험료	123,868
전력비	153,983
감가상각비	892,358
교육훈련비	92,691
무형자산상각비	114,701
회의비	13,222
건물관리비	273,740
기타	961,256
합 계	65,323,417

“ 업종이 다른 경우에는 어떻게 해야 할까? ”

중요성 기준 이외에도 현실적으로 지배회사와 종속회사의 개별재무제표를 연결기준으로는 재분류될 수밖에 없는 경우가 있는데, 그 대표적인 예가 지배회사와 종속회사의 업종이 다른 경우이다. 지배회사가 종속회사를 지배하는 이유는 다양하기 때문에 동일 업종의 종속회사에 대해서만 지배력을 취득하지는 않는다.

가령, 제조업을 영위하고 있는 지배회사가 해외 판매채널을 넓히기 위해 지배회사가 생산한 제품을 해외 판매회사에 판매하는 경우를 생각해보자. 지배회사는 제품을 직접 제조해서 판매하기 때문에 매출의 상세 계정은 ‘제품 매출’로 표기된다. 하지만 종속회사의 경우에는 지배회사에서 생산된 완제품을 수입하여 판매하기 때문에 매출의 상세 계정은 ‘상품 매출’이 된다. 일반적으로 원재료 또는 반제품 등을 구입하여 생산 및 판매하는 경우에는 그 정의는 ‘제품 매출’이 되지만, 완성된 제품을 그대로 구입하여 판매하는 경우에는 ‘상품 매출’에 해당되기 때문이다.

| 판매형태에 따라 달라지는 매출의 상세 계정과목 |

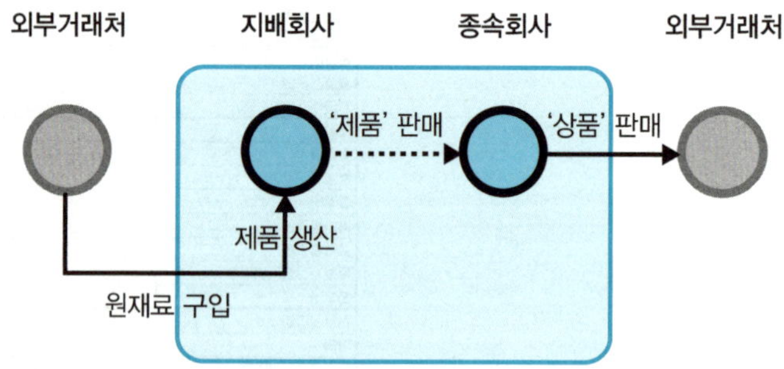

그렇다면, 제품을 실제 제조하는 지배회사와 완성된 제품을 판매하는 종속회사를 하나의 실체로 생각하는 연결실체 입장에서는 어떻게 표현될까? 해당 사례의 경우 연결실체 입장에서는 '제품 매출'로 표기하는 것이 적정하다. 원재료를 구입하여 제품 생산 및 판매까지 연결실체라는 하나의 회사가 진행하기 때문이다. 다만, 실제 연결실체 내에서는 지배회사 및 종속회사에서 다양한 판매유형이 존재하기 때문에 현재 대부분의 연결재무제표상에서는 '제품 매출' 및 '상품 매출'을 구분하여 표시되지 않고 '매출액'으로 통합하여 표기되고 있다.

이외에도 매출 등의 거래를 '국내 매출' 및 '해외 매출'로 구분하여 표기하는 경우도 재분류가 필요한 지 검토가 필요하다. 각각의 회사는 자신만의 기준으로 매출을 국내와 해외 또는 수출로 구분하여 표기하는 경우가 있는데, 지배회사와 종속회사 간에 소재지가 다른 경우에 국내 매출과 해외 매출의 구분 기준 또한 애매하기 때문이다. 즉, 연결실체를 기준으로는 국내와 해외의 구분 기준이 모호해진다는 의미이다. 예전에는 이러한 모호한 입장에도 불구하고 지배회사의 소재지를 기준으로 국내와 해외를 구분하는 경우도 있었지만, 요즈음에는 단순히 '매출액'으로 통합 표시하고 주석에 표시하는 상세 매출 내역을 '한국', '아시아', '유럽' 등의 고유한 지역이름으로 구분 표시하는 것으로 흐름이 바뀌고 있다.

이렇게 유사 업종이라도 연결실체로 그 실질이 바뀌게 되면 계정과목을 재분류해야 하기도 하는데, 지배회사와 종속회사 간에 상이한 업종을 영위하고 있다면 어떻게 될까? 이런 경우에는 연결실제 입장에서 주요 영업활동이 어떤 활동인지를 판단하여 주요 업종 위주로 계정과목을 재분류해야 한다.

업종이 상이한 경우 연결재무제표 작성 예시

개별 FS

포괄손익계산서

제32(당)기 : 2020년 1월 1일부터 2020년 12월

제31(전)기 : 2019년 1월 1일부터 2019년 12월

우리에프아이에스주식회사

과목	제32(당)기	
Ⅰ. 매출액(주석 25)		248,944,263,155
Ⅱ. 매출원가(주석 18,22,25)		(232,662,785,454)
Ⅲ. 매출총이익		16,281,477,701
Ⅳ. 판매비와관리비(주석 19,22,25)		(14,958,648,749)
Ⅴ. 영업이익		1,322,828,952
Ⅵ. 영업외수익		1,787,634,694
1. 금융수익(주석 16,20,25)	208,284,727	
2. 기타영업외수익(주석 21,25)	1,579,349,967	
Ⅶ. 영업외비용		(159,614,375)
1. 금융비용(주석 16,20)	(14,682,033)	
2. 기타영업외비용(주석 21)	(144,932,342)	

+

포괄손익계산서

제 2(당)기 2020년 1월 1일부터 2020년 12월 31일까지

제 1(전)기 2019년 1월 11일(설립일)부터 2019년 12월 31

주식회사 우리금융지주

과목	제2(당)기	
Ⅰ. 영업이익		594,752
1. 순이자손익(주석9,20,30)	(12,953)	
(1) 이자수익	10,082	
(2) 이자비용	(23,035)	
2. 순수수료손익(주석21,30)	(15,394)	
(1) 수수료수익	805	
(2) 수수료비용	(16,199)	
3. 배당수익(주석22,30)	680,375	
4. 당기손익-공정가치측정금융상품관련손익(주석9,23)	(920)	
5. 신용손실에대한손상차손환입(전입)(주석24,30)	116	
6. 일반관리비(주석25,30)	(56,472)	
Ⅱ. 영업외손익(주석26)		(215)

연결 FS

연결포괄손익계산서

제2(당)기 2020년 1월 1일부터 2020년 12월 31일까지

제1(전)기 2019년 1월 1일부터 2019년 12월 31일까지

주식회사 우리금융지주와 그 종속기업

과목	제2(당)기	
Ⅰ. 영업이익		2,080,394
1. 순이자이익(주석11,30,41)	5,998,512	
(1) 이자수익	9,523,853	
당기손익-공정가치측정금융자산 이자수익	48,612	
기타포괄손익-공정가치측정금융자산 이자수익	437,527	
상각후원가측정금융자산 이자수익	9,037,714	
(2) 이자비용	(3,525,341)	
2. 순수수료이익(주석11,31,41)	1,014,039	
(1) 수수료수익	1,694,016	
(2) 수수료비용	(679,977)	
3. 배당수익(주석11,32,41)	138,543	
4. 당기손익-공정가치측정금융상품관련손익(주석11,33,41)	421,709	
5. 기타포괄손익-공정가치측정금융자산관련손익(주석11,34)	24,138	
6. 상각후원가측정 금융자산매매손익(주석11)	44,443	
7. 신용손실에대한손상차손(주석35,41)	(784,371)	
8. 일반관리비(주석36,41)	(3,956,181)	
9. 기타영업손익(주석11,26,36,41)	(820,438)	
Ⅱ. 영업외손익(주석37)		(79,143)
1. 공동기업및관계기업투자자산평가손익(주석13)	101,077	
2. 기타영업외손익	(180,220)	

'우리에프아이에스'는 우리금융지주의 종속회사로 시스템소프트웨어 개발 및 공급업을 주업으로 하고 있다. 따라서, '우리에프아이에스'의 포괄손익계산서는 매출 및 매출원가가 별도로 표시되지만, 우리금융지주와 그 종속기업을 연결 실체로 하는 연결포괄손익계산서에는 매출액 및 매출원가가 별도 표시되지 않는다.

우리금융지주는 우리은행을 포함하여 다양한 업종을 포함하는 지배회사에 해당되는 지주회사이다. 우리금융지주의 종속회사 중 하나인 '우리에프아이에스'는 시스템소프트웨어 개발 및 공급업을 주업으로 하고 있다. 따라서 '우리에프아이에스'는 개별재무제표를 작성할 때에는 손익계산서상 매출액 및 매출원가를 별도로 표시하는 것이 회사의 재무정보를 잘 표현할 수 있는 방법이다. 하지만 연결재무제표를 작성할 때에는 '우리에프아이에스'의 재무현황은 연결실체 입장에서는 규모가 크지 않기 때문에 금융업 기준으로 재무정보가 재분류되어 표시되어야 한다.

이처럼 연결결산을 한다는 것은 단순히 지배회사와 종속회사의 재무정보를 합친다는 의미라고 보기에는 충분하지 않다. 오히려 지배회사와 종속회사를 하나의 연결실체라는 관점에서 바라봐야 어떤 부분이 변화되어야 하는 지를 이해할 수 있다.

이번에는 어떻게 보면 단순해 보여 쉽게 간과할 수 있는 '개별재무제표 합산' 과정에서 자주 놓치는 연결실체를 고려한 계정과목 재분류에 대한 내용을 상세하게 다루어 보았다. 모쪼록 이번 주제를 통해서 연결결산을 보다 더 잘 이해하고 운영할 수 있는 계기가 되기를 바란다.

05
환율효과가 이상합니다만….

연결회계에서 외화재무제표 환산의 의미

복식부기의 기본 원리 중 하나는 거래 발생 시에 차변(Debit)과 대변(Credit)을 동시에 기록하는 것이다. 재무회계 또한 해당 원리에 따라 거래를 기록하고 있으며, 이 원리에 따라 '자산 = 부채 + 자본'이라는 절대 등식[12)]이 가능하다. 하지만 여기에는 유일한 예외가 있는데, 바로 연결회계에서 진행하는 '외화재무제표 환산' 과정이다.

연결재무제표에서는 개별회계 기준으로는 독립적인 재무제표를 지배회사의 통화[13)]에 맞추어 개별통화를 환산하게 되는데, 이때 환산하는 기준이 자산 및 부채는 기말환율, 자본은 역사적 환율 그리고 수익과 비용은 평균환율을 적용하게 된다. 계정과목 유형별로 적용되는 환율이 다르기 때문에 앞서 이야기한 대차평균의 원리라는 '절대 등식'이 외화재무제표 환산의 경우에는 더 이상 성립되지 않는다. 그리고 이 '절대 등식'의 원리를 유지하기 위해서 차변이나 대변, 한 쪽에 별도의 계정과목을 기록하게 되는데, 이를 '해외사업환산손익[14)]'이라고 한다.

---

12) 이를 '대차평균의 원리'라고도 한다.
13) 연결회계에서는 이러한 통화를 '그룹통화'라고 한다.
14) '외화재무제표 환산'에 대한 일반적인 이야기는 '네 번째 이야기. 02. 외화재무제표의 환산'에서 자세히 다루었으므로 여기서는 생략하고자 한다.

| 외화재무제표의 환산과 해외사업환산손익 |

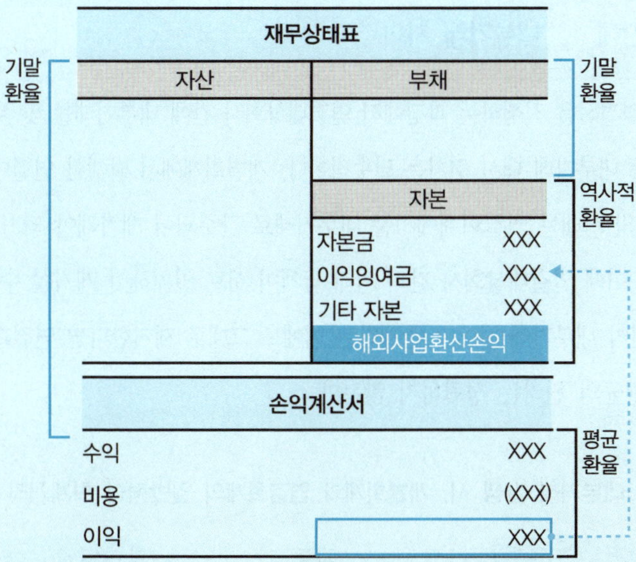

'해외사업환산손익'은 자본의 한 항목으로 분류되는데, '해외사업환산손익'이 중요한 이유는 종속회사[15)]의 자본은 지배지분과 비지배지분으로 배분되어야 하며, '해외사업환산손익' 또한 배분되어야 될 대상에 포함되기 때문이다.

그런데 연결결산을 진행하다 보면 '외화재무제표 환산'뿐만 아니라 내부거래를 조정할 때에도 '해외사업환산손익'이 발생하게 되는데, 이상하게도 해당 유형들은 연결회계 교과서에서는 잘 언급되지 않는다. 이번 시간에는 연결회계 교과서에서는 잘 언급되지 않지만 종종 발생하게 되는 내부거래와 관련된 환산 이슈에 대해서 자세히 이야기해 보도록 하자.

---

15) 일반적으로 지배회사의 보고통화가 연결재무제표상 그룹통화가 되기 때문에, 지배회사와 다른 보고통화를 사용하고 있는 종속회사의 재무제표를 환산하는 과정에서 '해외사업환산손익'이 발생하는 것이 일반적이다.

“ 예외적으로 ‘해외사업환산손익’이 발생하는 이유 ”

• 사례 1. ‘내부거래 차이’

연결결산을 진행하는 과정에서 연결대상회사 간에 내부거래를 맞추는 작업, 즉 내부거래 대사 절차는 필수적이다. 개별회계에서 발생한 연결대상회사 간의 거래는 연결회계에서는 내부거래로 간주되어 제거해야 되기 때문이다. 이때 연결대상회사 간의 거래 금액이 서로 일치해야 제거할 수 있는데, 만약 내부거래 차이가 존재하는 데에도 그대로 제거한다면 연결회계상 대차평균의 원리는 성립하지 않는다.

| 내부거래 발생 시, 개별회계와 연결회계의 일반적인 회계처리 |

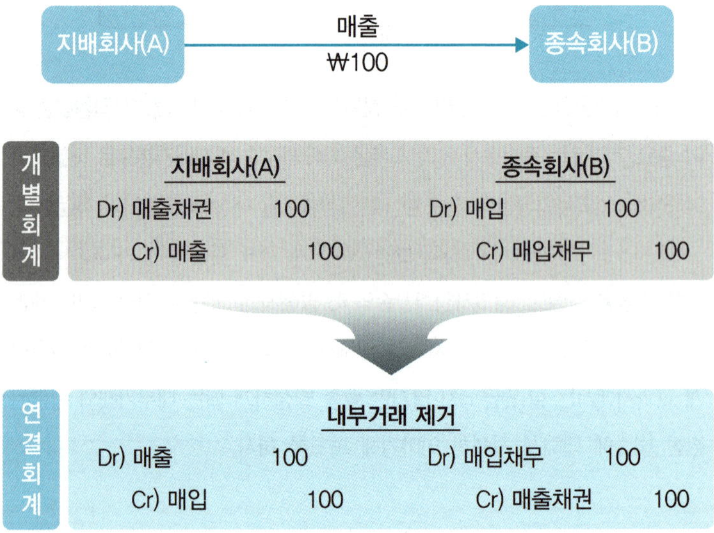

그런데 연결대상회사 간의 거래통화(TC: Transaction Currency) 기준으로 내부거래가 일치하더라도 연결대상회사 간의 소재지가 달라 보고통화(LC: Local Currency)가 다르다면 연결결산상 외화환산 절차가 발생하기 마련이다. 가령, A라는 연결대상회사가 지배회사로 한국에 소재하고 있고, B라는 연결대상회사가 종속회사로 미국에 소재하고 있다면 어떨까? 이때 A회사와 B회사의 거래 통화는 서로 간에 약속한 통화겠지만, 각각의 거래통화는 개별회계기준에 따라 외화채권 및 채무는 각각의 보고통화로 환산되어야 한다.

그리고 개별회계 입장에서 작성된 보고통화는 연결회계 입장에서는 연결재무제표를 작성하기 위한 그룹통화(GC: Group Currency)로 환산되어야 한다. 이러한 과정에서 A와 B라는 회사가 거래통화 기준으로 거래금액이 일치했을지라도 각각의 회사에서 거래통화를 기준으로 보고통화로 환산(개별결산 절차), 보고통화를 기준으로 그룹통화로 환산(연결결산 절차)하는 과정에서 A회사와 B회사의 그룹통화 금액은 일부 차이가 발생할 수 있다. 교차환율 그 자체에는 문제가 없더라도 A사와 B사의 환율적용 기준시점[16]이 다를 수 있기 때문이다.

16) 가령 뉴욕은 우리나라에 비해 13시간이 느리다. 따라서 외화환산을 위해 적용되는 고시환율이 마감되는 시점 또한 나라마다 다를 수밖에 없다.

▌내부거래 대사 및 외화환산 후 상계 금액이 차이가 있다면?▐

	계정과목	거래처	TC	TC Amount	LC	LC amount	GC	GC amount
연결대상회사 A	매출채권	회사 B	CNY	100	KRW	15,000	KRW	15,000
연결대상회사 B	매입채무	회사 A	CNY	100	USD	12	KRW	14,400

거래통화로 내부거래 대사가 일치했을지라도
보고통화를 그룹통화로 환산 시에 환율차이에
따라 내부거래 상계 금액이 일치하지 않을 수 있다.

내부거래 상계 – 채권채무	Dr) 매입채무	14,400	Dr) 매출채권	15,000

그룹통화 금액이 일치하지 않은 상태에서 그대로
내부거래를 상계한다면 대차균형의 원리가 맞지 않는다.

내부거래 상계 – 채권채무	Dr) 매입채무	14,400	Dr) 매출채권	15,000
	해외사업환산손익	600		

연결대상회사 간 거래통화 기준의 거래금액이 일치했다면 각각의 보고통화를 그룹통화로 환산하는 과정에서 발생하는 차이는 '해외사업환산손익'으로 기록하는 것이 일반적이고 꽤 설득력이 있어 보인다. 문제는 '해외사업환산손익'은 자본의 변동이고 이 자본의 변동은 지배주주지분과 비지배주주지분으로 배부되어야 할 수도 있다는 점에 있다. 하지만 내부거래에서 발생하는 다양한 차이를 하나하나 확인해서 환산차이를 '해외사업환산손익'으로 관리하기도 쉽지 않으며, 지배주주지분과 비지배주주지분으로 배부하는 것 또한 쉬운 절차는 아니다.

이때 실무적으로 해결할 수 있는 방법이 하나 있는데, 내부거래 상계를 위해 각각의 그룹통화 금액을 산출할 때, 보고통화가 아니라 거래통화를 기준으로 직접 그룹통화로 환산하는 것이다. 이렇게 환산을 진행하면 내부거래 상계 시에 '해외사업환산손익'이 발생할 가능성이 사라진다.

또 다른 방법으로는 그룹통화로 환산된 내부거래의 차이금액이 미미할 경우에 '해외사업환산손익'이 아닌 다른 계정과목을 활용하는 것도 가능하다. 예를 들어, 매출채권 및 매입채무 거래에서 차이가 발생했다면 차이금액을 '해외사업환산손익'이 아니라 '매출채권' 또는 '매입채무' 계정을 사용하는 것이다.

물론 해당 방식들에도 단점이 존재하는데, 연결대상회사의 해당 계정 총액이 내부거래에 한정된다면 내부거래 제거 후에 연결대상회사의 해당 계정 금액은 '0'이 아니라 환산차이만큼 잔액이 남을 수 있다는 점이다.

‘해외사업환산손익’을 활용하지 않을 경우 예외적인 단점

내부거래 상계 – 채권채무	Dr) 매입채무	14,400	Dr) 매출채권	15,000
	~~해외사업환산손익~~			
	매입채무	600		

연결대상회사의 유일한 매입채무가 내부거래로 상계된 금액이라면 개별재무제표상 매입채무는 14,400이다. 따라서 매입채무를 과도하게 600을 추가로 상계하게 되면 연결재무제표상 (–) 600의 매입채무가 기록될 수 있다.

다만, 어차피 연결단계에서 발생하는 환산 차이에 의한 금액은 크지 않기 때문에 중요성 관점에서 해당 문제는 쉽게 넘어갈 수 있으며, 이에 대해서 감사인도 지적할 가능성은 높지 않다.

• 사례 2. '재고자산 미실현거래'

연결회계에서 발생하는 재고자산 미실현거래를 제거할 때는 상황이 조금 더 복잡하게 된다. 그룹통화와 다른 거래통화 또는 보고통화로 재고자산 미실현거래를 제거할 때도 연결기준에서의 환산 이슈가 발생하기 때문인데, 재고자산 미실현거래 제거분개를 잘 살펴보면 차변에는 매출원가가 발생하고 대변에는 재고자산이 감소하게 된다. 즉, 과대평가된 재고자산을 감소시키고 그에 맞게 과대평가된 이익을 감소시키기 위해 매출원가를 발생시킨다.

| 재고자산 미실현이익의 제거 분개 시, 환산 문제 |

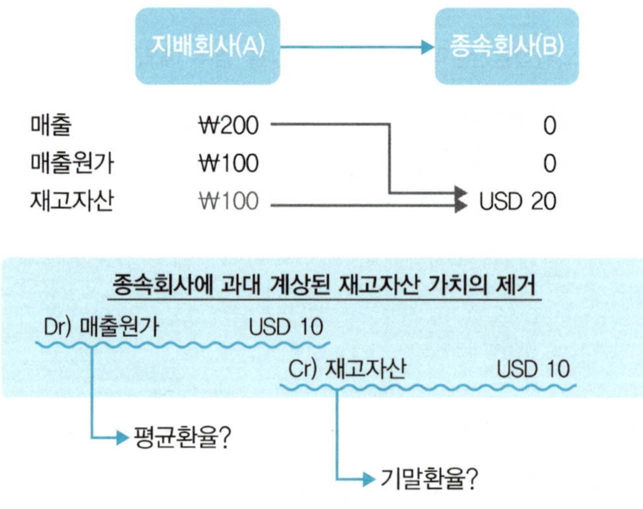

문제는 재고자산은 자산항목이고 매출원가는 손익항목이라는 점이다. 따라서 그룹통화와 다른 통화로 거래가 발생하는 경우에는 외화재무제표환산의 원칙에 따른다면 재고자산은 기말환율로 환산되어야 하고, 매출원가는

평균환율로 환산되어야 한다. 이렇게 환산된 경우에는 대차평균의 원리가 깨지게 되고 이 차이를 메꾸기 위해 '해외사업환산손익' 사용을 고려해볼 수 있다. 다만, 앞서 이야기한 것처럼 '해외사업환산손익'은 자본의 변동이기 때문에 지배주주지분과 비지배주주지분으로 배분 여부를 고려해야 한다.

가장 이론적으로 보이기는 하지만 실무에서는 해당 방식으로 외화거래를 환산하지 않는 경우가 많다. '해외사업환산손익' 계정의 처리가 고민되기 때문이다. 오히려 실무에서는 재고자산이 더 중요하다고 생각된다면 재고자산 항목과 매출원가 항목을 전부 기말환율로 환산하고, 매출원가가 더 중요하게 생각된다면 재고자산 항목과 매출원가 항목을 전부 평균환율로 환산한다. 앞서 이야기한 것처럼 거래금액의 차이가 아니라 환산에 따른 차이는 생각보다 크지 않을 것이며, 중요성 기준으로 쉽게 간다고 해서 회계감사 과정에서도 문제 삼을 가능성은 높지 않기 때문이다.

• 사례 3. '고정자산 미실현거래'

고정자산 미실현거래를 제거할 때 또한 재고자산 미실현거래 제거 시와 유사한 이슈가 발생한다. 지배회사의 그룹통화와 다른 통화를 보고통화로 사용하는 종속회사의 고정자산이 내부거래로 과대 기록된 경우에는 과대된 감가상각비만큼 제거해줘야 하는데, 문제는 차변에는 자산항목인 감가상각누계액이 기록되고 대변에는 비용항목인 감가상각비가 기록된다. 재고자산 미실현거래와 마찬가지로 연결회계에서 이야기하는 외화재무제표환산 방법에 따라 기록하게 된다면 대차평균의 원리는 성립하지 않게 된다.

| 고정자산 미실현이익의 제거 분개 시, 환산 문제 |

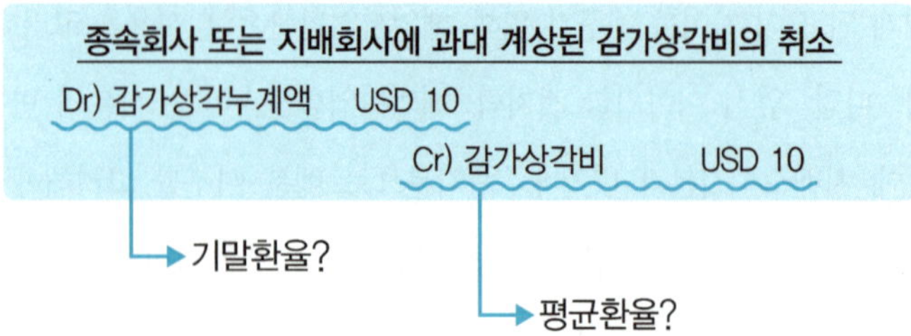

이때도 앞서 이야기한 것과 마찬가지로, 자산항목인 고정자산 금액을 중요하게 볼 경우 감가상각누계액과 감가상각비 전부를 기말환율로 환산하고, 비용 항목이 중요한 경우 감가상각누계액과 감가상각비 전부를 평균환율로 환산할 수 있다. 환산 차이에 따라 발생되는 금액 차이는 중요성 기준에서 쉽게 넘어갈 수 있기 때문이다.

이번 시간에는 여타의 연결회계 교과서에서는 잘 다루지 않는 (내부거래 제거 과정에서 발생하는) 실무적인 외화재무제표 환산 방법을 소개하였다. 원칙적이고 논리적으로 업무를 처리하는 독자들에게는 예외적인 처리 방식에 조금은 당황할 수도 있겠지만, 실무적으로는 다양한 처리 방식이 있음을 그리고 이러한 방식에 따라 조금은 더 쉽게 연결결산과 연결재무정보에 대한 작성과 보고가 가능할 수 있음을 소개해주고자 하였다. 이 글을 읽는 독자들에게 연결결산이 조금 더 쉽게 다가오길 바라며….

06

중간지배회사가 있다면 연결결산이 오래 걸리지 않나요?

순차연결 vs. 병렬연결

이제는 호랑이 담배 피던 시절이라고 할 수도 있겠지만, 1997년에 발생한 외환위기를 거치면서 다단계 출자 또는 순환 출자 구조 등으로 복잡하기만 하던 기업집단의 지배구조가 단순하고 투명해졌다. 바로 IMF를 통해 '지주회사'에 대한 인식이 개선되었기 때문인데, 회계 실무자 입장에서는 지배구조의 단순화로 연결결산이 상당히 쉬워졌다는 의미이다. 실제로 그 전에는 복잡한 지배구조로 진정한 지배회사가 누구인지를 판가름하기조차 어려웠었는데, 많은 기업집단들이 '지주회사'의 설립에 따라 최상위 지배회사가 어느 회사인지 한눈에 볼 수 있을 정도로 단순해졌다.

하지만 지배구조의 단순화에도 불구하고 기업규모가 커짐에 따라 발생하는 "지배회사(모회사) → 중간지배회사(자회사) → 종속회사(손자회사) → 종속회사(증손자회사) …"라는 순차 구조는 여전히 연결결산을 어렵게 만들고 있는 것 또한 현실이다. 특히 우리나라처럼 빠른 결산일정을 중요한 미덕으로 생각하는 기업문화에서는 특히 그렇다.

얼핏 생각하면 "모회사~증손자회사"로 이루어지는 지배구조에서는 손자회사가 증손자회사를, 자회사가 손자회사를, 그리고 모회사가 자회사에 대한 연결결산을 진행할 것 같은데, 이런 경우 과연 우리나라에서 중요한 미덕으로 생각하는 결산일정을 빠르게 진행하기는 어려워 보인다. 각 단계별로 연결결산이 완성되어야 다음 지배구조의 연결결산이 가능하기 때문이다. 하지만 실제로 순차 지배구조를 가지고 있는 우리나라 대기업들의 결산일정은 5일~10일을 넘기지 않는다. 과연 여기에는 어떤 비밀이 있는 것인지 한번 살펴보고자 한다.

| 순차 지배구조 하에서의 일반적인 연결결산 절차 |

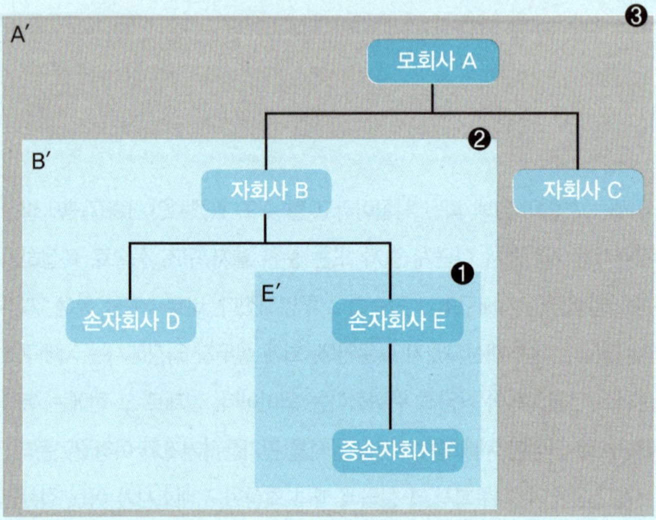

연결결산은
먼저, ① 손자회사 E와 증손자회사 F를 연결한 E′의 연결결산이 진행되고,
두 번째로, ② 자회사 B와 손자회사 D 그리고 E′를 연결한 B′의 연결결산이 진행된다.
마지막으로 ③ 모회사 A와 자회사 C 그리고 B′를 연결한 A′의 연결결산 진행으로 마무리된다.

“ 복잡한 지배구조, 어떻게 연결결산을 해야 하나? ”

만약 '모회사→자회사→손자회사'의 순차적인 지배구조라면 어떻게 연결을 해야 할까? 앞서 언급한 것처럼 손자회사를 지배하고 있는 자회사가 먼저 연결결산을 수행하고, 모회사는 손자회사를 연결한 자회사의 연결재무정보를 기준으로 연결결산을 수행하면 되지 않을까? 해당 방식으로 진행한다면 연결재무제표를 작성할 책임이 각각의 연결대상회사인 자회사 및 모회사에 존재하기 때문에 연결결산 담당자의 업무 부담이 상대적으로 적을 수 있다. 그리고 직접적으로 지배하는 종속회사만의 재무정보를 관리하기 때문에 종속회사에 대한 관리가 더 쉬울 수 있다.

하지만 앞서 논의한 것처럼 전체적인 연결결산은 모회사인 최상위지배회사의 연결결산으로 완료될 수 있는데, 이를 위해서는 중간지배회사인 자회사의 연결결산이 먼저 끝나야 한다. 즉, 순차적으로 연결결산을 수행하다 보면 연결결산 일정이 지연될 수밖에 없다는 단점 또한 피할 수 없어 보인다.

❙ 순차 지배구조 하에서의 연결결산 방법 1. 순차 연결 ❙

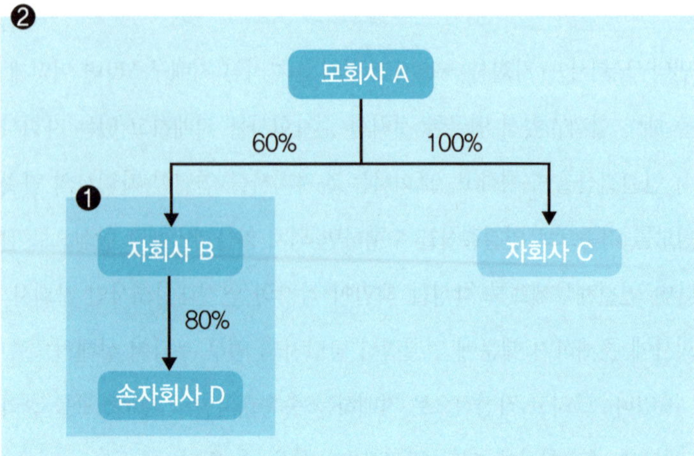

최상위지배회사인 A가 연결결산을 완료하기 위해서는
우선, ① 중간지배회사인 자회사 B가 손자회사 D와의 연결결산을 수행해야 한다.
그 이후에 ② 최상위지배회사인 모회사 A는 자회사 C의 개별재무제표와
자회사 B의 연결재무제표를 기준으로 연결결산을 수행할 수 있다.
즉, 자회사 B가 연결결산을 완료할 때까지 기다려야 한다는 의미이다.

하지만 최상위지배회사에서 이런 순차적인 구조에 따른 연결결산 일정을 기다릴 수 없다면 어떻게 해야 할까? 그럼에도 불구하고 중간지배회사의 연결결산이 완료되고 최상위지배회사의 연결결산이 완료될 때까지 진득하게 기다리라고 해야 할까?

이런 경우에 중간지배회사의 연결결산을 기다리지 않고 모회사는 손자회사의 개별재무정보를 기준으로 연결결산을 할 수 있는 방법이 있다. 이때 필요한 개념이 바로 '유효지분율'인데, '유효지분율'이란 지분구조가 순차적인 경우 각각의 지분율을 곱한 결과를 기준으로 산출되는 지분율 방식을 의미한다.

만약 A회사가 60% 지분율을 취득하여 B회사에 대한 지배력을 행사할

수 있고 B회사 또한 80%의 지분율을 취득하여 D회사를 지배하고 있다면, A회사는 간접적으로 D회사를 지배한다. 다만, 100%의 지분율을 취득하지 않았으므로 연결결산을 수행할 때 종속회사의 자본변동은 지배주주지분과 비지배주주지분으로 배부되어야 한다. B회사의 경우에는 D회사에 대한 지분율이 80%이기 때문에 D회사 지분율 20%는 B회사가 연결결산을 수행할 때 비지배주주지분으로 배부하여 별도 표시되어야 한다. 즉, B회사의 재무제표에는 D회사의 지분 중 80%는 지배주주지분으로 20%는 비지배주주지분으로 표시된다.

이 결과가 A회사가 연결결산을 수행할 때 미치는 영향은 어떻게 될까?

A회사는 B회사의 지분을 60%만 소유하고 있기 때문에 40%는 비지배주주지분으로 배부하여 표시되어야 하는데, B회사의 연결재무제표에는 이미 D회사의 자본 중 20%는 비지배주주지분으로 표시되었다. 따라서 D회사에 대한 B회사의 지배주주지분 80%의 60%에 해당되는 부분만 A회사의 지배주주지분으로 표시하고 나머지는 비지배주주지분으로 표시되면 된다. 이렇게 되면 A회사가 연결결산을 수행할 때에는 D회사의 자본 중 B회사의 지배주주지분 80%에서 60% 부분, 즉 48% 부분만 지배주주지분으로 표시되어야 하는데, A회사가 B회사를 소유하고 있는 지분과 B회사가 D회사를 소유하고 있는 지분을 곱하여 계산된 결과와 동일하게 된다. 이렇게 계산된 방식이 유효지분율[17)]이다.

17) 48%의 유효지분율을 A회사가 D회사에 대한 지배력을 행사하는 기준으로 오해해서는 곤란하다. 연결대상여부를 판단하는 지배력 행사기준은 '유효지분율'이 아닌 '단순지분율'에 따라 계산되어야 하기 때문이다. '단순지분율'과 '유효지분율'의 차이는 '두 번째 이야기. 02. 지배력의 기준 – 단순지분율'에서 자세하게 다루었으므로 여기서는 설명을 생략하고자 한다.

| 유효지분율의 계산 방법 |

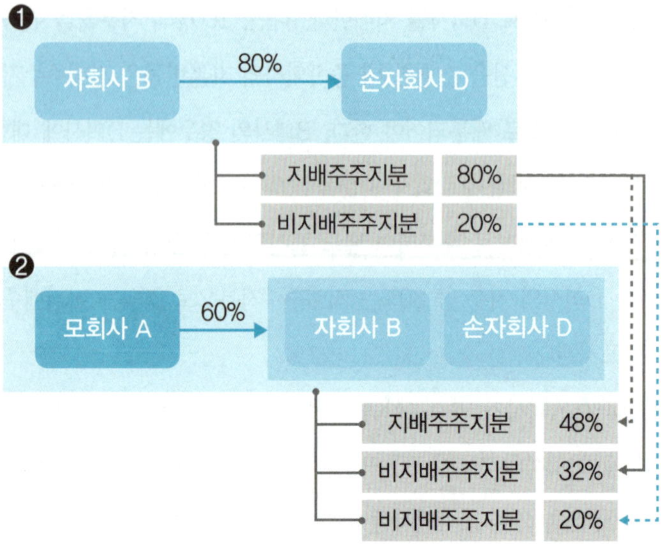

이 결과를 활용한다면 구태여 A회사가 연결결산을 수행할 때 B회사의 연결결산 결과를 기다릴 필요가 없다. 이미 유효지분율을 통해서 B회사의 연결결산 과정에서 D회사의 자본이 지배주주지분과 비지배주주지분으로 배분되는 결과가 A회사의 연결결산에 미치는 영향을 계산할 수 있기 때문이다. 따라서 A회사가 A회사의 빠른 연결결산이 중요하고 B회사의 연결결산 결과가 필요 없다면, 손자회사인 D를 직접 지배하고 있는 것처럼 D회사의 재무정보를 직접 활용하여 연결결산을 수행할 수 있는데, 이때 유효지분율을 통해 실제 지배구조에 따른 효과를 고려하면 충분하다. 이러한 방식으로 수행하는 연결결산을 '병렬 연결[18)]'이라고 하며, 우리나라의 많은 기업들

18) 물론 세부적으로 들어가면 환율 효과 등에서 '순차연결'과 '병렬연결'에 일부 차이가 존재할 수 있는데, 그 중요성이 크지 않아 실무에서는 '병렬연결'에 따른 결과에 이슈를 제기하지 않는 것이 일반적이다.

이 빠른 연결결산 결과를 도출하기 위해 자주 활용하는 방법이다.

| 순차 지배구조 하에서의 연결결산 방법 2. 병렬 연결 |

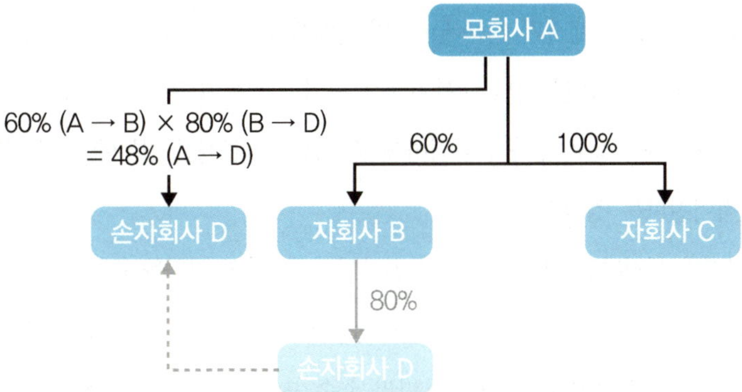

- 모회사 A가 자회사 B에 대한 지배관계를 통해 손자회사 D를 간접 지배하고 있지만,
- 빠른 연결결산을 위해서는 모회사 A가 손자회사 D를 직접 지배한 것처럼 관리한다.
- 다만, 이때 손자회사 D에 대한 지배지분과 비지배지분을 모회사 A의 연결재무제표에 표현해야 하는데, 이때는 순차연결과 동일한 결과가 발생하도록 '유효지분율'인 48%를 지배주주지분율로 계산하여 배부한다.

"'순차연결'을 할 경우에도 고려해야 할 사항들"

• 개별법인의 재무제표를 알고 싶다면….

실무에서 '순차연결'이 우수한지, '병렬연결'이 우수한지에 대한 논란은 여전히 많다. 또한 회사는 목적에 맞게 '순차연결' 또는 '병렬연결'을 선택적으로 적용할 수 있기 때문에 컨설턴트 입장에서 무조건 한 가지 방법을 따르라고 이야기하기는 쉽지 않다.

다만, '병렬연결'을 선택하는 기업들은 빠른 연결결산 이외에도 또 다른 이유 때문에 '병렬연결'을 선택하기도 하는데, 그 이유는 바로 자회사 및 손자회사 등의 개별 재무정보 또한 관리하고 싶기 때문이다. 순차연결의 장점은 최상위지배회사의 경우, 차상위지배회사의 연결결산 정보를 기준으로 연결결산을 수행하기 때문에 차상위지배회사에 소속되어 있는 개별회사의 재무제표를 확인하거나 내부거래를 관리할 필요가 없다. 즉, 관리해야 할 회사의 재무정보 숫자가 현격하게 줄어들어 연결결산 업무에 대한 부담이 적어진다는 장점이 있다.

하지만 연결관련 컨설팅 경험상 최상위지배회사의 임원들 – 특히 우리나라의 임원들은 연결그룹 내의 개별회사들에 대한 재무정보를 속속들이 알고 싶어하는 경우가 대부분이다. 따라서 순차연결을 통해 순차적인 지배구조에 따라 연결결산을 수행할지라도 차상위지배회사인 자회사에 소속되어 있는 개별회사, 즉 손자회사들의 재무정보를 점검해야 하는 경우가 발생한다. 하지만 순차연결의 경우에는 차상위지배회사에 소속되어 있는 개별회사의 재무정보는 연결결산에서는 확인할 수 없기 때문에 별도로 개별회사의 재무정보를 요청해야 한다. 결국 별도로 차상위지배회사에 소속되어 있는 개별회사의 재무정보를 확보해야 하는데, '병렬연결'을 할 경우에는 이미 차상위지배회사에 소속되어 있는 개별회사의 재무정보를 연결 목적으로 최상위지배회사가 직접 받아야 하기 때문에 이러한 불필요한 과정이 생략될 수 있다.

따라서 만약 최상위지배회사가 관리목적으로 연결그룹에 소속된 모든 종속회사의 재무정보를 관리해야 하는 입장이라면 '순차연결'보다는 '병렬연결' 결산을 조금 더 적극적으로 고려해볼 필요가 있다.

• 중간지배회사의 연결결산 후에도 내부거래 정보는 필요하다!?

지금까지는 순차연결과 관련하여 중간지배회사의 연결대상에 포함되는 손자회사의 재무정보는 최상위지배회사인 모회사가 관리할 필요가 없다는 것을 장점으로 이야기하였다. 하지만 여기에도 예외적인 경우가 있는데, 바로 모회사와 손자회사와의 직접적인 내부거래가 여기에 해당된다.

가령 순차적 지배구조 관계에 있는 연결그룹에서 자회사와 손자회사 간의 내부거래가 있다고 하자. 이때 해당 연결그룹이 순차연결을 통해 연결결산을 진행한다면 모회사인 해당 거래는 고려할 필요가 없다. 모회사가 연결결산을 수행할 때 활용하게 될 자회사의 재무제표는 연결재무제표인데, 해당 연결재무제표에는 자회사와 손자회사의 내부거래는 제거되어 표현되기 있기 때문이다. 따라서 이러한 거래 구조 하에서 순차연결을 할 때에는 모회사가 직접 관리하는 자회사 이외의 회사에 대한 재무정보를 관리할 필요가 없다는 의미이다.

하지만 모회사와 손자회사와의 직접적인 내부거래가 있다고 해보자. 이때 자회사가 연결결산을 수행할 때는 모회사와의 자회사 그리고 자회사가 지배하고 있는 손자회사 간의 내부거래는 내부거래로 보지 않는다. 자회사의 연결대상범위에는 모회사는 포함되지 않기 때문인데, 이에 따라 자회사가 연결결산을 수행할 때에는 모회사와 손자회사 간의 직접적인 내부거래는 제거하지 않는다. 즉, 외부거래로 인식한다는 의미이다. 따라서 순차연결을 진행할 때에도 모회사와 손자회사 간의 직접적인 내부거래는 자회사의 연결재무제표에서는 제거되지 않기 때문에 별도로 관리하여 모회사의 연결결산 과정에서 제거되어야 한다는 사실을 유념해야 한다.

| 모회사가 손자회사의 재무정보를 관리해야 하는 경우 |

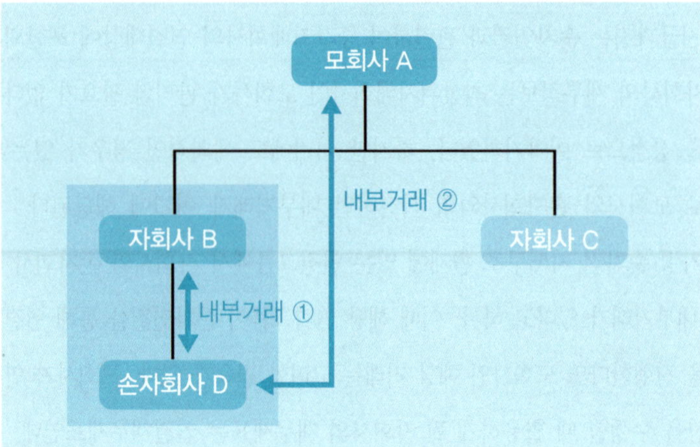

07

내부거래가 제거된 개별재무제표를 볼 수 있나요?

지배회사 및 종속회사의 성과 관리

"내부거래가 제거된 개별재무제표를 볼 수 없나?"

연결결산을 진행하다 보면 문득 이런 생각이 들기도 한다.

연결대상 회사 간에 발생하는 내부거래는 '비정상거래'이기 때문에 발생하지 않는 거래로 봐야 한다. 이 때문에 이미 발생한 내부거래는 재무정보에서 제거하고 보자는 것이 연결회계의 핵심이다. 또한 내부거래가 제거된 개별재무제표를 볼 수 있다면 연결회계 관점에서의 개별회사의 진정한 성과를 확인할 수 있을 것 같다는 생각도 든다.

하지만 이런 생각과는 달리 연결회계에서 내부거래가 제거되는 과정을 자세히 살펴보면 내부거래가 제거된 개별재무제표를 구현하기는 생각보다 쉽지 않은데, 이번 시간에는 내부거래가 제거된 개별재무제표를 만들기 위해 어떤 부분에서 어떤 고민이 필요한지에 대해 심도 있는 이야기를 해보고자 한다.

“내부거래가 제거된 개별재무제표를 만드는 데 주저하는 이유”

가령 연결대상회사[19]인 A사와 B사 간에 재고자산과 관련된 매출-매입 거래가 발생했는데, A회사가 보유하고 있던 재고자산은 200원이었고 이를 B사에 300원에 팔았다고 해보자. 그리고 B사는 A사로부터 구매한 재고자산을 연말까지 그대로 보유하고 있다고 해보자.

이때 연결대상회사인 A사와 B사 간에는 두 가지 유형의 내부거래가 발생하는데, 우선 매출-매입거래가 그 첫 번째 유형이다. 즉, A사가 B사의 방향으로 300원의 매출이 발생하고, B사는 A사로부터 구매한 300원의 재고자산과 300원의 매입이 발생한다. 이는 내부거래이기 때문에 연결회계 기준으로는 제거되어야 한다. 그리고 매출-매입 거래로 발생한 A사와 B사 간의 매출채권 및 매입채무 또한 내부거래로 제거되어야 한다. 또한 내부거래를 통해 A사는 100원의 이익이 발생했고, B사는 원가가 200원에 해당하는 재고자산의 가치를 100원이 증액된 300원으로 기록하였기 때문에 이 부분 또한 제거되어야 하는데, 해당 유형을 '미실현이익'이라고 하며 두 번째 유형에 해당된다.

---

19) 논의의 편의를 위해 '비지배지분이 없다'는 가정으로 A사와 B사 간의 지분관계를 100%로 가정한다.

❙ 매출–매입거래 유형의 내부거래 제거 – 연결결산 전 ❙

개별재무제표 –

	A사	↔	B사
매출	₩300		–
매출원가	200		–
매출총이익	₩100		–
재고자산	₩200	→	₩300
매출채권	₩300		–
매입채무			₩300

내부거래 유형 1

Dr)	매출	300	Cr)	매출채권	300
Dr)	매입채무	300	Cr)	매출원가	300

내부거래 유형 2

Dr)	매출원가	100	Cr)	재고자산	100

연결회계 입장에서는 A사와 B사는 하나의 연결실체라는 관점에서 A사와 B사의 재무제표를 합산하고 합산된 재무제표에서 첫 번째 유형인 300원의 매출 및 매출채권과 300원의 매출원가[20] 및 매입채무를 제거하면 된다. 두 번째 유형 또한 100원의 매출원가 및 100원의 재고자산을 제거하면 되는데, 이렇게 유형 1과 유형 2의 연결조정분개를 합산된 재무제표에 반영하게 되면 연결재무제표에는 – A사와 B사 간에 개별거래가 발생했음에도 불구하고 – 어떠한 거래가 발생하지 않은 것으로 기록된다.

---

20) 연결회계를 공부하신 분들은 이미 알고 있는 이야기이겠지만, '매입'은 거래처리를 위한 중간 계정과목으로 내부거래제거를 위해서는 '매입'은 '매출원가'로 치환하여 회계처리 된다.

| 매출–매입거래 유형의 내부거래 제거 – 연결결산 후 |

연결재무제표 –

	개별 결산			연결 결산	
	A사	B사	합산재무제표	연결조정	연결재무제표
매출	₩300	–	₩300	(–) 300	–
매출원가	200	–	200	(–) 300 (+) 100	–
매출총이익	₩100	–	₩100		–
재고자산	₩0	₩300	₩300	(–) 100	₩200
매출채권	₩300	–	300	(–) 300	–
매입채무		₩300	300	(–) 300	–

내부거래 유형 1을 통해 300원의 매출원가가 감소하고
내부거래 유형 2를 통해 100원의 매출원가가 증가

연결 후 개별재무제표를 작성하기 위해서는 내부거래 유형 1과 유형 2를 개별재무제표에 반영해야 하는데, 이때 고민되는 부분이 귀속주체이다. 연결회계 입장에서는 A사와 B사의 합쳐진 재무제표 자체가 연결관점에서의 재무제표에 해당되지만, 개별재무제표를 작성하기 위해서는 '연결조정' 분개를 A사 또는 B사에 귀속시켜야 하기 때문이다.

내부거래 유형 1의 경우에 매출 및 매출채권은 A사에서 발생했기 때문에 A에서 제거하고, 매입 및 매입채무는 B사에서 발생했기 때문에 B사에서 제거하면 된다. 문제는 내부거래 유형 2에 있다. 내부거래 유형 2 중에 100원의 재고자산의 증가는 B사에서 발생했으며, 100원의 재고자산이 증가한 이유는 A사에서 B사와의 내부거래를 통해 100원의 매출총이익이 발생했다. 원인만 놓고 따지자면 재고자산의 증가는 B사에서 제거하고 매출총이

익의 증가는 A사에서 제거하면 될 것 같지만, 문제는 연결회계를 포함한 재무회계의 기본원리는 '복식부기'라는 데에 있다. 즉, 하나의 거래가 발생하면 이는 차변과 대변에 동시에 기록되어야 하는데, 내부거래로 인해 100원의 재고자산은 B사에서 제거하고 동일한 금액의 매출원가를 A사에서 제거한다면 A사와 B사의 개별재무제표는 불완전해지기 때문이다.

| 매출–매입거래 유형의 내부거래 제거 – 개별재무제표 기준? |

구분	Dr)	금액	Cr)	금액
내부거래 유형 1	매출	300	매출채권	300
	매입채무	300	매출원가	300
내부거래 유형 2	매출원가	100	재고자산	100

	A사 연결 전	A사 연결 후	B사 연결 전	B사 연결 후
매출	₩300	₩0	–	–
매출원가	200	₩300	–	(–) ₩300
매출총이익	₩100	(–) ₩300	0	₩300
재고자산	–	–	₩300	₩200
매출채권	₩300	0	–	–
매입채무		–	₩300	0

또 다른 문제는 해당 방식[21]으로 내부거래를 제거한 연결 후 개별재무제표를 살펴보면, 내부거래가 발생했다는 이유 하나만으로 A사는 300원의

21) 이를 실무에서는 '쌍방 상계'라고 한다.

매출총손실이 발생하고 B사는 300원의 매출총이익이 발생하게 된다. A사와 B사의 연결 후 개별재무제표를 합쳐보면 매출총이익이 0원이기 때문에 문제가 없어 보이지만, 연결 후 개별재무제표의 성과를 측정하는 입장에서는 이해할 수 없는 수치이다.

“ 한쪽으로 내부거래를 ‘제거’한다면…. ”

앞선 사례에서 살펴보았듯이, 연결회계에서 발생한 내부거래를 개별재무제표에 그대로 반영한다면 ‘복식부기’ 원리에 어긋나게 되기도 하고 개별재무제표의 성과 또한 불완전하게 측정된다. 그렇다면 연결회계에서 발생한 내부거래를 각각의 연결대상회사의 개별재무제표에 반영하는 것이 아니라 한 회사의 개별재무제표에 반영한다면 어떨까? 이런 방식을 실무에서는 ‘일방상계’라고 하는데, 이런 경우에는 복식부기 원리를 유지하기 때문에 연결대상회사 간에 발생한 내부거래 제거를 개별재무제표에 반영해도 개별재무제표가 불완전하게 표현될 문제는 사라지게 된다.

이때 고려할 사항이 연결대상 회사인 A사와 B사 간의 내부거래가 발생하는 경우, 내부거래 조정을 A사의 개별재무제표 또는 B사의 개별재무제표 중에 어디로 반영할 것인가 하는 것이다. 만약 A사가 제품을 생산하고 B사에 판매하고 B사는 A사로부터 구매한 제품을 외부에 판매한다면, A사는 ‘생산법인’으로 규정할 수 있고 B사는 ‘판매법인’으로 규정할 수 있다.

이때 내부거래를 제거하는 효과를 A사의 개별재무제표에 반영한다면, 이를 ‘생산법인 귀속’ 방식이라고 한다. 이 방식에 따르면 생산법인의 매출실현은 판매법인과의 거래 시가 아니라 판매법인의 외부매출 시에 실현된다는 관점이다. 사례를 통해 구체적으로 이야기하겠지만, '생산법인 귀속' 방식은 판매법인의 손익구조가 보다 적정하게 표시된다는 장점과 더불어 생산법인의 손익구조는 상대적으로 왜곡된다는 단점이 있다.

반면에 내부거래를 제거하는 효과를 B사의 개별재무제표에 반영한다면, 이를 '판매법인 귀속' 방식이라고 하는데, 이 방식에 따르면 생산법인의 매출실현은 판매법인과의 거래 시에 발생하며 관련 재고는 판매법인의 미실현손익으로 인식된다는 관점이다. 생산법인의 손익구조는 보다 적정하게 표시되지만, 판매법인의 손익구조는 상대적으로 왜곡된다는 단점이 있다.

일방상계 유형별 장점과 단점

	방안1. 일방소거 : 생산법인 귀속	방안2. 일방소거 : 판매법인 귀속
개요	• 생산법인의 매출실현은 판매법인과의 거래 시가 아니라 판매법인의 외부매출 시 실현된다는 관점 → 내부거래로 발생한 매출 / 매출원가를 생산법인의 개별 F/S에서 상계 • 판매법인의 연결 후 개별F/S의 관리목적에 적합 • 내부거래로 발생된 재고자산이 동일회계기간에 전부 보유하고 있는 경우 생산 / 판매법인별 손익이 적정하게 배부됨	• 생산법인의 매출실현은 판매법인과의 거래 시에 발생하며, 관련 재고는 판매법인의 미실현손익으로 인식된다는 관점 → 내부거래로 발생한 매출 / 매출원가를 판매법인의 개별 F/S에서 상계 • 생산법인의 연결 후 개별F/S 관리목적에 적합 • 내부거래로 발생된 재고자산이 동일회계기간에 전부 판매되었다고 가정하는 경우 생산 / 판매법인별 손익이 적정하게 배부됨

	방안1. 일방소거 : 생산법인 귀속	방안2. 일방소거 : 판매법인 귀속
장점	• 판매법인의 손익구조가 보다 적정하게 표시됨 → 외부매출 발생 시 생산법인 / 판매법인의 손익 인식	• 생산법인의 손익구조가 보다 적정하게 표시됨 → 각 법인의 매출 발생 시 각 법인별 손익 인식
단점	• 생산법인의 손익구조가 상대적으로 왜곡됨 → 판매법인의 판매능력에 따라 생산법인의 손익에 영향을 미침	• 판매법인의 손익구조가 상대적으로 왜곡됨 → 내부거래로 인한 재고보유 시 관련 미실현을 판매법인의 "비용"으로 인식

실제 사례를 통해 각각의 방식에서 어떠한 효과가 있는지는 이어서 상세하게 살펴볼 예정인데, 결론부터 먼저 이야기하면 '생산법인 귀속'과 '판매법인 귀속' 그 어느 방식도 정답은 아니며, 생산법인과 판매법인 중 어느 개별회사의 재무성과를 제대로 볼 것인지에 따라 선택해야 하는 한계가 있음을 미리 귀뜸해본다.

"사례로 하나하나 살펴보자."

연결그룹 내 A사는 제품을 생산하여 B사에 판매하면 B사가 해당 제품을 외부에 판매하는 거래 구조가 있다고 해보자. 이때 연결그룹 입장에서는 A사는 생산법인, B사는 판매법인이라고 볼 수 있다. 이때 생산법인인 A사는 제품을 생산하는 데 60원의 제조원가가 발생하고, 이를 B사에게 100원에 판매한다고 해보자. 그리고 B사는 이를 외부에 200원에 판매한다고 해보자.

| 연결그룹 내 생산–판매 거래 구조 |

	A 생산법인 →	B 판매법인 →	외부거래처
매출	₩100	₩200	
매출원가	60	100	
매출총이익	₩40	₩100	
재고자산	₩60 →	₩100 →	₩200

이때 판매법인인 B사가 생산법인인 A사로부터 구입한 제품을 외부에 전부 판매한 경우뿐만 아니라 제품을 외부에 하나도 판매하지 않은 경우, 그리고 제품의 일부만 판매하는 경우를 포함하여 '일방상계'에서는 연결 후 효과가 생산법인인 A사와 판매법인인 B사에 어떻게 반영되는지 확인해보자.

• 가정 1. 판매법인이 재고를 전부 외부 판매한 경우

연결그룹 내 판매법인이 모든 재고를 전부 외부에 판매하는 경우에 내부거래는 매출–매입거래[22]만 발생하게 된다. 즉, 생산법인이 판매법인에게 판매한 100원의 매출과 판매법인이 인식한 100원의 매출원가를 제거하면 되고, 재고자산은 외부에 판매되었기 때문에 생산법인 또는 판매법인에 남아 있지 않게 된다. 따라서 내부거래로 발생한 100원의 매출과 100원의 매출원가를 제거하면 된다.

22) 매출–매입거래와 함께 매출채권–매입채무거래도 발생하지만, 매출채권 및 매입채무는 쌍방상계에 따라 내부거래를 제거하는 방식이 합리적이라는 것은 너무 명확하기 때문에 이는 고려 대상에서 제외하고자 한다.

| 판매법인이 재고를 전부 외부 판매한 경우 |

연결결산 –

	생산법인	+ 판매법인	± 연결조정	= 연결 F/S
매출	₩100	₩200	(–) 100	₩100
매출원가	60	100	(–) 100	60
매출총이익	₩40	₩100		₩140
재고자산	₩0	₩0	–	₩0

개별재무제표 반영 –

	생산법인	판매법인
매출	₩100–100=₩0	₩200
매출원가	60–100=(–)40	100
매출총이익	₩40	₩100
재고자산	₩0	₩0

	생산법인	판매법인
매출	₩100	₩200–100=₩100
매출원가	60	100–100=0
매출총이익	₩40	₩100
재고자산	₩0	₩0

이때 '일방상계'에 따라 해당 내부거래를 생산법인에서 전부 제거해보자. 생산법인에서 매출 및 매출원가를 제거하면, 생산법인의 매출은 발생하지 않고 매출원가는 오히려 (–)40원이 발생하게 된다. 반면, 판매법인의 경우 개별재무제표 기준으로 인식한 200원의 매출과 100원의 매출원가가 기록되게 된다. 생산법인에서 내부거래를 제거하는 경우에는 판매법인이 연결그룹의 매출을 전부 인식하게 되고, 생산법인은 실현된 매출총이익만 인식하게 된다.

이번에는 반대로 판매법인에서 매출 및 매출원가를 제거해보자. 이때 생산법인은 개별재무제표 기준으로 인식한 100원의 매출과 60원의 매출원가가 기록된다. 판매법인의 경우에는 100원의 매출과 0원의 매출원가가 기록되게 된다.

해당 결과만 본다면, 연결조정 사항은 판매법인에서 매출과 매출원가를 제거하는 것이 합리적으로 보이기도 한다. 생산법인은 60원의 제조원가를 들여 100원의 매출이 발생했으며, 판매법인은 별도의 제조활동이 없기 때문에 실제 매출원가는 전혀 발생하지 않았고 판매 결과에 따라 100원의 이익을 얻었다고 볼 수 있기 때문이다.

하지만 판매법인의 개별재무제표를 수정하는 것이 항상 옳다고 볼 수 있을까? 이제 다른 가정도 한번 점검해볼 필요가 있겠다. 판매법인이 재고를 외부에 하나도 팔지 않은 경우 말이다.

• 가정 2. 판매법인이 재고를 하나도 팔지 않은 경우

연결그룹 내 판매법인이 재고를 외부에 하나도 판매하지 않은 경우에 내부거래는 매출-매입거래뿐만 아니라 재고미실현거래 또한 발생하게 된다. 즉, 생산법인이 판매법인에게 판매한 100원의 매출과 판매법인이 인식한 100원의 매출원가를 제거하고, 판매법인이 보유하고 있는 재고자산은 생산법인에 있을 때보다 40원이 과대 계상된 100원으로 기록되어 있기 때문에 이를 조정하기 위한 40원의 재고자산을 차감하고 상대계정으로 40원의 매출원가를 기록하게 된다.

| 판매법인이 재고를 외부에 하나도 판매하지 않은 경우 |

연결결산 –

	생산법인	+	판매법인	±	연결조정	=	연결 F/S
매출	₩100		₩0		(–) 100		₩0
매출원가	60		0		(–) 100 40		0
매출총이익	₩40		₩0				₩0
재고자산	₩0		₩100		(–) 40		₩60

개별재무제표 반영 –

	생산법인	판매법인
매출	₩100–100=₩0	₩0
매출원가	60–60=0	0
매출총이익	₩0	₩0
재고자산	₩0	₩100–40=₩0

	생산법인	판매법인
매출	₩100	₩0–100=(–)100
매출원가	60	0–60=(–)60
매출총이익	₩40	(–)40
재고자산	₩0	₩100–40=₩60

해당 연결조정 사항을 생산법인에서 전부 조정해보자.

이런 경우 생산법인의 매출은 100원에서 발생하지 않은 것으로, 생산법인의 매출원가 또한 60원에서 발생하지 않은 것으로 조정[23]된다. 판매법인의 경우, 애초에 매출 및 매출원가가 발생하지 않았으므로 아무런 거래가 없는 상태 그대로이다.

23) 재고자산은 현재 (물리적으로는) 판매법인에 남아 있기 때문에 판매법인의 재고자산을 조정하는 것이 합리적이다.

반대로 판매법인에서 100원의 매출과 60원의 매출원가를 조정하게 되면, 생산법인의 매출 및 매출원가는 각각 100원과 60원을 인식하게 되고, 판매법인은 오히려 (-)100원의 매출과 (-)60원의 매출원가를 기록하게 된다.

해당 결과만 보면 이번에는 연결조정 사항을 판매법인이 아닌 생산법인에서 제거하는 것이 보다 합리적으로 보인다. 연결그룹 내에서 재고자산의 단순 이동은 어떠한 거래도 아니기 때문이다. 즉, 판매법인이 연결그룹 내 제품을 외부에 판매했느냐 안 했느냐에 따라 생산법인 또는 판매법인에서 연결조정을 반영하는 것이 왔다 갔다 한다.

하지만 문제는 연결그룹 내 제품을 전부 판매 또는 전부 미판매한다는 가정은 너무 극단적이라는 것이다. 이번에는 일부, 즉 50%만 판매했다는 가정으로 접근해보자.

• 가정 3. 판매법인이 재고를 일부만 판매한 경우

연결그룹 내 판매법인이 재고를 외부에 일부 판매하는 경우에도 내부거래는 매출-매입거래뿐만 아니라 재고미실현거래 또한 발생하게 된다. 즉, 생산법인이 판매법인에게 판매한 100원의 매출과 판매법인이 인식한 100원의 매출원가를 제거하고, 판매법인이 보유하고 있는 50원의 재고자산은 생산법인에 있을 때보다 20원이 과대 계상된 50원으로 기록되어 있기 때문에 이를 조정하기 위한 20원의 재고자산을 차감하고 상대계정으로 20원의 매출원가를 기록하게 된다.

❙ 판매법인이 재고를 50%, 즉 일부를 외부에 판매한 경우 ❙

연결결산 –

	생산법인	+ 판매법인	± 연결조정	= 연결 F/S
매출	₩100	₩100	(–) 100	₩100
매출원가	60	50	(–) 100 20	30
매출총이익	₩40	₩50		₩70
재고자산	₩0	₩50	(–) 20	₩30

개별재무제표 반영 –

	생산법인	판매법인
매출	₩100–100=₩0	₩100
매출원가	60–80=(–)0	50
매출총이익	₩20	₩50
재고자산	₩0	₩50–20=₩30

	생산법인	판매법인
매출	₩100	₩100–100=(–)0
매출원가	60	50–80=(–)30
매출총이익	₩40	₩30
재고자산	₩0	₩50–20=₩30

해당 연결조정 사항을 생산법인에서 전부 조정해보자.

이런 경우 생산법인의 매출은 100원에서 발생하지 않은 것으로, 생산법인의 매출원가는 (–)20원이 발생한 것으로 조정된다. 판매법인의 경우에는 100원의 매출과 50원의 매출원가가 발생한 것으로 기록된다.

반대로 판매법인에서 100원의 매출과 80원의 매출원가를 조정하게 되면, 생산법인의 매출 및 매출원가는 각각 100원과 60원을 인식하게 되고, 판매법인은 매출을 전혀 인식하지 않으며 매출원가만 (–)30원을 기록하게 된다.

해당 결과를 보면 앞서 가정한 전부 판매, 전부 미판매를 극단적으로 가정한 경우에 비하여 일부 판매를 한 경우에는 연결조정사항을 생산법인 또는 판매법인으로 반영하는 경우 개별재무제표는 만족스러운 결과를 제시하지 않는다.

즉, '일방상계'의 경우에도 '쌍방상계'와 마찬가지로 연결 후 개별재무제표의 성과를 정확하게 반영하기는 어려워 보인다. 극단적이긴 하지만, 연결그룹 내 재고자산의 소진율이 높다는 가정이 있다면 판매법인에서 내부거래를 제거하는 방식을 적용하는 것이, 그 반대의 경우에는 생산법인에서 내부거래를 제거하는 방식을 적용하는 것이 더 합리적으로 보인다. 연결그룹의 거래구조에 따라 선택적으로 일방상계를 적용한다면 '일방상계'는 '쌍방상계'보다 활용 가능성이 높다고 이야기할 수 있다.

"다른 방법으로 관리해보자."

여기까지 이야기를 해도 뭔가 명확하지 않은 느낌이다. 지금까지 살펴본 사례로는 '쌍방상계' 또는 '일방상계' 그 어느 것으로도 연결결산 후 개별법인의 정확한 성과를 측정할 수 없는 것으로 보이기 때문이다. 성과를 측정할 수 없다면 관리할 수 없다는 '피터 드러커'의 말처럼 연결재무정보는 결국 개별법인의 성과를 관리할 수 없는 한계가 있다고 인정해야 할까?

여기서 연결재무정보를 통한 성과관리의 방식을 다르게 볼 필요가 있다. 만약 한 회사에서 제품을 생산하여 판매하는 경우, 우리는 생산부서 및 판매부서의 손익계산서를 정확히 만들 수 있을까? 아니, 정확히 만들어야 성과를 관리할 수 있을까?

다들 아는 것처럼 대부분의 경우 회사 전체의 성과를 기반으로 각 부서에서 공헌되는 부분을 KPI 등으로 따져 회사 전체의 성과를 나누는 방식을 취한다는 것이다. 연결그룹 내에 속해 있는 개별법인의 성과 또한 한 회사에서 진행되는 성과 관리 방식과 유사하다. 연결결산의 기본 취지가 법률적으로는 각각의 회사지만 경제적 실질로는 하나의 회사로 보자는 의미이기 때문이다.

즉, 내부거래를 제거한 연결그룹의 진정한 성과를 산출[24]한 후에 이를, 각 개별법인에 대한 성과는 연결 후 개별법인의 재무제표가 아닌 연결그룹 성과에 대한 공헌도에 따라 관리하는 방식이 대안이 될 수 있다는 이야기다.

24) 연결그룹의 정확한 성과를 관리하는 방식에 대해서는 '여섯 번째 이야기. 03. 관리연결 회계'에서 자세히 설명했으니 참고하길 바란다.

08

종속회사의 재무제표는 왜 재평가를 해야 하나요?

PPA의 의미

연결회계에서 가장 이해하기 어려운 개념 중 하나가 PPA(Purchase Price Allocation; 기업인수가격배분)이다. 연결회계의 핵심이 지배회사와 종속회사의 재무제표를 합친 후에 내부거래를 제거하는 것인데, 여기에 덧붙여 PPA는 종속회사의 재무제표를 그대로 합치는 것이 아니라 종속회사의 재무제표를 (지배회사가 종속회사를 지배하는 시점 기준으로) 공정가치로 재평가해서 합치라는 것이다. 그런데 공정가치로 재평가된 종속회사의 재무제표는 종속회사의 재무제표에 반영하는 것이 아니라 연결재무제표에만 반영하도록 되어 있는데, 이 또한 이상하게 들릴지도 모른다.

이번 시간에는 연결회계에서 이해하기 어려운 개념 중 하나인 PPA에 대해서 그 의미와 적용방법을 상세하게 이야기하고자 한다.

“ PPA는 언제 필요할까? ”

하나의 기업이 다른 기업을 인수하거나 합병할 때, 인수대금이나 합병가액은 얼마로 산정될까? 가령 인수대상 기업의 재무제표상 자산이 500만원이고 부채가 200만원이라면, 자산에서 부채를 뺀 300만원의 순자산으로 인수대금이나 합병가액을 산정하면 되지 않을까?

회계 실무를 잘 안다면 이렇게 산정될 수 있다고 생각하는 분들은 많지 않을 것이다. 가령 자산의 구성 내역 중에 토지가 포함되어 있는데, 장부상 토지가격이 취득 당시 가격으로 구성되어 있다면 어떨까? 또는 단골 거래처, 핵심 인재 등 장부상에 표현되지 않는 무형의 자산이 있다면 어떨까? 그리고 말로는 설명할 수는 없지만 인수대상 기업이 프리미엄을 고집할 수도 있겠다.

따라서 인수대상 기업의 인수대금이나 합병가액은 1,000만원, 500만원 등 다양하게 거래되는 것을 볼 수 있는데, 거래 당사자 간의 협상에 따라 인수대금이나 합병가액은 천차만별[25]이라고 보는 것이 현실적이다.

아직도 조금 어렵게 느껴진다면, ‘인수’ 또는 ‘합병’이라는 개념을 일반적인 ‘구매’ 행위라고 생각해보자. 우리가 자산 등을 구매할 때, 해당 자산의 순자산가액을 확인하고 순자산가액에 기반하여 구매가격을 결정하지는 않는다. 판매자가 사전에 정해놓은 가격을 기준으로 일정부분 합의하거나 사전에 정해놓은 가격이 없다면 상호 간의 협상을 통해 구매가격을 결정한다. ‘인수’, ‘합병’ 또한 ‘구매’ 행위와 유사하게 가격이 결정된다고 보면 된다.

25) ‘천차만별’을 조금 더 멋진 표현으로는 ‘시장가치’, 회계적인 용어로는 ‘공정가치’라고 표현할 수 있다.

인수대금이나 합병가액이 천차만별이지만, 회계적인 관점에서는 인수대상 기업의 장부상 순자산 가액과 실제 거래대금의 차이를 불편하게 생각한다. 따라서 이 차이가 무엇인지를 가능한 상세하게 규명해야 한다. 장부상 자산이 500만원이고 부채가 200만원인 기업이 실제 1,000만원에 거래되었다고 한다면, 회계에서는 1,000만원의 순자산을 구입했다고 한 줄로 표현하는 것이 아니라 왜 1,000만원인지를 상세하게 분석하여 구분하라는 것이다. 즉, 인수대상기업 또는 피합병기업의 자산 중 장부상에 100만원으로 기입되어 있는 토지의 공정가액이 500만원으로 평가 받았다면, 500만원을 토지의 가치로 기입한다. 또한, 단골 거래처 등을 통해 꾸준한 매출이 기대되는데, 이에 대한 가치가 200만원이라면 이에 대한 가치가 200만원을 표시한다. 그리고 말로는 설명할 수 없는 무형의 가치인 영업권이 100만원이 있다고 표현[26)]할 수 있다. 그리고 이러한 과정을 Purchase Price Allocation, 즉 PPA라고 한다.

26) 이렇게 회사 내부에서 발생한 무형자산은 외부에서 인정받기 전까지는 그 가치를 재무제표에 표시하기 어렵다.

| PPA의 의미 |

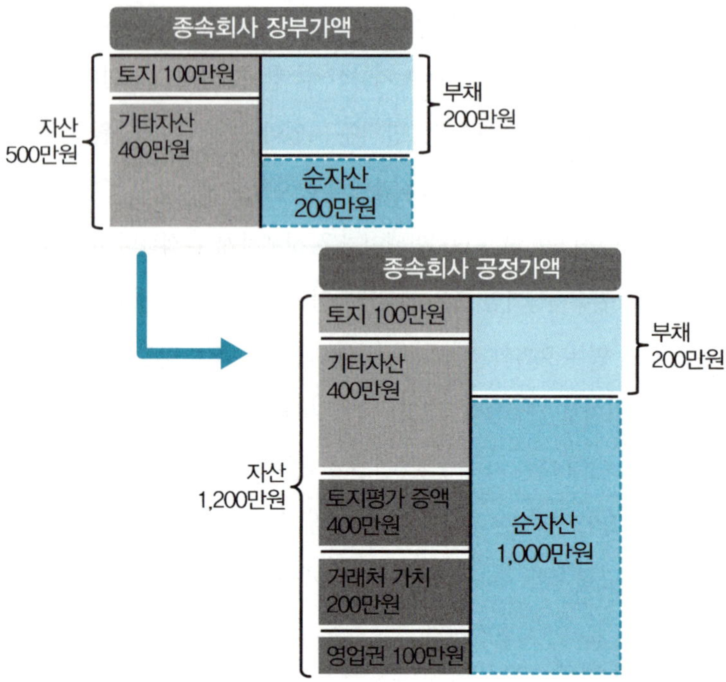

"PPA가 연결회계에서 사용되는 이유, 그리고 어려운 이유"

PPA의 의미를 살펴보면, PPA는 다른 기업을 인수하거나 합병할 때 자주 활용된다고 볼 수 있다. 이를 회계적인 용어로 '사업 결합'이라고 하는데, '사업 결합'에는 '인수', '합병'뿐만 아니라 지배회사가 종속회사의 지배력을 획득, 즉 연결회계 또한 그 범위에 포함된다. 지배회사가 종속회사를 지배한다는 의미 또한, 지배회사가 종속회사를 구매[27)]한다고도 볼 수 있기 때문이다.

다만, 기업 인수나 합병에 따라 발생되는 PPA의 결과는 인수기업 또는 합병기업의 재무제표에 그대로 반영되고 피인수기업이나 피합병법인은 소멸하는 것이 일반적인데, 연결회계에서는 연결재무제표를 작성한 후에도 지배회사뿐만 아니라 종속회사도 소멸하지 않고 남아 있게 된다. 지배회사가 종속회사에 대한 지배력을 획득했다고 해도 법률적으로는 두 회사가 여전히 독립된 실체이기 때문이다. 따라서 기업 인수나 합병과는 달리 연결결산 후에도 존재하는 지배회사 및 종속회사의 개별재무제표를 어떻게 작성해야 하는지가 과제로 남아 있게 된다.

▌인수/합병 vs. 연결회계의 차이▐

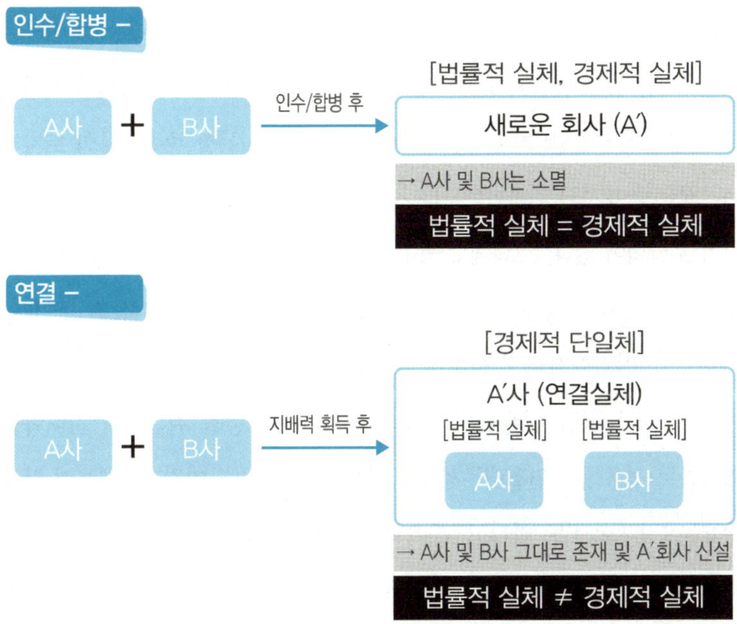

27) 연결회계의 개념 자체가 지배회사와 종속회사가 경제적으로는 단일체, 즉 하나의 연결실체라는 관점에서 발생되는 회계처리를 규정한 것이다.

문제는 공정가치에 따라 재평가된 종속회사의 가치를 분석한 PPA의 결과가 어딘가에는 반영되어야 하는데, 그 어딘가가 어디에 있냐는 것이다. 종속회사의 가치를 재평가했기 때문에 종속회사의 재무제표에 반영하면 되지 않겠냐고 생각할 수도 있지만, 그렇게 간단한 문제는 아니다. 지배회사가 종속회사에 대한 지배력을 행사하는 대표적인 예가 종속회사의 의결권 있는 지분을 50% 초과하여 취득하는 것인데, 지배회사가 종속회사의 주식을 취득했다는 이유 하나만으로 종속회사의 재무제표가 바뀐다면 종속회사의 재무정보이용자에게는 혼란을 줄 수 있다. 지배회사의 지배력 획득은 종속회사 그 자체에는 영향이 거의 없기 때문[28]에 종속회사에 그 결과가 반영되는 것은 이상해 보이기 때문이다.

그렇다고 지배회사 또한 종속회사 주식의 취득은 유가증권 취득이라는 회계처리를 통해 반영되기 때문에 종속회사의 재평가 결과인 PPA를 지배회사의 재무제표에 반영하는 것도 이상하다. 가령 취득할 종속회사의 토지가 재무제표상 표시된 취득가액보다 높다면 이는 종속회사 주식의 취득가액에 이미 포함되어 있다. 그럼에도 불구하고 지배회사의 재무제표에 종속회사의 주식취득 가액 이외에 토지의 증액부분을 추가하는 것은 이상해 보인다.

여기서 '연결회계'에서 놓치지 말아야 할 개념이 있는데, 바로 '연결실체'이다. '연결실체'란 지배회사가 종속회사의 주식 등을 취득하여 지배력을 획득하는 경우에는 연결재무제표를 작성해야 하는데, 연결재무제표의 작성주체는 '지배회사'도 아니고 '종속회사'도 아닌 독립된 법인체, 즉 연결실체[29]라는 의미이다. 그리고 종속회사의 공정가치 평가에 대한 결과인 PPA

28) 가령 주식시장에서 누군가가 종속회사의 주식을 취득했다는 이유로 해당 회사의 재무제표를 공정가치로 변경해야 한다면, 해당 회사의 재무정보이용자는 혼란이 가중되지 않을까?

29) 실무적으로 연결재무제표의 작성주체가 지배회사의 회계부서이기 때문에, 연결재무제표가

는 연결실체에 반영되며, 지배회사와 종속회사 간의 내부거래는 연결실체 관점에서 제거되어야 한다.

| 종속회사의 공정가치를 반영하는 방법 |

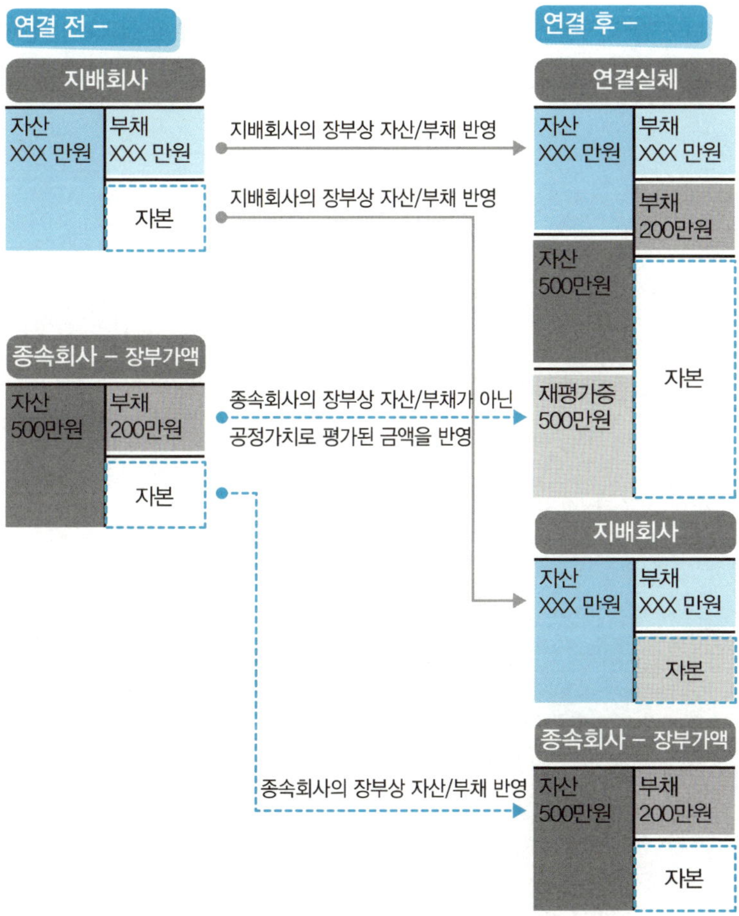

작성주체가 지배회사라고 오해할 수도 있다. 하지만 '연결실체'에 소속된 물리적인 회계부서가 없기 때문에 지배회사의 회계부서가 대행하여 작성한다고 보는 것이 옳다.

결론적으로 이야기하면, 지배회사가 종속회사를 취득 – 회계적인 표현으로는 지배력을 획득 – 할 때 종속회사의 가치를 시장가격인 공정가치로 취득한다. 그리고 취득한 가액에 따라 종속회사의 가치는 연결실체의 연결재무제표에만 반영되는데, 이 결과를 표현한 것이 PPA라고 볼 수 있다. 그리고 지배회사와 종속회사의 별도재무제표[30)]에는 PPA의 결과가 반영되지 않는다는 사실에도 주목할 필요가 있다.

30) 연결재무제표는 지배회사와 종속회사의 재무제표를 연결기준에 따라 합산하고 내부거래를 조정한 재무제표라고 볼 수 있다. 이에 반하여 지배회사와 종속회사의 재무제표를 각각 보고 싶을 때는 이를 연결재무제표와 대비되는 개념으로 '별도재무제표'라고 부른다. 다만, 별도재무제표에는 연결결산에서 조정된 내부거래가 반영되어 있지 않기 때문에 내부거래가 과대계상되어 표현되어 있다는 사실에 유의해야 한다.

09

지분법회계과 연결회계는 다르지 않다!? (1)

지분법회계와 연결회계의 공통점 비교

연결회계 강의를 하다 보면 '지분법회계' 강의는 왜 따로 하지 않는지에 대한 질문을 종종 듣게 된다. 필자가 게으른 탓도 있겠지만, 연결회계와 지분법회계는 다르지 않다는 생각에 '지분법 회계'를 따로 강의[31]하지 않고 있기도 하다. 이게 무슨 말이냐고 반문할 수도 있겠지만, 연결회계와 지분법회계의 핵심 개념은 동일하며 회계처리 방식에만 차이가 있을 뿐이다.

따라서 이왕 공부하는 거 연결회계를 제대로만 이해한다면, 지분법회계는 연결회계와의 차이에 대해서만 인지하면 충분하다는 것이 필자의 생각[32]이다. 이번 시간에는 연결회계와 지분법회계가 왜 같다고 필자가 주장하는지 그 이유를 설명해보고자 한다.

---

31) 연결회계 기초가 아니라 상세한 실무 단계로 넘어간다면 둘 간에 차이가 있겠지만, 연결회계나 지분법회계의 기초 관점에서는 연결회계를 잘 이해하는 것으로 충분해 보인다.

32) 이런 생각으로 필자는 지분법회계를 먼저 공부하기보다는 연결회계를 먼저 공부해보기를 추천한다.

“왜 연결회계와 지분법회계를 다르지 않다고 이야기할까?”

• 연결회계 처리 방식

연결회계의 기본 절차는 지배회사와 종속회사(들)의 재무제표를 합산하고 지배회사와 종속회사 또는 종속회사 간의 내부거래를 제거한 재무제표를 작성하는 것이다. 그리고 이 재무제표상에 자본과 당기순이익을 지배주주지분과 비지배주주지분으로 구분하여 표기하면 연결재무제표가 완성된다.

| 연결회계의 기본 절차 |

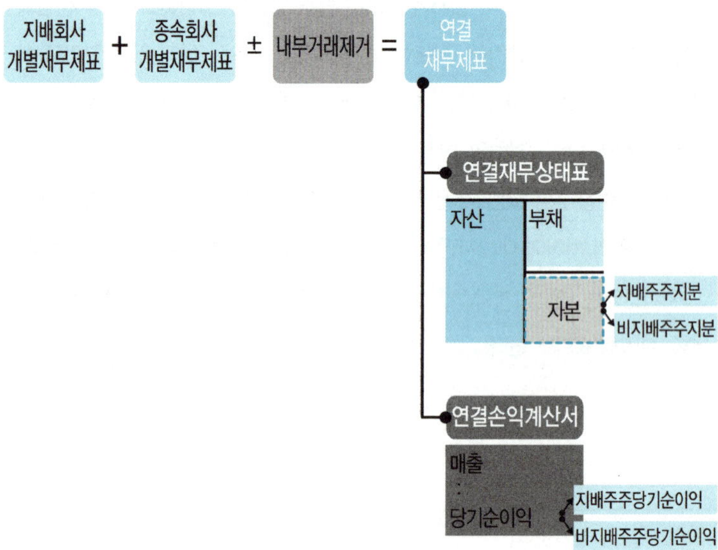

예를 들어, 20X1년 초에 A사가 100원에 B사의 주식 50%를 취득하였는데, 실질지배력 기준[33]에 따라 A사가 B사를 지배한다고 가정해보자. 이때 A사의 자산은 1,000원, 부채 및 자본은 각각 500원이라고 해보자. 또한, B사는 200원의 자산과 200원의 자본이 있었다고 해보자. 그리고 20X1년에 A사 및 B사 각각에서 100원의 당기순이익이 발생했다고 해보자.

연결실무 관점에서는 취득 시점인 20X1년 초에는 – 일반적으로는 연결재무제표를 작성하지는 않지만 작성을 한다고 해보면, A사와 B사의 재무제표를 합산하고 두 회사 간의 내부거래인 투자–자본 내역을 상계하면 된다. 즉, A사의 자산 총액 1,000원과 B사의 자산 총액 200원을 합산하고, 여기서 A사의 투자주식 100원과 B사의 자본 100원을 내부거래로 제거한다. 이렇게 하면 연결재무제표상 자산총액은 1,100원이 되고 부채총액은 500원이 된다. 그리고 자본 총액은 600원이 된다. 마지막으로 연결재무제표상 자본을 지배주주지분과 비지배주주지분으로 구분해주면 되는데, 총 600원의 자본 중 500원은 지배주주지분이 되고 100원은 비지배주주지분이 된다.

33) 편의를 위해 50% 지분을 취득했다고 가정했지만, 50% 지분을 취득하게 되면 지분율 기준으로는 연결대상이 되지 않는다. 따라서 실질지배력 기준으로 연결대상에 편입된다고 가정하였다.

| 20X1년 초 시점의 연결결산 |

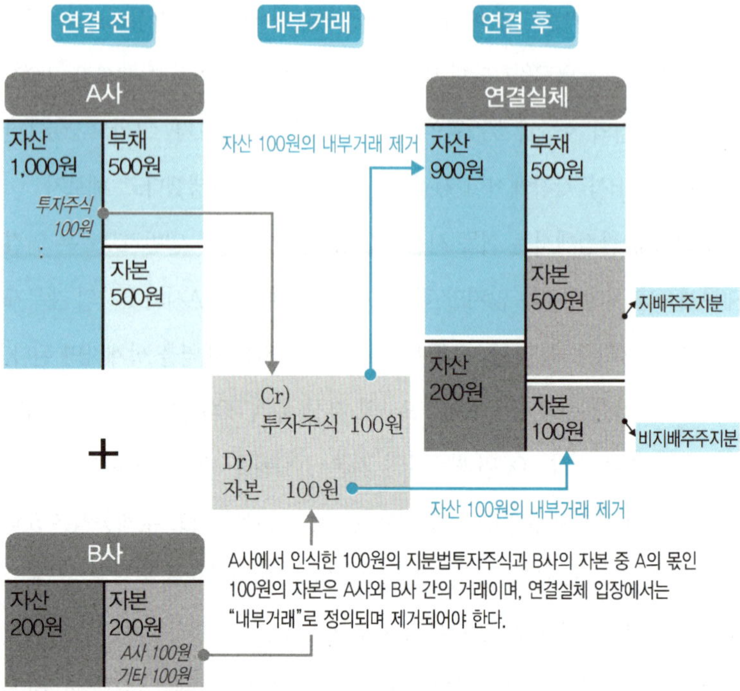

20X1년 말로 넘어가면 지배회사 및 종속회사에서 각각 100원의 당기순이익이 증가하였다. 이에 따라 20X1년 말 연결재무제표상 자산 또한 총 200원이 증가한 1,300원이 되고 부채는 변화가 없으므로 500원 그대로 표시된다. 당기순이익의 증가는 자본의 증가이므로 연결재무제표상 자본은 600원에서 800원으로 증가하게 된다. 마지막으로 800원의 자본 중 지배회사의 자본은 그대로 지배주주지분의 자본이 되므로 600원은 지배회사의 자본이 된다. 다만, 종속회사의 자본 중 최초 취득 이후에 증가한 자본, 사례에서는 당기순이익은 지분율에 따라 지배주주지분과 비지배주주지분으로 배부되어야 하는데, 이에 따라 연결 후 증가한 100원의 당기순이익 중 50원은 지배회

사지분의 몫이 되고 나머지 50원은 비지배주주지분의 몫이 된다. 즉, 연결재무제표상 800원의 자본 중에 650원은 지배주주지분의 몫으로, 나머지 150원은 비지배주주지분의 몫으로 표시되어야 한다는 의미이다.

| 20X1년 말 시점의 연결결산 |

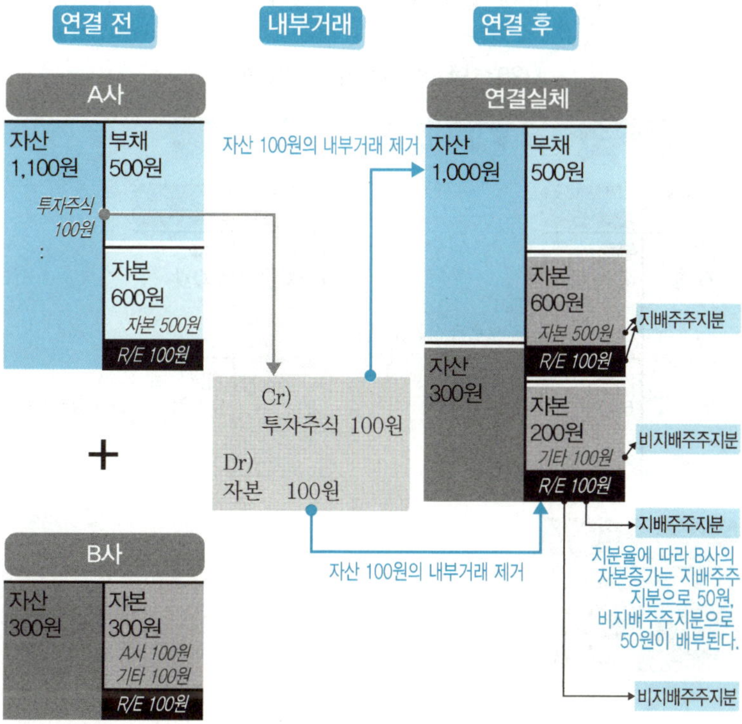

• 지분법회계 처리 방식

자, 이번에는 동일한 사례를 가지고 지분법 회계처리를 진행해보자. 먼저 20X1년 초 A사가 B사의 주식을 취득하면 차변에 100원의 지분법투자주식이, 대변에는 100원의 현금 등이 기록되게 된다. 그리고 A사의 재무제표에는 총 자산 1,000원 중에 지분법투자주식이 100원이 기록되고, 자본은 별다른 변동 없이 500원으로 기록된다.

20X1년 초에 지분법 회계처리를 진행했을 때의 A사의 자본 500원은 20X1년 초에 연결 회계처리를 진행했을 때의 연결재무제표상 총 자본 600원 중에 지배주주지분의 몫인 500원과 동일하다는 것을 알 수 있다.

❙ 20X1년 초 시점의 지분법회계 ❙

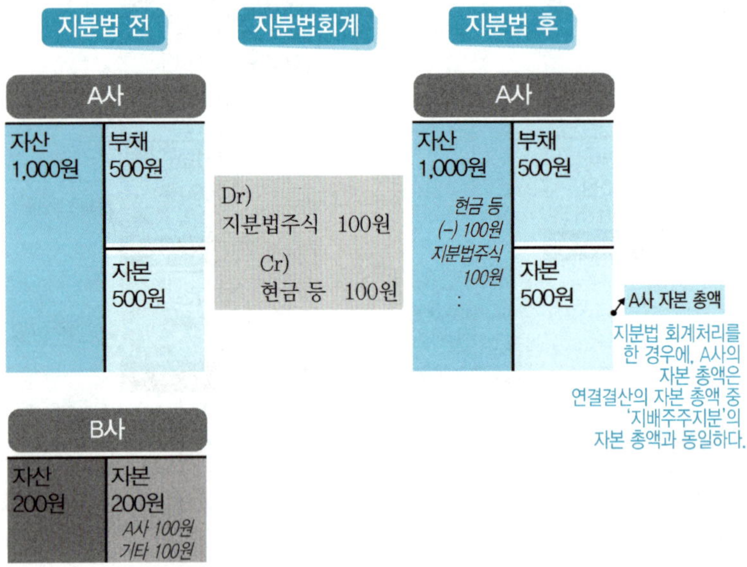

이번에는 20X1년 말로 넘어가보자. 20X1년 말에는 A사와 B사의 당기순이익이 각각 100원이 증가하였다. 지분법회계 처리상 B사의 자본증감 중에 A사의 지분율만큼은 A사의 몫으로 기록[34)]해야 한다. 따라서 지분법회계 처리에서는 B사에서 발생한 100원의 당기순이익 중에 50% 지분을 소유

34) 지분법회계에서 피투자회사의 자본 증감이 투자회사에 반영되어야 하는 이유에 대해서는 뒤에서 자세히 설명할 예정이다.

하고 있는 A사의 몫 50원을 A사의 성과로 기록해야 한다. 이에 따라 A사의 재무제표에는 50원의 지분법적용투자주식을 차변에 기록하고, 50원의 지분법적용투자주식평가이익을 대변에 기록하게 된다.

20X1년 말에 지분법 회계처리를 진행했을 때의 A사의 자본은 650원이 되는데, 20X1년 초의 A사의 자본 500원, A사의 당기순이익 100원 증가분에 B사의 당기순이익 증가에 따른 지분법투자주식평가이익 50원을 더한 값이 된다. 그리고 A사 자본 650원은 20X1년 말에 연결회계 처리에 따른 연결재무제표상 800원 중에 비지배주주지분의 자본 150원을 뺀 650원의 지배주주지분과 동일한 값이 된다.

| 20X1년 말 시점의 지분법회계 |

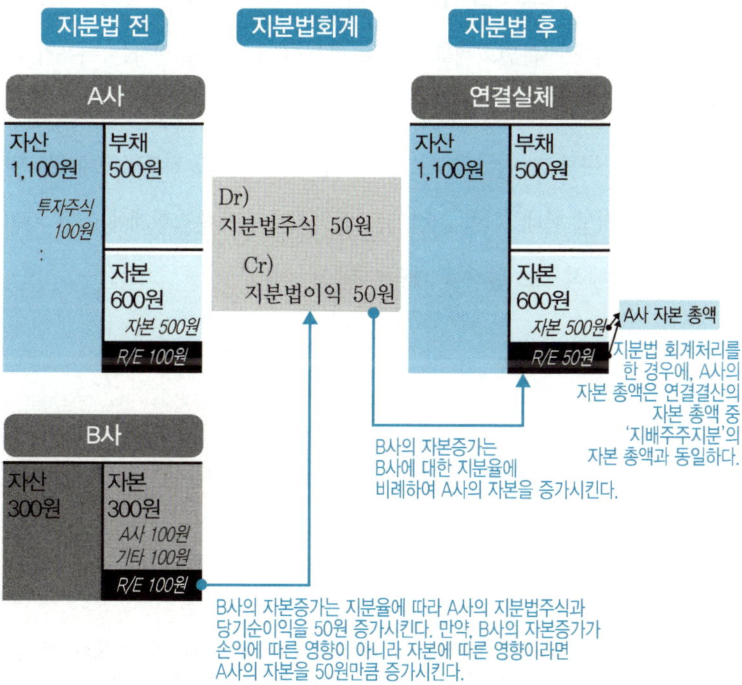

자, 간단한 사례로 살펴봐도 연결회계와 지분법회계를 처리하는 방법이 유사하다는 것을 알 수 있다. 다만, 연결회계는 지배회사와 종속회사의 재무제표를 합산하고 내부거래를 제거하여 재무제표를 작성하고 여기서 지배주주지분과 비지배주주지분을 각각 표시하는 방법을 택하고 있으며, 지분법회계는 종속회사에 해당하는 관계회사의 자본변동 중에 투자지분율에 해당하는 부분을 '지분법투자주식'에 직접 변동분을 반영하는 방식으로 처리[35]할 뿐이다. 즉, 종속회사 또는 관계회사의 자본변동을 지분율에 따라 지배주주지분 또는 투자회사의 지분법투자주식 및 자본에 반영한 결과는 동일하지만 회계처리 방식에만 차이가 있을 뿐이다.

따라서 지분법회계를 또 다른 용어로 '한 줄 연결회계'라고 부르기도 한다. 필자가 연결회계와 지분법회계를 따로 공부하기보다는 연결회계를 제대로 공부한 뒤에 지분법회계를 추가로 공부하는 것을 추천하는 이유가 다 여기에 있다.

그럼에도 불구하고, 실무적으로 넘어가면 연결회계와 지분법회계에는 일부 차이가 있기도 한데, 다음 시간에는 연결회계와 지분법회계에 어떤 차이가 있는지 구체적으로 살펴볼 예정이다.

---

35) 재고자산 또는 고정자산의 미실현이익이 발생하는 경우에도 연결회계나 지분법회계의 계산 방식은 유사하다. 다만, 미실현이익까지 이야기하면 사례가 복잡해지기 때문에 여기서는 생략하고자 한다.

10

지분법회계과 연결회계는 다르지 않다!? (2)

지분법회계와 연결회계의 차이점 비교

지난 시간에 필자는 지분법회계와 연결회계는 다르지 않다고 이야기하였다. 그리고 주요 차이점은 연결회계와 지분법회계의 표현 방식이라고 하였는데, 연결회계에서는 지배회사와 종속회사의 재무제표를 합산하고 내부거래를 제거한 후에 지배주주지분과 비지배주주지분을 구분 표시한다. 이에 비하여 지분법회계에서는 피투자회사의 자본변동 중에 지배주주지분에 해당하는 부분만 투자회사의 개별회계에서 지분법 관련 계정으로 별도 표시한다. 이에 지분법회계를 '한줄 연결' 또는 '순액 연결'이라고 부르기도 한다.

다만, 세부사항으로 들어가면 몇 가지 부분에서 차이가 존재하기도 하는데, 이는 연결회계와 지분법회계의 적용 범위를 잘 생각해보면 납득이 가능하다. 따라서 이러한 차이를 억지로 외우기보다는 연결회계의 기본원리를 잘 생각해보면 충분히 이해 가능할 것으로 보인다.

자, 그러면 지분법회계와 연결회계의 (많지는 않지만) 몇 가지 차이점을 하나하나 짚어나가 보자.

“ 차이 1. 적용 범위 ”

'순액 연결'이라고 부르는 지분법회계와 '총액 연결'이라고 할 수 있는 연결회계의 궁극적인 차이는 적용 범위에 있다. 기본적으로 피투자회사의 지분에 투자를 하면 연결회계를 적용할지, 지분법회계를 적용할지에 대한 고민이 시작되는데, 그렇다고 피투자회사의 지분을 투자했다는 사실만으로 지분법회계 또는 연결회계를 바로 적용하지는 않는다. 피투자회사의 지분을 충분히 투자하여 투자회사가 피투자회사를 마음대로 좌지우지할 수 있는 '지배력'을 획득했을 때에 연결회계를 적용하게 되며, 피투자회사의 지분을 꽤 투자하여 피투자회사에게 '유의적인 영향력'을 행사할 수 있는 경우에 지분법회계를 적용하게 된다. 그리고 피투자회사의 지분에 투자하였지만 지배력 또는 유의적인 영향력을 행사하기 어려운 경우에는 일반적인 유가증권 관련 회계처리를 하면 된다.

또한 일반적으로 50%를 초과하는 지분을 투자한 경우에 '지배력'을 획득했다고 표현하며, 20% 이상에서 50% 이하로 지분을 투자한 경우에는 '유의적 영향력'을 행사할 수 있다고 표현한다. 그리고 20% 미만인 경우에는 영향력을 행사할 수 없다고 간주하기도 한다.

| 지분법회계 및 연결회계의 적용 범위 |

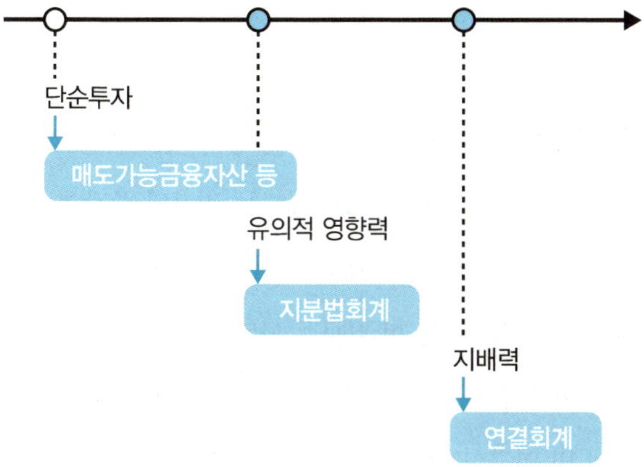

이처럼 연결회계와 지분법회계는 선택적으로 적용할 수 있는 회계처리가 아니라 피투자회사[36]에 대한 지배력 또는 영향력을 그 판단기준으로 적용[37]되어야 할 회계처리 방식이다.

36) 피투자회사에 대한 표현 또한 연결회계에서는 '종속회사', 지분법회계에서는 '관계회사'라고 표현된다.

37) 실제 '지배력' 및 '유의적인 영향력'에 대한 판단기준은 훨씬 복잡하다. 이에 대해서는 지분법회계 및 연결회계 기준서나 교과서에서 충실히 설명하고 있으니, 해당 내용을 참고하길 바란다.

“ 차이 2. 피투자회사의 재무상태 변동에 대한 회계처리 ” (feat. 다르지 않다)

서두에서 지분법회계와 연결회계는 표현 방식에는 차이가 있다고 하였는데, 지분법회계와 연결회계가 다르지 않다는 필자의 주장에 가장 와 닿지 않는 것이 바로 지분법회계 및 연결회계 기준에 따른 회계처리 방식일 것이다. 피투자회사의 주식 취득, 현금배당, 당기순손익 보고, 기타포괄이익의 변동 및 이익잉여금의 변동 등 피투자회사의 기본적인 재무상태 변동에 따른 지분법회계 및 연결회계의 회계처리 차이와 그럼에도 불구하고 필자는 왜 지분법회계와 연결회계가 다르지 않다고 주장하는지 그 이유를 다시 한 번 확인해보자.

• 피투자회사의 주식 취득

피투자회사의 주식을 취득한 경우에 지분법회계에서는 지분법투자주식을 인식하고 이를 취득하기 위한 현금 등이 감소한다. 즉, 투자회사의 순자산에는 변동이 없다. 연결회계에서는 지배회사와 종속회사의 합산 재무제표상에서 지배회사의 투자주식과 종속회사의 자본 중 지배주주지분만큼 상계되므로 지배주주지분에는 변동이 없다.

| 지분법회계 vs. 연결회계 |

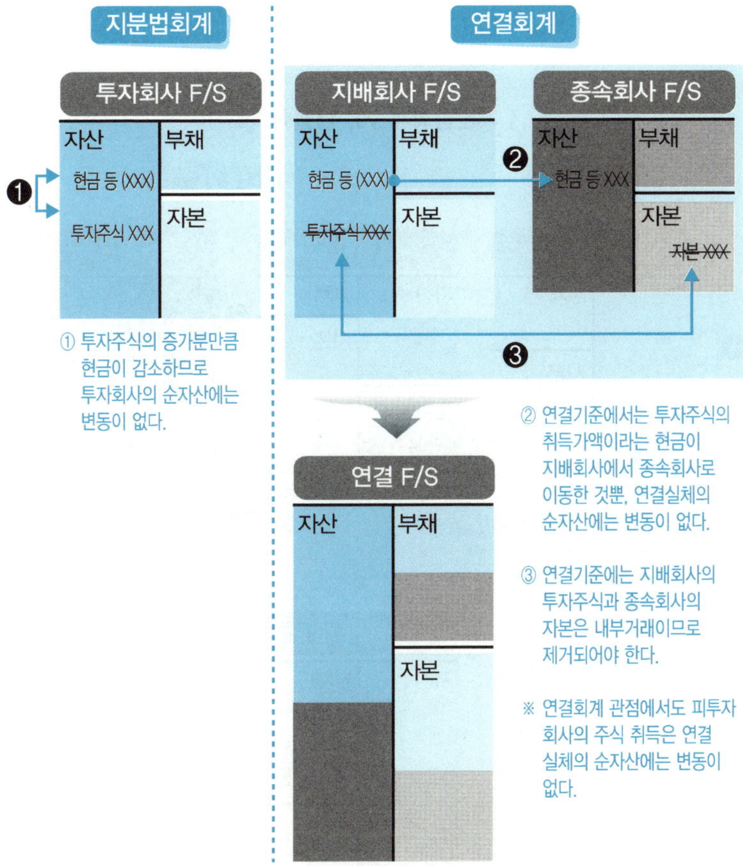

• 피투자회사의 현금 배당

피투자회사가 현금배당을 한 경우에 지분법회계에서는 투자회사의 현금이 증가하지만 현금 증가분에 해당하는 지분법투자주식이 감소한다. 즉, 투자회사의 순자산에는 변동이 없다. 연결회계에서는 현금 배당을 내부거래로 간주하여 지배회사가 인식한 배당금수익과 종속회사가 배당으로 인한

잉여금 차감 중에 지배주주지분에 해당하는 부분만큼은 제거되므로 지배주주지분의 변동 또한 없다.

| 지분법회계 vs. 연결회계 |

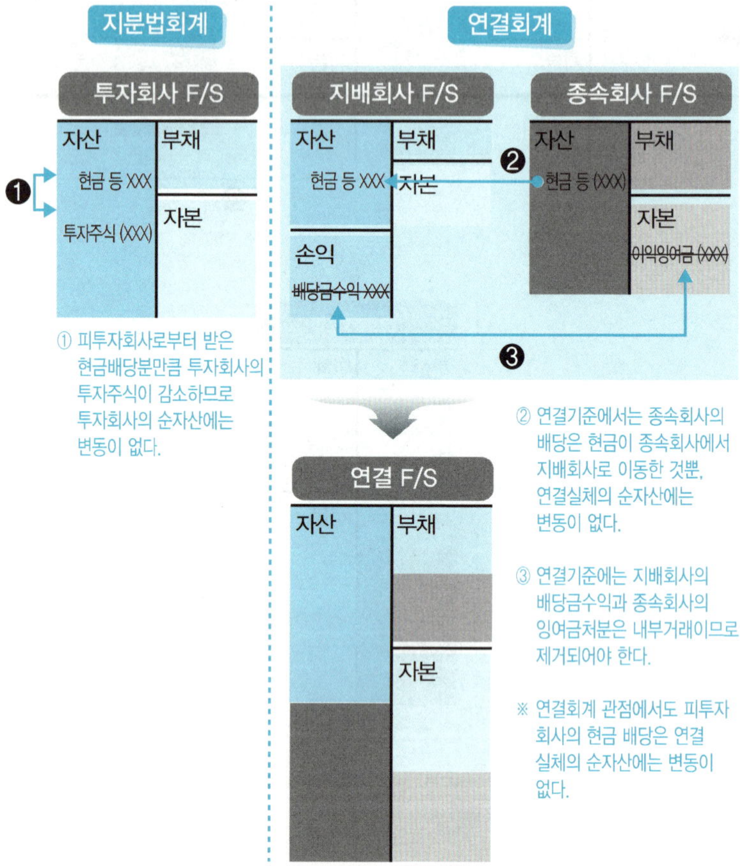

• 피투자회사의 당기순이익 보고

피투자회사에서 당기순이익이 발생한 경우에는 그 만큼 피투자회사의 가치가 늘어난 것으로 볼 수 있다. 따라서 지분법회계에서는 지분법투자주식이 증가하고, 이 증가 이유로 피투자회사 주식 투자에 따른 영업외수익인 '지분법이익'을 기록하게 된다. 반면에 연결회계에서는 지배회사와 종속회사의 재무제표를 합산하는 과정에서 이미 종속회사의 당기순이익이 늘어난 상태로 합산된다. 다만, 종속회사의 당기순이익을 지분율에 따라 지배주주지분과 비지배주주지분으로 구분하게 되는데, 이때 지배주주지분에 해당하는 부분이 지분법회계에서의 '지분법이익'과 동일하다. 만약 피투자회사에서 당기순손실을 보고하는 경우에는 지분법회계와 연결회계를 반대되는 방향으로 이해하면 된다.

| 지분법회계 vs. 연결회계 |

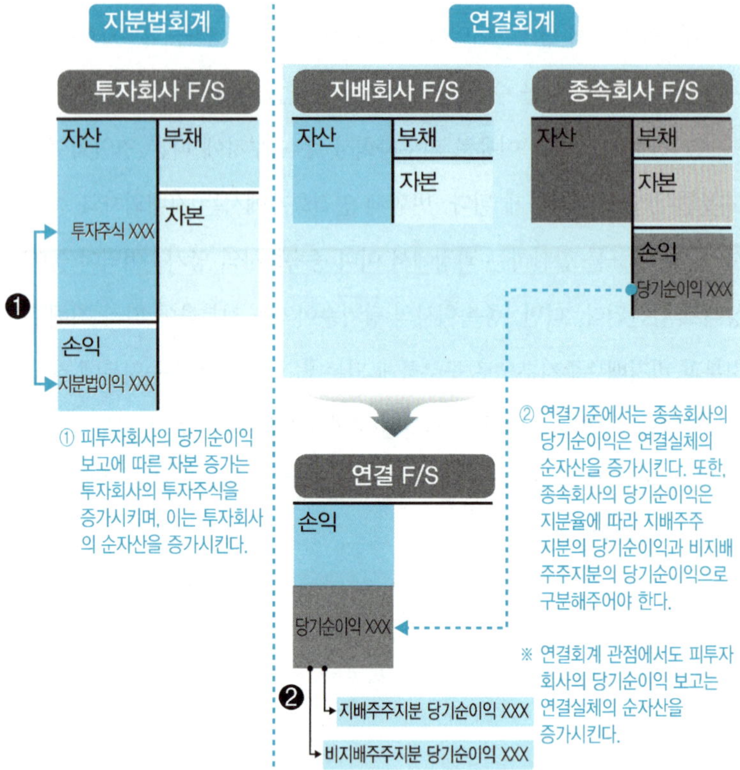

• 피투자회사의 기타포괄이익의 변동

피투자회사에서 자본변동이 발생한 경우에도 당기순이익이 발생한 것과 유사하게 회계처리된다. 다만, 당기순이익의 경우에는 손익계산서에 그 변동이 반영되지만, 피투자회사의 자본변동이 기타포괄이익인 경우에는 지분법회계에서는 재무상태표상 '지분법자본변동'에 반영된다. 연결회계에서는 종속회사의 재무제표를 합산하는 과정에서 이미 기타포괄이익이 포함되었기 때문에 해당 자본변동 중에 지배주주지분과 비지배주주지분을 구분하면 된다.

▌지분법회계 vs. 연결회계▐

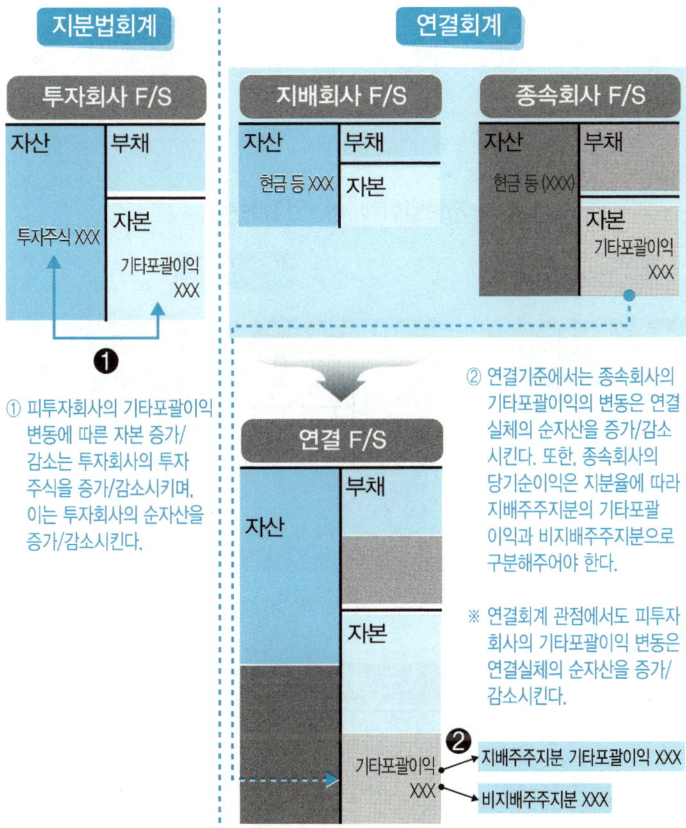

• 피투자회사의 이익잉여금의 변동

피투자회사에서 자본변동이 기타포괄이익이 아닌 이익잉여금 변동이어도 그 결과는 유사하다. 다만, 지분법회계에서는 피투자회사의 잉여금 변동을 '지분법이익잉여금변동'이라고 별도 표시하며, 연결회계에서는 이미 합산된 종속회사의 이익잉여금을 지배주주지분과 비지배주주지분으로 구분하여 표시한다.

| 지분법회계 vs. 연결회계 |

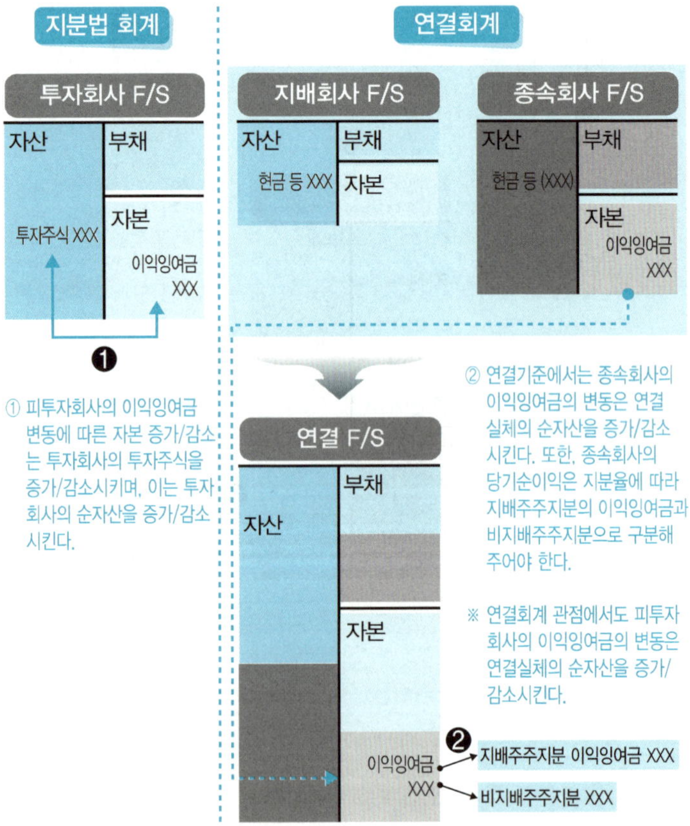

"차이 3. 피투자회사의 지분율 변동 시, 회계처리"

앞서 연결회계를 공부한 사람이라면 연결회계에서 영업권은 단 한 번밖에 발생하지 않는다는 사실을 알고 있을 것이다. 연결회계는 지배력을 취득한 시점에 적용되는데, 지배력을 획득하기 위해 종속회사의 지분을 취득할 때 종속회사의 순자산공정가치와 비교하여 비싸게 산 가액을 영업권이라고 한다. 그리고 이론적으로는 영업권은 100% 지분을 취득한 것으로 가정[38]하여 산정하고 이를 지배주주지분과 비지배주주지분에 귀속되는 영업권으로 구분하는 게 원칙이지만, 실무상 난제로 지배주주지분에 해당하는 부분만 영업권[39]으로 인정하기도 한다.

여기서 놓치지 말아야 할 부분이 지배력을 획득한다는 것은 지배회사가 종속회사의 지분율을 얼마나 취득했는지 여부와 상관없이 100% 취득한 것으로 가정한다는 것이다. 따라서 연결회계에서는 지배력 획득은 한 번밖에 발생할 수 없으며, 따라서 영업권 또한 한 번만 인식하게 된다.

하지만 지분법회계에서는 이러한 제한이 없다. 따라서 연결회계와 다르게 관계회사의 주식을 취득하여 지분법회계 적용 대상이 된 이후에, 관계회사의 주식을 추가 취득한 경우 – 지분율이 증가하는 경우 – 에는 그 사실을 그대로 인정하여 영업권을 추가로 인식하게 된다. 즉, 지분법회계에서는 영업권이 여러 번 계산될 수 있다는 의미이다.

또한 지분율이 감소하는 경우에도 연결회계와 지분법회계에는 차이가 존재한다. 우선 연결회계에서는 지분율이 감소하는 경우에도 지배력을 상실

38) 연결회계에서는 이를 '전부영업권'이라고 부른다.
39) 연결회계에서는 이를 '부분영업권'이라고 부르며, '전부영업권' 및 '부분영업권'에 대한 상세한 개념은 '다섯 번째 이야기. 05. 투자-자본거래도 내부거래인가요?'를 참조하길 바란다.

할 만한 수준인 경우에는 감소된 지분율이 아니라 종속회사의 지분을 100% 처분한 것으로 가정하여 종속회사 주식의 처분손익을 인식한다. 만약 지분율이 감소했지만 지배력을 상실할 만한 수준이 아닌 경우에는 종속회사 주식의 처분손익을 인식하지 않고 투자차액 – 처분가액과 처분대상 종속회사의 순자산가액의 차액 – 을 '연결자본잉여금'으로 인식하게 된다.

이와는 다르게 지분법회계에서는 지분율이 감소하는 경우에는 유의적인 영향력을 상실하지 않은 경우에도 지분율 감소 그 자체로 관계회사 주식의 처분손익을 인식한다는 점에서 연결회계와 차이가 발생한다.

| 추가취득 및 추가처분 시 지분법회계와 연결회계의 차이 |

	지분법회계	연결회계
지분율 증가	영업권	지배력 획득 → 영업권 지배력 유지 → 연결자본잉여금
지분율 불변	N.A	N.A
지분율 감소	처분손익	지배력 유지 → 연결자본잉여금 지배력 상실 → 처분손익

“ 차이 4. 하향 판매 시, 미실현손익의 제거 ”

연결회계에서 미실현손익을 제거할 때, 해당 내부거래가 상향판매인지 또는 하향판매인지를 구분하는 것이 중요하다. 상향판매는 종속회사에서 지배회사와의 판매를 통해 미실현이익이 발생하거나 종속회사 간의 판매를 통해 미실현이익이 발생하는 경우를 의미한다. 이때 미실현이익의 제거는 각 사의 연결대상회사에 대한 지분율을 기준으로 이루어진다. 반면에 하향판매란 지배회사에서 종속회사와의 판매를 통해 미실현이익이 발생하는 경우를 의미하는데, 이때 미실현이익의 제거는 지배회사가 종속회사에 대한 지분율을 기준으로 제거하는 것이 아니라 지분율과 관계없이 전부 제거하게 된다.

반면에 지분법회계에서는 미실현손익을 제거할 때, 상향판매 또는 하향판매 여부를 구분하지 않는다. 지분법회계에서는 연결회계와 다르게 지배회사가 존재하지 않기에 상향 또는 하향거래를 구분할 수 없기 때문이다. 따라서 지분법회계에서는 연결회계의 상향판매 방식과 동일하게 미실현이익의 제거는 각 사의 관계회사에 대한 지분율을 기준으로 이루어진다.

자, 여기까지가 지분법회계와 연결회계의 차이에 관한 모든 것이다. 만약 연결회계를 충분히 숙지하지 못한 독자라면 이번 주제가 조금은 불친절해 보일 수도 있겠다. 연결회계에 대한 후속 이야기를 한다는 입장에서 지분법회계를 연결회계와 비교하는 관점에서 기술한 결과임에 양해를 부탁드린다.

“‘알아두면 좋을 실전 연결회계 실무’를 마무리 하며….”

이번 주제를 마지막으로 전통적인 연결이론서에서 다루지 않는 지엽적이지만 실무적인 이슈들에 대한 이야기는 마무리하고자 한다. 애초에 4~5개의 주제를 목표로 이야기를 구성했는데, 이야기를 풀어가다 보니 어느덧 10개의 주제로 늘어나게 되었다. 물론 실무적으로는 더 다양하고 복잡한 이슈들이 존재하기는 하겠지만, 연결회계의 기본을 충실히 이해하고 필요할 때마다 회계전문가의 도움을 받는다면 현명한 독자분들은 연결회계 실무를 잘 해결해 나가리라고 기대해본다.

저자 **김범석** 회계사

연세대학교 경영학과를 졸업하고 동 대학원에서 MBA 과정을 이수하였다. 삼일회계법인 및 pwc 컨설팅에서 외부감사, 그룹재무전략, 연결경영관리 및 리스크 매니지먼트 등 CFO Agenda 위주의 project성 업무를 수행하였다. 현재는 재무 선진화를 위해 기업들을 대상으로 경영컨설팅을 지원하고 있으며, 다양한 경영전문잡지에 회계관련 칼럼을 연재하고 책을 집필하고 있다. 또한, 회계언어를 알기 쉽게 전파하기 위해 회계기초부터 연결결산까지 다양한 회계 강의를 진행하고 있다.

감수 **임원빈** 회계사

연세대학교 경영학과를 졸업하였다.
2004년도에 한국공인회계사 시험에 합격해 우리금융지주와 광주은행에서 연결결산 및 연결자회사 관리 등의 업무를 수행하였으며, 삼일회계법인 및 pwc 컨설팅에서 연결경영관리, 연결결산 절차 수립 및 시스템 구축, 재무컨설팅, 인수 후 통합 등의 컨설팅 업무를 수행하였다.
현재는 한울회계법인에서 외부감사, 연결결산 수립 및 시스템 구축, 부동산 사업성 평가, 투자실사, 재무컨설팅 등의 업무를 수행하고 있다.

친절한 연결회계

저　　자　**김범석**
발 행 인　**서원진**
편집·교정　**류현수, 박가온, 김영림**
편집디자인　**이은희, 방영미, 황자애**
발 행 처　**㈜조세통람**
펴 낸 날　**2020년 7월 20일 1판 발행**
　　　　　2024년 6월 10일 3판 발행

저자와의 협의하에 인지생략

주　　소　서울특별시 중구 동호로 14길 5-6(신당동)
등　　록　1976. 11. 5. 제9-81호
대표전화　02) 2231-7027
F A X　02) 2234-1754
구입문의　02) 2231-7027~9
I S B N　979-11-6064-314-5　13320
정　　가　**27,000원**

(주)조세통람은 좋은 책을 만들기 위해 독자 여러분의 의견을 기다립니다.
• 독자 의견 및 도서 문의 메일 : josetop@inaus.co.kr